영작문에 꼭 필요한 **핵심 문법**만 쏙쏙!

# 영문법 문장훈련

**50일 완성**

**PAGODA Books**

초판 1쇄 인쇄 2021년 6월 25일
초판 1쇄 발행 2021년 6월 25일
초판 2쇄 발행 2024년 2월 29일

**지 은 이** | 조성혜
**펴 낸 이** | 박경실
**펴 낸 곳** | PAGODA Books 파고다북스
**출판등록** | 2005년 5월 27일 제 300-2005-90호
**주 소** | 06614 서울특별시 서초구 강남대로 419, 19층(서초동, 파고다타워)
**전 화** | (02) 6940-4070
**팩 스** | (02) 536-0660
**홈페이지** | www.pagodabook.com

**저작권자** | ⓒ 2021 조성혜

이 책의 저작권은 저자와 출판사에 있습니다. 서면에 의한 저작권자와 출판사의 허락 없이
내용의 일부 혹은 전부를 인용 및 복제하거나 발췌하는 것을 금합니다.

Copyright ⓒ 2021 by Annie Jo

All rights reserved. No part of this publication may be reproduced, stored
in a retrieval system, or transmitted, in any form or by any means, electronic,
mechanical, photocopying, recording or otherwise, without the prior written
permission of the copyright holder and the publisher.

**ISBN 978-89-6281-874-1 (13740)**

| 파고다북스 | www.pagodabook.com |
| 파고다 어학원 | www.pagoda21.com |
| 파고다 인강 | www.pagodastar.com |
| 테스트 클리닉 | www.testclinic.com |

▎낙장 및 파본은 구매처에서 교환해 드립니다.

영작문에 꼭 필요한 **핵심 문법**만 쏙쏙!

# 영문법 문장훈련

조성혜 지음

**50일 완성**

**PAGODA** Books

# 절대 무너지지 않을
# 영어의 기본기를 탄탄하게 쌓자!

영어회화 강사로 일해온 지 어느덧 16년차가 되었습니다.

매달 새로운 수강생분들을 접하면서 놀라게 되는 점 하나가 아직도 영어회화를 잘하기 위해서 어떻게 공부해야 하는지 모르시는 분들이 참 많다는 것입니다. 저는 학원에서 미국 드라마, 영화 등으로 영어 듣기와 말하기를 훈련하고 영작을 하면서 배운 표현들을 더욱 탄탄하게 다지는 수업을 진행하고 있습니다. 그런데 수강생 분들 중에 영어 기초 문법이 전혀 갖춰져 있지 않은 상태에서 무조건 많이 듣고 많이 암기만 하면 영어실력이 늘 것이라고 기대하시는 분들이 의외로 많더라고요. 영어의 어순, 시제 등 기본적인 문장의 틀이 전혀 갖춰져 있지 않다면 아무리 많이 듣고 따라 해봐도 그 문장이 내 귀에 들릴 수 없고, 내 입 밖으로 나올 수 없게 됩니다.

영어회화를 잘하고 싶다면, 일단 기초 영문법을 확실하게 다져야 합니다. 문제를 잘 푸는 입시식 문법이 아닌, 영어 문장을 제대로 구사하기 위한 '영어의 뿌리'를 탄탄하게 만들어야 합니다. 가장 기본이 되는 영어 문장의 어순, 시제, 다양한 문장 형태를 만드는 연습 등 말하기, 듣기를 잘하기 위한 진정한 영어의 틀을 구축해야만 여러분의 영어가 발전할 수 있습니다.

이러한 문장의 틀은 개념만 열심히 외운다고 갖춰지지 않습니다. 각 문법의 기본 개념을 이해했다면 예문 만들기 영작 훈련을 통해서 개념이 실제로 어떻게 적용되는지를 내 머리, 입, 귀에 적응시켜야 합니다. 그야말로 '체득화 과정'이 필요한 거죠.

제가 영어 공부할 때 가장 효과적인 방법이었기에 강의할 때 수강생분들께도 가르쳐 드리는 '예문 암기 훈련'이 바로 이 체득화 과정이라고 보시면 됩니다. 각 문장의 구조와 뜻도 제대로 모르고 무식하게 암기만 하는 것이 아닌, 문장의 구조를 명확하게 이해하고 그것을 반복적으로 듣고, 큰 소리로 따라 읽으면서 내 안에 input을 탄탄하게 쌓아놓으면, 그것이 output으로 나오는 순간이 생기게 되는 거죠. 이렇게 영어의 근본을 영문법 훈련(개념 이해+예문 암기)으로 다진 후, 미국 드라마, 영화 등으로 듣기와 말하기 훈련을 더해간다면 여러분의 영어는 그야말로 날개를 달게 될 겁니다.

저도 대학 입학 전까지 오로지 재미없는 입시 영어만 접했던 사람입니다. 20살 대학 입학 당시 영어회화를 한 마디도 못했습니다. 그랬던 제가 위와 같은 방법을 통해 영어를 잘하게 되고 미국 대학원까지 나와서 영어 강사로 16년째 활동하고 있습니다. 또한 16년 동안 수없이 봐 왔던 제 수강생분들도 이 방식으로 영어를 훈련하여 현재 아주 유창하게 영어를 구사하시는 분들이 정말 많습니다.

매번 실패를 거듭했지만, 다시 한번 영어공부에 도전하고 싶으신 분들!

오늘부터 차근차근 영어의 근본을 탄탄하게 쌓아봅시다. 하루에 딱 한 Training씩 훈련하면서 영어의 기본기를 다지다 보면 Training 50이 끝나는 그 순간… 여러분의 영어는 지금과는 완전히 달라져 있을 것입니다. 여러분이 이루고 싶은 목표와 꿈이 있다면 핑계 만들기는 그만!

**Just make it happen!**

2021년 6월 조성혜(Annie 조)

**Annie 조 선생님과 함께하는**
- 영문법 문장훈련 완벽 마스터 강의 〈Annie's 기탄영〉
- 미드로 살아있는 진짜 영어 배우기 〈Annie's 미드영〉

지금 파고다어학원(www.pagoda21.com)에서 만나보세요!

 # 이 책의 200% 활용법!

## 문법 Point

매 Training마다 핵심만 쏙쏙 골라 간단하게 정리한 영문법을 예문과 함께 학습하세요.

##  기초 다지기

배운 문법을 활용하는 첫 단계!
빈칸에 단어를 알맞은 형태로 넣어가며 문장을 완성해 보세요.
완성 후에는 페이지 하단에 있는 답을 맞춰 보면서 다시 한번 문장을 소리 내어 읽어 보세요.

## Step 2 어순 훈련하기

문법 활용 두 번째 단계!
주어진 단어들을 어순에 맞게 재배열해서 우리말 해석에 맞는 영어 문장을 만드는 연습을 해 보세요.
문장 구조와 어순을 익히는 데 아주 좋은 훈련이 될 거예요.

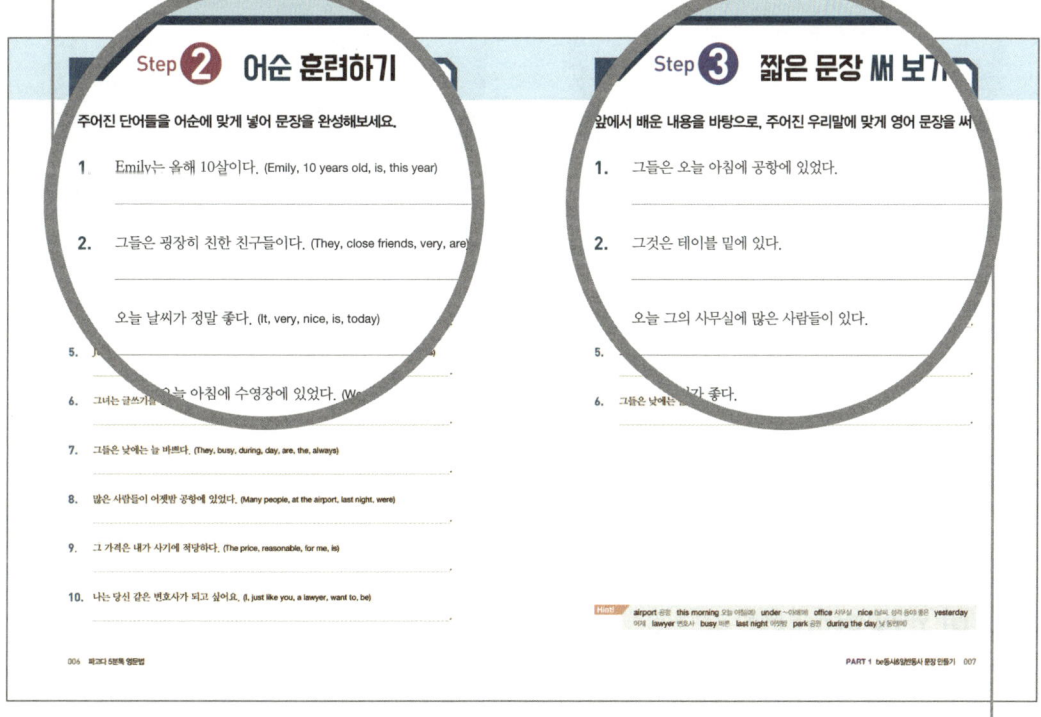

## Step 3 짧은 문장 써 보기

이제 직접 문장을 써 볼 차례!
앞에서 배운 문법과 표현들을 바탕으로 주어진 우리말 해석에 맞게 짧은 문장을 직접 써 보세요.
잘 모르는 표현이 있을 때는 페이지 아래쪽에 있는 **Hint!**를 참고하세요.

### Step 4 길게 써 보기

영어로 된 문단 하나를 내 손으로 써서 완성해 보는 마지막 단계!
주어진 우리말 해석에 맞게 일기문 또는 이메일, 문자 메시지를 영어로 직접 써 보세요.
잘 모르는 표현이 있을 때는 페이지 아래쪽에 있는 **Hint!**를 참고하세요.

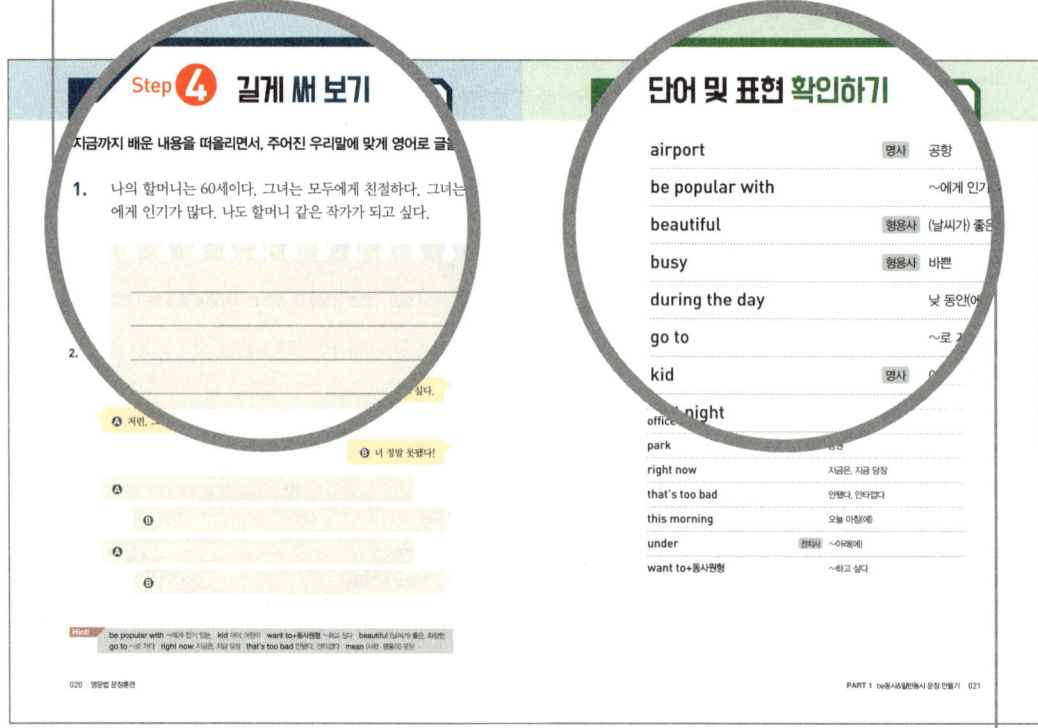

### 단어 및 표현 확인하기

Step 3~4에서 배운 유용한 표현들을 다시 한 번 확인하면서 암기해 보세요.
영어 문장 쓰기에 꼭 필요한 실용적 표현들을 외워 두면 영작 실력을 향상시키는 데 큰 도움이 될 거예요.

## 부록: 불규칙 동사 변화표

일상 회화와 작문에서 자주 쓰이는 영어 불규칙 동사 96개의 현재형-과거형-과거분사형을 표로 정리했습니다. 처음부터 외우고 시작하셔도 좋고 헷갈릴 때마다 찾아 보셔도 좋아요!

Annie 조 선생님의 친절한 무료 유튜브 강의와 함께 영문법 문장훈련을 시작해 보세요.

↳ 유튜브 강의 바로가기

# 목차

머리말 ... 004
미리보기 ... 006
목차 ... 010

## PART 1

**기본을 탄탄하게!**
### be동사&일반동사 문장 만들기

| | | |
|---|---|---|
| Training 01 | I am a student. be동사의 쓰임 | 016 |
| Training 02 | Are they kind? be동사로 다양한 문장 만들기 | 022 |
| Training 03 | I speak English. 일반동사로 긍정문&부정문 만들기 | 028 |
| Training 04 | Do you speak English? 일반동사로 의문문 만들기 | 034 |
| Training 05 | Who is she? 의문사가 있는 의문문 만들기 | 040 |

## PART 2

**영어 문장의 5가지 유형**
### 문장의 5형식

| | | |
|---|---|---|
| Training 06 | I go to school. 1형식: 주어(S)+동사(V) | 048 |
| Training 07 | You are tired. 2형식: 주어(S)+동사(V)+보어(C) | 054 |
| Training 08 | He made a mistake. 3형식: 주어(S)+동사(V)+목적어(O) | 060 |
| Training 09 | I gave her the book.<br>4형식: 주어(S)+동사(V)+간접목적어(I.O.)+직접목적어(D.O.) | 066 |
| Training 10 | I will make you happy.<br>5형식: 주어(S)+동사(V)+목적어(O)+목적보어(O.C.) [1] | 074 |
| Training 11 | I will make him help you.<br>5형식: 주어(S)+동사(V)+목적어(O)+목적보어(O.C.) [2] | 080 |

## PART 3

### 영어 문장의 핵심
# 시제

| | | |
|---|---|---|
| Training 12 | I work out every day. 단순현재시제 | 088 |
| Training 13 | They were tired. 단순과거시제 | 094 |
| Training 14 | I will do my best. 단순미래시제 | 100 |
| Training 15 | I am thinking about you. 현재진행시제 | 106 |
| Training 16 | I was/will be thinking about you. 과거진행&미래진행시제 | 112 |
| Training 17 | Have you ever been to Korea? 현재완료시제 | 118 |
| Training 18 | He had already fallen asleep. 과거완료&미래완료시제 | 124 |
| Training 19 | I have been learning English for 10 years. 완료진행시제 | 130 |

## PART 4

### 언어의 마법사
# 조동사

| | | |
|---|---|---|
| Training 20 | It must be true. 조언, 의무의 조동사 | 138 |
| Training 21 | I will improve my English. 미래, 의지의 조동사 will, would | 144 |
| Training 22 | I can speak English. 가능성 조동사 can, could | 150 |
| Training 23 | You may leave now. 약한 추측의 조동사 may, might | 156 |
| Training 24 | It must be hot. 추측의 조동사 총정리 | 162 |
| Training 25 | I should have learned English hard. 조동사+have p.p. | 168 |

## PART 5

### 원어민처럼 영어를 하려면 필수!
# 수동태

| | | |
|---|---|---|
| Training 26 | It is used by many people. 수동태 기본 문장 만들기 | 176 |
| Training 27 | It is delivered every day. 시제와 결합한 수동태 [1]: 단순시제 | 182 |
| Training 28 | She is being helped. 시제와 결합한 수동태 [2]: 진행시제 | 188 |
| Training 29 | Many trees have been planted by me. 시제와 결합한 수동태 [3]: 완료시제 | 194 |
| Training 30 | Tom will be invited to the party. 조동사와 결합한 수동태 | 200 |
| Training 31 | I am disappointed in you. 수동태의 관용적 표현 | 206 |

## PART 6

**동사의 연결**
# 부정사&동명사

| | | |
|---|---|---|
| Training 32 | You promised to keep the secret. to부정사 기본 패턴 | 214 |
| Training 33 | I want you to do this. to부정사 응용 패턴 | 220 |
| Training 34 | I came here to see you. to부정사의 다양한 역할 | 226 |
| Training 35 | Speaking English is very difficult. 동명사 문장 만들기 | 232 |
| Training 36 | I stopped to call/calling him. 동명사와 to부정사 둘 다 쓰는 동사 | 238 |
| Training 37 | It's too cold to swim in the river. to부정사와 동명사의 관용적 용법 | 244 |

## PART 7

**감정 표현은 분명하게!**
# 분사

| | | |
|---|---|---|
| Training 38 | Look at the running dog. 현재분사 vs. 과거분사 | 252 |
| Training 39 | I'm bored. / He's boring. 감정분사 | 258 |

## PART 8

**마음껏 상상하며 표현하기!**
# 가정법

| | | |
|---|---|---|
| Training 40 | If you work out, you will lose weight. 가정법 현재 | 266 |
| Training 41 | If I were you, I wouldn't do that. 가정법 과거 | 272 |
| Training 42 | If I had been wise, I would have accepted it. 가정법 과거완료 | 278 |
| Training 43 | I wish I were you. I wish 가정법 | 284 |
| Training 44 | What if she doesn't like me? What if 가정법 | 290 |

## PART 9

두 개의 문장을 하나로 연결하는 마법사!
### 관계대명사 & 관계부사

**Training 45**    **I met a girl who was very sweet.**    298
두 개의 문장 하나로 연결하기 [1]: 관계대명사

**Training 46**    **Do you remember where you met him?**    304
두 개의 문장 하나로 연결하기 [2]: 관계부사

## PART 10

비교표현 정복하기!
### 비교급, 최상급, 비교 구문

**Training 47**    **She is taller than me.** 비교급 만들기    312
**Training 48**    **Danny is my best friend.** 최상급 만들기    318
**Training 49**    **The sooner, the better.** 비교급 관용표현    324
**Training 50**    **She is as tall as you are.** 원급 비교, 다양한 최상급 표현    330

## 부록

불규칙 동사 변화표    336

## ANSWERS

# PART 1

## 기본을 탄탄하게!
## be동사 & 일반동사 문장 만들기

영어 문장을 만드는 데 필요한 요소는 주어, 동사, 보어, 목적어입니다.

그중에서도 **가장 핵심이 되는 요소**는 바로 **동사**입니다.

동사는 주어의 행동이나 상태를 설명해주고, 시제를 결정하며, 동사 뒤에 어떤 말들 (보어, 목적어 등)이 올지 결정하는 중대한 역할을 합니다.

Part 1에서는 동사 중에서도 가장 기본이 되는 동사인 **be동사**와 **일반동사**를 이용해서 기본적인 문장 만들기를 연습해봅시다.

# 01 I am a student.
## be동사의 쓰임

**Point 1**  문장에서 가장 중요한 뿌리는 동사! 그중에서도 가장 기본이 되는 동사는 be동사입니다. be동사의 종류에는 am, are, is가 있고, 주어의 인칭과 시제에 따라 동사의 형태가 달라집니다.

**Point 2**  **be동사의 형태**

|  | 현재 | 과거 |
| --- | --- | --- |
| I | am | was |
| You/We/They/복수명사 | are | were |
| He/She/It/단수명사 | is | was |

**Point 3**  **be동사의 쓰임 3가지**

❶ **be동사 + 명사**

be동사 다음에 명사가 올 수 있고, '~이다'라는 의미로 쓰입니다.
- I **am** a student.  　　　　　　　　　　나는 학생이다.
- She **is** my sister.  　　　　　　　　　　그녀는 내 언니이다.

❷ **be동사 + 형용사**

be동사 다음에 형용사가 올 수 있으며, '~한 상태이다'라는 의미를 나타냅니다.
- She **is** happy.  　　　　　　　　　　　그녀는 행복하다.
- You **are** tired.  　　　　　　　　　　　너는 피곤하다.

❸ **be동사 + 장소**

주어가 어느 장소에 '있다'는 것을 말해줍니다.
- You **are** home.  　　　　　　　　　　　너는 집에 있다.
- They **are** in the classroom.  　　　　　그들은 교실에 있다.

---

❶ be동사의 현재형은 인칭대명사 주어와 줄여서 쓸 수 있어요.
- I am (= I'm) busy.  　　　　　　　　　　나는 바쁘다.
- You are (= You're) wrong.  　　　　　　너는 틀렸다.
- She is (= She's) patient.  　　　　　　　그녀는 인내심이 강하다.

❷ be동사의 과거형은 인칭대명사 주어와 줄여서 쓰지 않아요.
- I was (✗ I'as) at home last night.  　　　나는 어젯밤 집에 있었다.
- You were (✗ You'ere) a great player.  　너는 멋진 선수였다.

## Practice Step 1 기초 다지기

빈칸에 알맞은 be동사를 넣어 문장을 완성해보세요.

1. Emily는 작가이다.
   Emily _____ a writer.

2. 당신은 친절하네요.
   You _____ nice.

3. 그들은 나무 밑에 있다.
   They _____ under the tree.

4. Chris는 군인이었다.
   Chris _____ a soldier.

5. 그들은 나에게 못되게 굴었다.
   They _____ mean to me.

6. 그는 어제 사무실에 있었다.
   He _____ at his office yesterday.

7. 우리는 올해 같은 반 친구이다.
   We _____ classmates this year.

8. Annie는 다정하고 인기가 많다.
   Annie _____ friendly and popular.

9. 그것은 테이블 위에 있었다.
   It _____ on the table.

10. Luke와 Haley는 공원에 있었다.
    Luke and Haley _____ in the park.

Answers
1. is   2. are   3. are   4. was   5. were
6. was  7. are   8. is    9. was   10. were

PART 1 be동사&일반동사 문장 만들기

## Practice Step 2 어순 훈련하기

**주어진 단어들을 어순에 맞게 넣어 문장을 완성해보세요.**

1. Emily는 올해 10살이다. (Emily, 10 years old, is, this year)
   _____.

2. 그들은 굉장히 친한 친구들이다. (They, close friends, very, are)
   _____.

3. 오늘 날씨가 정말 좋다. (It, very, nice, is, today)
   _____.

4. 우리는 오늘 아침에 수영장에 있었다. (We, in the swimming pool, were, this morning)
   _____.

5. Julie의 남자친구는 그녀에게 좋은 사람이었다. (Julie's boyfriend, for, good, her, was)
   _____.

6. 그녀는 글쓰기를 잘한다. (She, at, good, writing, is)
   _____.

7. 그들은 낮에는 늘 바쁘다. (They, busy, during, day, are, the, always)
   _____.

8. 많은 사람들이 어젯밤 공항에 있었다. (Many people, at the airport, last night, were)
   _____.

9. 그 가격은 내가 사기에 적당하다. (The price, reasonable, for me, is)
   _____.

10. 나는 당신 같은 변호사가 되고 싶어요. (I, just like you, a lawyer, want to, be)
    _____.

## Practice Step 3 짧은 문장 써 보기

**앞에서 배운 내용을 바탕으로, 주어진 우리말에 맞게 영어 문장을 써 보세요.**

1. 그들은 오늘 아침에 공항에 있었다.
   _____.

2. 그것은 테이블 밑에 있다.
   _____.

3. 오늘 그의 사무실에 많은 사람들이 있다.
   _____.

4. 오늘 날씨가 좋다.
   _____.

5. 그 변호사는 어젯밤에 바빴다.
   _____.

6. 그들은 낮에는 공원에 있다.
   _____.

**Hint!** airport 공항  this morning 오늘 아침(에)  under ~아래(에)  office 사무실  nice (날씨, 성격 등이) 좋은  lawyer 변호사  busy 바쁜  last night 어젯밤에  park 공원  during the day 낮 동안(에)

## Practice Step 4 길게 써 보기

지금까지 배운 내용을 떠올리면서, 주어진 우리말에 맞게 영어로 글을 써 보세요.

1. 나의 할머니는 60세이다. 그녀는 모두에게 친절하다. 그녀는 작가이다. 그녀의 책들은 아이들에게 인기가 많다. 나도 할머니 같은 작가가 되고 싶다.

2. 
Ⓐ 오늘 날씨 정말 좋다! 공원 가고 싶네.

Ⓑ 나는 지금 사무실에 있어. 나는 지금 바빠. 집에 가고 싶다.

Ⓐ 저런, 그거 안됐네. 나는 지금 집인데.

Ⓑ 너 정말 못됐다!

**Hint!** be popular with ~에게 인기 있는  kid 아이, 어린이  want to+동사원형 ~하고 싶다  beautiful (날씨가) 좋은, 화창한
go to ~로 가다  right now 지금은, 지금 당장  that's too bad 안됐다, 안타깝다  mean (사람·행동이) 못된

## Voca 단어 및 표현 확인하기

| | | |
|---|---|---|
| airport | 명사 | 공항 |
| be popular with | | ~에게 인기 있는 |
| beautiful | 형용사 | (날씨가) 좋은, 화창한 |
| busy | 형용사 | 바쁜 |
| during the day | | 낮 동안(에) |
| go to | | ~로 가다 |
| kid | 명사 | 아이, 어린이 |
| last night | | 어젯밤에 |
| lawyer | 명사 | 변호사 |
| mean | 형용사 | (사람·행동이) 못된 |
| nice | 형용사 | (날씨, 성격 등이) 좋은 |
| office | 명사 | 사무실 |
| park | 명사 | 공원 |
| right now | | 지금은, 지금 당장 |
| that's too bad | | 안됐다, 안타깝다 |
| this morning | | 오늘 아침(에) |
| under | 전치사 | ~아래(에) |
| want to+동사원형 | | ~하고 싶다 |

# Training 02 Are they kind?
## be동사로 다양한 문장 만들기

be동사(am, are is)를 가지고 긍정문, 의문문, 부정문을 만들어 봅시다.

**Point 1**  긍정문: 주어＋be동사＋보어(명사, 형용사) 어순으로 표현합니다.
- She **is** a writer.  그녀는 작가이다.
- They **are** kind.  그들은 친절하다.
- They **are** in New York.  그들은 뉴욕에 있다.

**Point 2**  부정문: be동사 뒤에 not을 붙입니다.
- She **is** **not** a writer.  그녀는 작가가 아니다.
- They **are** **not** kind.  그들은 친절하지 않다.
- They **are** **not** in New York.  그들은 뉴욕에 있지 않다.

**Point 3**  의문문: 주어＋be동사의 위치를 바꿔줍니다.
- **Is** she a writer?  그녀는 작가인가요?
- **Are** they kind?  그들은 친절한가요?
- **Are** they in New York?  그들은 뉴욕에 있나요?

---

❶ 부정문일 경우 be동사와 not을 줄여 쓰기도 해요.
- She **is not** a writer. — She **isn't** a writer.
- They **are not** kind. — They **aren't** kind.

❷ am not은 줄여 쓰지 않아요.
- I am not (✗ amn't) a teacher.

**Tip!** 지역에 따라서는 말할 때 am not을 ain't라고 줄여 말하는 경우가 간혹 있지만, 대체로 문법적으로 올바르지 않은 비표준적인 영어라고 여겨지므로 주의하세요.

## Step 1 기초 다지기

빈칸에 알맞은 be동사를 넣어 문장을 완성해보세요(부정문일 경우 not 추가).

1. Emily는 그녀의 가장 친한 친구이다.
   Emily _____ her best friend.

2. Emily는 그녀의 가장 친한 친구가 아니다.
   Emily _____ _____ her best friend.

3. Emily가 그녀의 가장 친한 친구인가요?
   _____ Emily her best friend?

4. 그들은 학교에서 굉장히 인기가 있었다.
   They _____ very popular at school.

5. 그들은 학교에서 별로 인기가 있지 않았다.
   They _____ _____ very popular at school.

6. 그들은 학교에서 인기가 있었어?
   _____ they popular at school?

7. Sophie는 지금 쇼핑몰에 있다.
   Sophie _____ in the mall now.

8. Sophie는 지금 쇼핑몰에 있지 않다.
   Sophie _____ _____ in the mall now.

9. Sophie는 지금 쇼핑몰에 있어?
   _____ Sophie in the mall now?

10. 그들이 너에게 무례하게 굴었어?
    _____ they rude to you?

**Answers**
1. is    2. is not    3. Is    4. were    5. were not
6. Were    7. is    8. is not    9. Is    10. Were

## Practice Step 2 어순 훈련하기

**주어진 단어들을 어순에 맞게 넣어 문장을 완성해보세요.**

1. Alicia는 관대한 소녀이다. (Alicia, a, generous, girl, is)
   _____.

2. Justin과 나는 정말 다르다. (Justin and I, different, very, are)
   _____.

3. 그들은 올해 3학년이야? (they, in the 3rd grade, Are, this year)
   _____?

4. 우리는 같은 팀에 있지 않다. (We, on the same team, not, are)
   _____.

5. 그 거리는 밤에 위험하니? (dangerous, the street, Is, at night)
   _____?

6. 그 게임은 전혀 재미있지 않았다. (exciting, The game, at all, not, was)
   _____.

7. 그 경기장에 사람들이 많아? (many people, in the stadium, Are)
   _____?

8. 그 식당은 어제 열려 있었어? (Was, open, the restaurant, yesterday)
   _____?

9. Amy는 어젯밤 파티에서 당황하지 않았어? (Wasn't, embarrassed, at the party, last night, Amy)
   _____?

10. 박물관은 버스 정류장에서 멀지 않다. (The museum, far, the bus station, is, from, not)
    _____.

## Practice Step 3 짧은 문장 써 보기

앞에서 배운 내용을 바탕으로, 주어진 우리말에 맞게 영어 문장을 써 보세요.

1. 너는 나에게 화가 나 있지?
   _____?

2. 그녀는 어제 사무실에 없었다.
   _____.

3. 그들은 작년에 같은 반이었니?
   _____?

4. 그 책들은 탁자 위에 없다.
   _____.

5. Abby와 Jess는 나무 아래에 있니?
   _____?

6. 나는 스포츠에 관심이 없다.
   _____.

**Hint!** be angry with ~에게 화가 나 있다  in the office 사무실에  same class 같은 반  last year 작년에  on the desk 탁자 위에  under ~아래에  be interested in ~에 관심이 있다

# Practice Step 4 길게 써 보기

지금까지 배운 내용을 떠올리면서, 주어진 우리말에 맞게 영어로 글을 써 보세요.

1. Kevin은 어제 파티에 있지 않았다. 그는 도서관에 있었다. 그는 지금 집에 있을까? 그는 무엇인가에 기분이 상해 있다. 그래서 그는 욕조에 몸을 담그고 있다.

2. 
   Ⓐ 이 영화 기대된다. 너는 어때?

   Ⓑ 나는 무서운 영화에 관심 없어.

   Ⓐ 실망이네.

   Ⓑ 이 영화는 어때? 이 영화 정말 웃기거든.

   Ⓐ
   Ⓑ
   Ⓐ
   Ⓑ

**Hint!** at the party 파티에  in the library 도서관에  at home 집에  upset 기분이 좋지 않은, 감정이 상한  bathtub 욕조  be excited about ~에 대해 신이 나다[기대하다]  How about ~? ~는 어때?  be interested in ~에 관심이 있다  scary movie 공포 영화  disappointing 실망스러운  funny 웃긴

## 단어 및 표현 확인하기

| | | |
|---|---|---|
| at home | | 집에 |
| at the party | | 파티에 |
| bathtub | 명사 | 욕조 |
| be angry with | | ~에게 화가 나 있다 |
| be excited about | | ~에 대해 신이 나다[기대하다] |
| be interested in | | ~에 관심이 있다 |
| disappointing | 형용사 | 실망스러운 |
| funny | 형용사 | 웃긴 |
| How about ~? | | ~는 어때? |
| in the library | | 도서관에 |
| in the office | | 사무실에 |
| last year | | 작년에 |
| on the desk | | 탁자 위에 |
| same class | | 같은 반 |
| scary movie | | 공포 영화 |
| under | 전치사 | ~아래에 |
| upset | 형용사 | 기분이 좋지 않은, 감정이 상한 |

# Training 03 I speak English.
## 일반동사로 긍정문&부정문 만들기

이제 문장의 핵심이 동사라는 개념이 잡혔을 겁니다. 동사는 be동사, 일반동사, 조동사가 있는데, 그중에서 가장 기본은 be동사, 가장 일반적으로 많이 쓰이는 동사는 일반동사입니다. 대화할 때 나도 모르게 가장 많이 쓰고 있는 동사가 바로 일반동사인 것입니다.

일반동사는 쉽게 be동사, 조동사(can, must, may, should, will, …)를 제외한 그 나머지 동사들이라고 보면 됩니다. 가장 빈번하게 쓰이는 일반동사를 보면 do, go, get, say, like, want 등이 있습니다.

이번 Training 03에서는 일반동사로 긍정문, 부정문 만들기 연습을 해봅시다.

**Point 1**  긍정문: 주어＋일반동사＋(목적어)＋(수식어) 순서대로 씁니다.

주어가 3인칭 단수일 경우 일반동사 뒤에 -s, -es가 붙습니다.
시제가 과거일 경우 보통 동사 끝에 -ed를 붙이거나, 불규칙 동사라면 정해진 모양으로 표현해줍니다.

\*과거시제의 동사 형태는 Training 13 '단순과거시제' 참고

- I **speak** English.  나는 영어를 구사한다.
- She **lives** in Seoul.  그녀는 서울에 산다.
- They **watched** the movie yesterday.  그들은 어제 그 영화를 봤다.

**Point 2**  부정문: 주어＋do[does/did] not＋일반동사 원형＋(목적어)＋(수식어) 순서로 씁니다.

일반동사의 부정문은 do를 사용하여 do not으로 표현합니다.
주어가 3인칭 단수일 때는 does를 쓰고, 시제가 과거일 때는 인칭에 관계없이 did를 씁니다.

- I **don't speak** English.  나는 영어를 구사할 수 없다.
- She **doesn't live** in Seoul.  그녀는 서울에 살지 않는다.
- They **didn't watch** the movie yesterday.  그들은 어제 그 영화를 보지 않았다.

부정문의 경우 이렇게 줄여서 쓸 수 있어요.
do not → **don't**  |  does not → **doesn't**  |  did not → **didn't**

- I **do not** speak English.    – I **don't** speak English.
- She **does not** live in Seoul.    – She **doesn't** live in Seoul.
- They **did not** watch the movie yesterday.    – They **didn't** watch the movie yesterday.

## Practice Step 1 기초 다지기

보기를 참고해 빈칸에 알맞은 형태의 동사를 넣어 문장을 완성해보세요.

> 보기
> break  close  eat  go  play
> read  talk  wash  water

1. 나는 손을 자주 씻는다.
   I often _____ my hands.

2. 그는 많은 책을 읽는다.
   He _____ a lot of books.

3. 우리 언니는 아침을 먹지 않는다.
   My sister _____ _____ breakfast.

4. 나는 매일 아침 꽃에 물을 주지 않는다.
   I _____ _____ the flowers every morning.

5. Nick은 어제 그 창문을 깼다.
   Nick _____ the window yesterday.

6. 그 쇼핑몰은 보통 9시에 닫는다.
   The shopping mall usually _____ at 9.

7. 나는 그녀와 그 일에 대해서 이야기 나눴다.
   I _____ to her about it.

8. 그들은 영화 보러 자주 가지 않는다.
   They _____ _____ to the movies very often.

9. Aidan은 10시 이후에는 게임을 하지 않는다.
   Aidan _____ _____ games after 10.

10. 너는 오늘 일하러 가지 않았구나.
    You _____ _____ to work today.

**Answers**
1. wash   2. reads   3. doesn't eat   4. don't water   5. broke
6. closes   7. talked   8. don't go   9. doesn't play   10. didn't go

## Practice Step 2 어순 훈련하기

**주어진 단어들을 어순에 맞게 넣어 문장을 완성해보세요.**

1. Sue는 항상 일찍 출근한다. (goes to work, always, Sue, early)
   _____.

2. 나는 학교까지 버스를 타고 간다. (I, to school, take, a bus)
   _____.

3. 우리는 그 집을 살 만한 돈이 없다. (buy, enough, money, to, We, don't have, the house)
   _____.

4. 우리 엄마는 고등학교에서 영어를 가르치신다. (teaches, in high school, My mom, English)
   _____.

5. Eric은 어젯밤 그의 개를 산책시켰다. (last night, Eric, his dog, walked)
   _____.

6. 우리는 너의 생일 때 모이지 못했어. (We, for your birthday, get together, didn't)
   _____.

7. 나는 지난 주말 그녀의 아기를 잘 돌봐주었다. (took, I, good care of, her baby, last weekend)
   _____.

8. 나는 친구들을 저녁 식사에 초대했다. (invited, over, for dinner, I, my friends)
   _____.

9. 나는 그들과 함께 점심을 먹고 싶지 않았다. (I, want to, them, didn't, join, for lunch)
   _____.

10. Carrie는 남자친구를 떠나고 싶지 않다. (doesn't, Carrie, leave, want to, her boyfriend)
    _____.

## Practice Step 3 짧은 문장 써 보기

앞에서 배운 내용을 바탕으로, 주어진 우리말에 맞게 영어 문장을 써 보세요.

1. 많은 사람들이 버스로 출근한다.
   _____.

2. Jenny는 늘 내 이야기를 잘 들어준다.
   _____.

3. 내 아들은 아침을 먹지 않는다.
   _____.

4. 그녀는 오늘 강아지 산책을 시키지 않았다.
   _____.

5. 그들은 산에서 캠핑하는 것을 좋아한다.
   _____.

6. 나는 더 이상 초콜릿을 먹지 않는다.
   _____.

**Hint!** get[go] to work 출근하다  by bus 버스로, 버스를 타고  always 늘, 항상  listen to ~의 말을 경청하다  have 먹다  breakfast 아침 식사  take a dog for a walk 개를 산책시키다  like+동사-ing ~하기를 좋아하다  camp in the mountains 산에서 캠핑하다  eat 먹다  anymore 이제는, 더 이상은

# Practice Step 4 길게 써 보기

지금까지 배운 내용을 떠올리면서, 주어진 우리말에 맞게 영어로 글을 써 보세요.

1. 나는 지금은 서울에 살지 않는다. 나는 서울에 가고 싶다. 나는 서울의 유명한 곳들에 가고 싶다. 그러나 나는 충분한 시간과 돈이 없다.

2. 
   Ⓐ 나는 헬스장에 주 3회 가.
   Ⓑ 나는 운동하는 것이 싫어.
   Ⓐ 너는 점심 식사 후 산책을 하잖아. 그건 좋은 운동이야.
   Ⓑ 맞아. 나는 매일 산책하려고 노력해.

   Ⓐ
   Ⓑ
   Ⓐ
   Ⓑ

**Hint!** live in+장소 ~에 살다  would like to+동사원형 ~하고 싶다  go to+장소 ~로 가다  want to+동사원형 ~하길 원하다  visit+장소 ~을 가다[방문하다]  famous 유명한  place 장소  have ~을 가지다  enough 충분한  go to the gym 헬스장에 가다  three times a week 주 3회  work out 운동하다  take a walk 산책하다  after lunch 점심 식사 후  exercise 운동  right 맞는, 옳은  try to+동사원형 ~하려고 노력하다  go for a walk 산책하다

## Voca 단어 및 표현 확인하기

|  |  |  |
|---|---|---|
| after lunch | | 점심 식사 후 |
| always | 부사 | 늘, 항상 |
| anymore | 부사 | 이제는, 더 이상은 |
| breakfast | 명사 | 아침 식사 |
| by bus | | 버스로, 버스를 타고 |
| camp in the mountains | | 산에서 캠핑하다 |
| eat | 동사 | 먹다 |
| enough | 한정사 | 충분한 |
| exercise | 명사 | 운동 |
| famous | 형용사 | 유명한 |
| get[go] to work | | 출근하다 |
| go for a walk | | 산책하다 |
| go to+장소 | | ~로 가다 |
| go to the gym | | 헬스장에 가다 |
| have | 동사 | ~을 가지다, 먹다 |
| like+동사-ing | | ~하기를 좋아하다 |
| listen to | | ~의 말을 경청하다 |
| live in+장소 | | ~에 살다 |
| place | 명사 | 장소 |
| right | 형용사 | 맞는, 옳은 |
| take a dog for a walk | | 개를 산책시키다 |
| take a walk | | 산책하다 |
| three times a week | | 주 3회 |
| try to+동사원형 | | ~하려고 노력하다 |
| visit+장소 | | ~을 가다[방문하다] |
| want to+동사원형 | | ~하길 원하다 |
| work out | | 운동하다 |
| would like to+동사원형 | | ~하고 싶다 |

# Do you speak English?
## 일반동사로 의문문 만들기

**Point**  의문문: Do[Does/Did]+주어+일반동사 원형+(목적어)+(수식어)~?

일반동사의 의문문은 부정문과 마찬가지로 do의 도움을 받으며, do[does/did]가 문장 맨 앞에 위치합니다.

주어가 3인칭 단수일 경우 does를 쓰고, 시제가 과거일 경우 인칭에 관계없이 did를 씁니다.

- **Do** you **speak** English?                  당신은 영어를 구사하나요?
- **Does** she **live** in Seoul?                그녀는 서울에 사나요?
- **Did** they **watch** the movie yesterday?    그들은 어제 그 영화를 봤나요?

---

**더 알아보기!**

부정 의문문의 경우, Don't you~?/Doesn't she~?/Didn't they~?와 같이 do[does/did]+not을 축약형으로 써요.
- Don't you speak English?                      당신은 영어를 구사하지 못하나요?
- Doesn't she live in Seoul?                    그녀는 서울에 살지 않나요?
- Didn't they watch the movie yesterday?        그들은 어제 그 영화를 보지 않았나요?

## Practice Step 1 기초 다지기

보기를 참고해 빈칸에 알맞은 형태의 단어를 넣어 문장을 완성해보세요.

**보기**
get up   go shopping   know
hang out   leave   like   rain
wait   walk   work out

1. 당신은 매일 운동을 하나요?
   _____ you _____ every day?

2. 당신은 K-pop을 좋아하나요?
   _____ you _____ K-pop?

3. 그들이 당신의 이름을 아나요?
   _____ they _____ your name?

4. Grace는 아침 일찍 일어나나요?
   _____ Grace _____ early in the morning?

5. John은 매일 아침 직장까지 걸어다니나요?
   _____ John _____ to work every morning?

6. 당신은 1시간 동안 그 버스를 기다렸던 건가요?
   _____ you _____ for the bus for one hour?

7. 그녀는 어젯밤 친구들과 어울렸나요?
   _____ she _____ with her friends last night?

8. Jessica는 지난 주말 당신들과 쇼핑을 갔나요?
   _____ Jessica _____ with you last weekend?

9. 제주도에는 비가 많이 내렸나요?
   _____ it _____ a lot in Jejudo?

10. 그들은 6시에 퇴근했나요?
    _____ they _____ the office at 6?

**Answers**
1. Do, work out   2. Do, like   3. Do, know   4. Does, get up   5. Does, walk
6. Did, wait   7. Did, hang out   8. Did, go shopping   9. Did, rain   10. Did, leave

## Practice Step 2 어순 훈련하기

주어진 단어들을 어순에 맞게 넣어 문장을 완성해보세요.

1. 당신은 형제가 있나요? (have, Do, any brothers and sisters, you)
   _____?

2. 당신은 그것에 대해 생각할 시간이 필요한가요? (you, think, Do, some time, need, to, about it)
   _____?

3. 그들은 제시간에 공항에 도착했나요? (on time, get to, they, Did, the airport)
   _____?

4. 내가 오늘 아침 약을 먹었나요? (take, I, Did, this morning, the medicine)
   _____?

5. 그 아이들이 당신 집에서 문제를 일으켰나요? (the kids, make trouble, Did, at your place)
   _____?

6. 당신은 촛불 끄기 전에 소원을 빌었나요? (blew out, you, make a wish, the candles, Did, you, before)
   _____?

7. 그녀가 보통 휴가 계획을 짜는 건가요? (make, Does, a plan, she, for vacation, usually)
   _____?

8. 당신 남편이 매일 아침 식사를 준비하나요? (make breakfast, Does, your husband, every morning)
   _____?

9. 그들은 가끔 퇴근 후 저녁 모임을 하나요? (Do, get together, after work, for dinner, they, sometimes)
   _____?

10. Judy는 그 일을 바로잡으려고 노력을 했나요? (make it right, Judy, Did, try to)
    _____?

## Practice Step 3 짧은 문장 써 보기

앞에서 배운 내용을 바탕으로, 주어진 우리말에 맞게 영어 문장을 써 보세요.

1. 당신은 밤에 일을 하나요?
   _____?

2. Jess가 지난 수요일에 집에 왔나요?
   _____?

3. 어젯밤 차 사고가 났나요?
   _____?

4. 그들이 5년 전에 Switzerland에 머물렀나요?
   _____?

5. 그 셔틀버스는 매 30분마다 운행되나요?
   _____?

6. 너희는 매일 공원에서 테니스를 치니?
   _____?

**Hint!** work 일하다  at night 밤에  come home 집에 오다  last Wednesday 지난 수요일에  car accident 차 사고  happen (일, 사고 등이) 일어나다, 발생하다  last night 어젯밤  stay 머물다  five years ago 5년 전에  shuttle bus 셔틀버스  run 운행하다, 운영되다  every thirty minutes 매 30분마다  play tennis 테니스를 치다  at the park 공원에서  every day 매일

# Practice Step 4 길게 써 보기

지금까지 배운 내용을 떠올리면서, 주어진 우리말에 맞게 영어로 글을 써 보세요.

1. 그들이 어제 축구를 했니? Mark가 다쳤어? 거기 있는 사람들이 그를 걱정했지? 너는 그를 병원으로 데리고 갔니?

2. 
Ⓐ 너 아침에 조깅 안 했어?

Ⓑ 응, 안 했어.

Ⓐ 너 늦잠 잤니?

Ⓑ 응, 늦잠 잤어. 너무 피곤했어.

Ⓐ
Ⓑ
Ⓐ
Ⓑ

**Hint!** play soccer 축구를 하다  get hurt 다치다  people over there 거기 있는 사람들  worry about+사람 ~을 걱정하다  take A to B A를 B로 데리고 가다  go jogging 조깅을 하다  in the morning 아침에  oversleep 늦잠 자다  tired 피곤한

## 단어 및 표현 확인하기

| | | |
|---|---|---|
| at night | | 밤에 |
| at the park | | 공원에서 |
| car accident | | 차 사고 |
| come home | | 집에 오다 |
| every day | | 매일 |
| every thirty minutes | | 매 30분마다 |
| five years ago | | 5년 전에 |
| get hurt | | 다치다 |
| go jogging | | 조깅을 하다 |
| happen | 동사 | (일, 사고 등이) 일어나다, 발생하다 |
| in the morning | | 아침에 |
| last night | | 어젯밤에 |
| last Wednesday | | 지난 수요일에 |
| oversleep | 동사 | 늦잠 자다 |
| people over there | | 거기 있는 사람들 |
| play soccer | | 축구를 하다 |
| play tennis | | 테니스를 치다 |
| run | 동사 | 운행하다, 운영되다 |
| shuttle bus | | 셔틀버스 |
| stay | 동사 | 머물다 |
| take A to B | | A를 B로 데리고 가다 |
| tired | 형용사 | 피곤한 |
| work | 동사 | 일하다 |
| worry about+사람 | | ~을 걱정하다 |

# Training 05 Who is she?
## 의문사가 있는 의문문 만들기

Training 02와 04에서는 be동사, 일반동사를 이용해 의문문을 만드는 연습을 했습니다.

Training 05에서는 의문사(who, when, where, what, how, why 등)를 이용해서 좀 더 구체적인 내용을 묻는 의문문을 연습해봅시다.

**Point 1**  be동사 의문문: 의문사+be동사+주어~?

be동사 의문문은 주어+be동사의 위치를 바꿔줍니다.
문장의 맨 앞에 필요한 의문사를 넣으면 의문사가 있는 의문문이 완성됩니다.

- **Who** is she? — 그녀는 누구인가요?
- **Where** are you? — 당신은 어디에 있나요?
- **How** was your trip? — 당신의 여행은 어땠나요?

**Point 2**  일반동사 의문문: 의문사+do[does/did]+주어+일반동사 원형~?

일반동사가 있는 의문문은 do[does/did]가 주어 앞으로 가고, 동사는 원형을 씁니다.
문장의 맨 앞에 필요한 의문사를 넣으면 의문사가 있는 의문문이 완성됩니다.

- **Where do** you live? — 당신은 어디에 사나요?
- **What did** you do yesterday? — 당신은 어제 무엇을 했나요?
- **How did** they get here? — 그들은 여기 어떻게 왔나요?

**Point 3**  의문사 종류 알아보기

> who 누가 | what 무엇을 | where 어디서 | how 어떻게 | why 왜 | when 언제

---

의문사가 있는 의문문에서는 Yes/No로 답하지 않고, 묻는 내용에 맞게 답해야 해요.
- **A:** What are you going to do tomorrow? 너는 내일 무엇을 할 거야?
- **B:** Yes, I am. ✗ 응, 그래.
  I am going to go to the movies tomorrow. ○ 나는 내일 영화를 보러 갈 거야.

## Practice Step 1 기초 다지기

빈칸에 알맞은 의문사를 넣어 문장을 완성해보세요.

1. 누가 당신의 남자친구인가요?
   _____ is your boyfriend?

2. 그녀가 가장 좋아하는 음식은 무엇인가요?
   _____ is her favorite food?

3. 당신은 이것을 어디서 가져왔나요?
   _____ did you get this?

4. 오늘 날씨가 어떤가요?
   _____ is the weather today?

5. 그녀는 왜 화가 난 건가요?
   _____ is she angry?

6. Kevin은 언제 당신에게 전화했나요?
   _____ did Kevin call you?

7. Christina는 누구와 이야기한 건가요?
   _____ did Christina talk to?

8. 당신은 퇴근 후 어디 가나요?
   _____ do you go after work?

9. 그들은 왜 서로를 미워하는 건가요?
   _____ do they hate each other?

10. 이 바나나는 어느 나라 건가요?
    _____ are these bananas from?

**Answers**
1. Who    2. What    3. Where    4. How    5. Why
6. When   7. Who     8. Where    9. Why    10. Where

PART 1 be동사&일반동사 문장 만들기

## Practice Step 2 어순 훈련하기

주어진 단어들을 어순에 맞게 넣어 문장을 완성해보세요.

1. 저기 있는 저 남자는 누구죠? (is, Who, that guy, over there)
   _____?

2. 그가 언제 그 프로젝트를 끝냈죠? (he, When, finish, did, the project)
   _____?

3. 이 계획안의 좋은 점들이 무엇이죠? (the good things, What, in this plan, are)
   _____?

4. 왜 그들은 늘 서로에게 소리를 지르는 건가요? (Why, yell at, they, do, each other, always)
   _____?

5. 당신은 어젯밤 파티에서 어디에 있었나요? (were, at the party, last night, you, Where)
   _____?

6. 당신은 어떻게 그가 당신을 믿게 만든 건가요? (did, him, How, believe, you, make, you)
   _____?

7. Nora가 왜 그렇게 행복해 보이죠? (look, Why, Nora, so, happy, does)
   _____?

8. 당신이 그들을 처음으로 봤던 곳이 어디인가요? (see, you, them, did, Where, in the first place)
   _____?

9. 그가 당신에게 생일 선물로 뭘 사줬나요? (did, he, What, buy, you, for your birthday)
   _____?

10. 당신은 왜 그렇게 우리에게 잘해주는 건가요? (are, Why, us, so, you, nice, to)
    _____?

## Practice Step 3 짧은 문장 써 보기

앞에서 배운 내용을 바탕으로, 주어진 우리말에 맞게 영어 문장을 써 보세요.

1. 너는 왜 그렇게 늦게 왔니?
   _____?

2. Amy는 언제 너를 보러 온 거야?
   _____?

3. 그들은 어디서 이 강아지를 갖게 된 거야?
   _____?

4. 그는 보통 아침으로 무엇을 먹어?
   _____?

5. 그녀는 이것을 어떻게 제거한 거야?
   _____?

6. 너는 반에서 누가 제일 좋아?
   _____?

**Hint!** so late 그렇게 늦게  come to see+사람 ~을 보러 오다  get 얻다, 가지다  usually 보통  for breakfast 아침 식사로  get rid of ~을 제거하다  most 가장, 최고로  in the class 반에서

**PART 1** be동사&일반동사 문장 만들기

# Step 4 길게 써 보기

지금까지 배운 내용을 떠올리면서, 주어진 우리말에 맞게 영어로 글을 써 보세요.

1. 그녀는 누구야? 그녀의 직업은 뭐야? 너는 그녀를 어디서 만났니?
   언제 그녀를 만난 거야? 누가 그녀를 너에게 소개시켜 준거야? 너희는 어떻게 연인이 된 거야?

   ✉ New message
   To
   Subject

2.

   Ⓐ
   　Ⓑ
   Ⓐ
   　Ⓑ

   **Hint!** job 직업　introduce A to B A를 B에게 소개시켜주다　become ~가 되다　work 작동시키다　machine 기계　tell ~을 알려주다　how to+동사원형 ~하는 방법　close friend 가까운[친한] 친구

## Voca 단어 및 표현 확인하기

| | | |
|---|---|---|
| become | 동사 | ~가 되다 |
| close friend | | 가까운[친한] 친구 |
| come to see+사람 | | ~을 보러 오다 |
| for breakfast | | 아침 식사로 |
| get | 동사 | 얻다, 가지다 |
| get rid of | | ~을 제거하다 |
| how to+동사원형 | | ~하는 방법 |
| in the class | | 반에서 |
| introduce A to B | | A를 B에게 소개시켜주다 |
| job | 명사 | 직업 |
| machine | 명사 | 기계 |
| most | 부사 | 가장, 최고로 |
| so late | | 그렇게 늦게 |
| tell | 동사 | ~을 알려주다 |
| usually | 부사 | 보통 |
| work | 동사 | 작동시키다 |

# PART 2

영어 문장의 5가지 유형
## 문장의 5형식

문장 만들기는 단어를 어순에 맞게 배열하는 것입니다.

특히 영어 문장은 문장을 이루는 구성 요소들(주어, 동사, 보어, 목적어)을 어순에 맞게 배열하는 것이 중요합니다. 이런 문장 성분들이 놓이는 형태에 따라서 영어 문장 구조를 크게 5가지로 나누는데, 이것을 5형식이라고 합니다.

이 5형식을 나누는 기준은 바로 **동사**입니다.

동사에 따라서 그 뒤에 오는 구성 성분(보어, 목적어)이 결정됩니다. **동사**에 집중해서 문장의 형식을 파악하세요. 동사를 중심으로 문장을 구성하게 되는 힘이 생기면, 영어 회화가 훨씬 수월해집니다.

### 영어 문장의 5가지 유형

**1형식: 주어(S)+동사(V)**

- We walked.
  우리는 걸었다.
- The sun shines.
  해가 빛난다.
- It happened.
  그 일이 일어났다.

**2형식: 주어(S)+동사(V)+보어(C)**

- She is happy.
  그녀는 행복하다.
- He is a great teacher.
  그는 훌륭한 선생님이다.
- It smells good.
  맛있는 냄새가 난다.

**3형식: 주어(S)+동사(V)+목적어(O)**

- She likes him.
  그녀는 그를 좋아한다.
- I need a car.
  나는 차가 필요하다.
- You didn't want the money.
  너는 돈을 원하지 않았다.

**4형식: 주어(S)+동사(V)+간접목적어(I.O.)+직접목적어(D.O.)**

- He sent me an email.
  그는 내게 이메일을 보냈다.
- I gave him a book.
  나는 그에게 책을 주었다.

**5형식: 주어(S)+동사(V)+목적어(O)+목적보어(O.C.)**

- He painted the wall white.
  그는 벽을 흰색으로 칠했다.
- They found the house empty.
  그들은 집이 빈 것을 알게 되었다.

# Training 06 I go to school.
## 1형식: 주어(S)+동사(V)

**Point 1**   주어+동사만으로도 의미가 완전한 문장 형태가 1형식입니다. '누가' '무엇을 하는지'가 전달하는 내용의 핵심이 됩니다. 조금 더 구체적으로 문장을 표현하고 싶다면 장소나 시간을 나타내는 수식어를 넣어줄 수 있습니다. 수식어는 보통 부사, 부사구가 들어갑니다.

**Point 2**   **1형식 문장: 주어+동사+(수식어)**

- He went to school.   그는 학교에 갔다. (to school: 전치사+명사 형태의 부사구)
- I didn't run.   나는 뛰지 않았다.

**Point 3**   **1형식 대표 동사**

> go 가다 | come 오다 | run 뛰다 | live 살다 | sleep 자다 | stay 머무르다 | walk 걷다
> work 일하다 | happen 발생하다 | arrive 도착하다 | exercise 운동하다 | exist 존재하다
> appear 나타나다 | disappear 사라지다 | rise 떠오르다

**Point 4**   **There be 구문('~이 있다'): There is+단수명사+(수식어) / There are+복수명사+(수식어)**

- There is a coffee shop.   커피숍이 하나 있다.
- There are many people in the building.   건물 안에 많은 사람들이 있다.
  (in the building: 전치사+명사 형태의 부사구)

 **더 알아보기!**

수식어 자리에는 **단순 부사나 부사구(전치사+명사)**가 올 수 있어요.
- She runs **fast**. [fast: 빠르게 – 부사]   그녀는 빨리 달린다.
- My car stopped **suddenly**. [suddenly: 갑자기 – 부사]   내 차가 갑자기 멈췄다.
- We went **to the park**. [to the park: 공원에 – 부사구]   우리는 공원에 갔다.
- There is chocolate **on the cake**. [on the cake: 케이크 위에 – 부사구]   케이크 위에 초콜릿이 있다.

## Practice Step 1 기초 다지기

보기를 참고해 빈칸에 알맞은 형태의 동사를 넣어 문장을 완성해보세요.

> **보기**
> go  happen  live  rise  run  start  walk

1. 그는 공원에서 걷는다.
   He _____ in the park.

2. 그 수업은 9시에 시작된다.
   The class _____ at 9.

3. 해는 동쪽에서 뜬다.
   The sun _____ in the east.

4. 그들은 외출했다.
   They _____ outside.

5. Mason은 자러 갔다.
   Mason _____ to bed.

6. 나는 교회에 다니지 않는다.
   I don't _____ to church.

7. Jacob은 매일 도서관에 가니?
   Does Jacob _____ to the library every day?

8. 우리는 운동장에서 달렸다.
   We _____ in the playground.

9. 나는 서울에서 나의 가족과 행복하게 산다.
   I _____ in Seoul happily with my family.

10. 그 일이 어젯밤에 일어났어?
    Did it _____ last night?

---

**Answers**
1. walks  2. starts  3. rises  4. went  5. went
6. go  7. go  8. ran  9. live  10. happen

PART 2 문장의 5형식

## Practice Step 2 어순 훈련하기

주어진 단어들을 어순에 맞게 넣어 문장을 완성해보세요.

1. Daniel은 금요일마다 이곳에 온다. (Daniel, on Fridays, here, comes)
   _____.

2. 그들은 지하철을 이용해서 출근하나요? (they, go to work, Do, by subway)
   _____?

3. 그녀는 버스 정류장까지 뛰었나요? (run, Did, to the bus station, she)
   _____?

4. 바닥에 물이 있다. (some water, There is, on the floor)
   _____.

5. 그 쇼핑몰 3층에는 많은 사람들이 있다. (many people, There are, on the third floor, in the mall)
   _____.

6. 그들은 작년 5월에 캐나다로 갔다. (to Canada, They, in May, last year, went)
   _____.

7. 이번에는 아무도 요리하지 않았다. (this time, Nobody, cooked)
   _____.

8. 나는 어제 시내에서 친구들과 함께 놀았다. (hung out, I, yesterday, with my friends, downtown)
   _____.

9. 말 두 마리가 들판을 달리고 있다. (in the field, Two horses, are running)
   _____.

10. 다음 번에는 누가 노래할 거야? (will, sing, Who, next time)
    _____?

## Practice Step 3 짧은 문장 써 보기

앞에서 배운 내용을 바탕으로, 주어진 우리말에 맞게 영어 문장을 써 보세요.

1. 이 컴퓨터는 아주 잘 작동된다.
   _____.

2. 우리는 이 호텔에 오늘 오후에 도착했다.
   _____.

3. 그는 퇴근해서 집에 왔다.
   _____.

4. Susan은 어젯밤 위층으로 가지 않았다.
   _____.

5. 나는 한밤중에 잠에서 깼다.
   _____.

6. 내 부모님은 이 집에서 오랫동안 사셨다.
   _____.

**Hint!** work (기계가) 작동하다  great 아주 잘, 제대로  arrive at+장소 ~에 도착하다  this afternoon 오늘 오후  get home from work 퇴근해서 집에 오다  go upstairs 위층으로 가다  last night 어젯밤(에)  wake up 잠에서 깨다  at midnight 한밤중에  live in+장소 ~에 살다  for a long time 오랫동안

## Practice Step 4 길게 써 보기

지금까지 배운 내용을 떠올리면서, 주어진 우리말에 맞게 영어로 글을 써 보세요.

1. 그녀는 아침 일찍 일어난다. 그녀는 버스를 타고 학교에 간다.
   그녀는 학교에 9시부터 3시까지 있는다. 그녀는 친구들과 집에 돌아온다.

   _____
   _____
   _____
   _____

2. 
   Ⓐ 나는 아이들과 함께 동물원에 갈 거야.
   Ⓑ 오늘 사람들이 동물원에 많을 거야.
   Ⓐ 그럼, 그냥 집에 있는 게 낫겠다.
   Ⓑ 집에서 아이들과 쉴 수 있잖아.

   Ⓐ _____
   Ⓑ _____
   Ⓐ _____
   Ⓑ _____

   **Hint!** wake up 잠에서 깨다   early in the morning 아침 일찍   go to school 학교에 가다   by bus 버스를 타고   stay at school 학교에 머무르다   from 9 to 3 9시부터 3시까지   come back home 집에 돌아오다   go to the zoo 동물원에 가다   would rather+동사원형 ~하는 것이 낫다   at home 집에서   relax 쉬다, 휴식을 취하다

## Voca 단어 및 표현 확인하기

|  |  |
|---|---|
| arrive at+장소 | ~에 도착하다 |
| at home | 집에서 |
| at midnight | 한밤중에 |
| by bus | 버스를 타고 |
| come back home | 집에 돌아오다 |
| early in the morning | 아침 일찍 |
| for a long time | 오랫동안 |
| from 9 to 3 | 9시부터 3시까지 |
| get home from work | 퇴근해서 집에 오다 |
| go to school | 학교에 가다 |
| go to the zoo | 동물원에 가다 |
| go upstairs | 위층으로 가다 |
| great  `부사` | 아주 잘, 제대로 |
| last night | 어젯밤(에) |
| live in+장소 | ~에 살다 |
| relax  `동사` | 쉬다, 휴식을 취하다 |
| stay at school | 학교에 머무르다 |
| this afternoon | 오늘 오후 |
| wake up | 잠에서 깨다 |
| work  `동사` | (기계가) 작동하다 |
| would rather+동사원형 | ~하는 것이 낫다 |

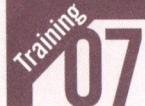

# You are tired.
## 2형식: 주어(S)+동사(V)+보어(C)

**Point 1**    주어와 동사 외에 주어를 보충 설명하는 보어가 필요한 문장 형태가 2형식입니다. 보어로는 일반적으로 명사, 형용사가 쓰입니다. 2형식 대표 동사로는 be동사, look, seem, sound, taste, smell, become, turn 등이 자주 쓰입니다.

**Point 2**    2형식 문장: 주어＋동사＋보어＋(수식어)

**Point 3**    2형식 대표 동사

❶ **be동사**: am, are, is
- I am a student.    나는 학생이다.
- You are tired.    너는 지쳤다.

❷ **become 동사류**('~하게 되다'): become, get, go, run, turn
- She got angry.    그녀는 화가 났다.
- The leaves are turning red and yellow.    잎들이 빨갛고 노랗게 변하고 있다.

❸ **감각동사**: look('~하게 보이다'), seem('~하게 보이다'), sound('~하게 들리다'), feel('~한 느낌이 들다'), taste('~한 맛이 나다')
- The soup tastes good.    그 수프는 맛있다.
- She seems kind.    그녀는 친절해 보인다.

❹ remain('계속 ~이다'), keep('~인 채로 있다'), stay('~인 상태로 있다'), appear('~하게 보이다')
- I stayed awake all night.    나는 밤새 깨어 있었다.

❶ 같은 동사라도 동사 뒤에 나오는 것이 무엇이냐에 따라 문장의 형식이 달라져요.
- The baby is on the bed. [1형식: on the bed - 부사구]    아기는 침대 위에 있다.
- The baby is adorable. [2형식: adorable - 형용사]    아기는 사랑스럽다.

❷ 감각동사 뒤에 나오는 보어는 부사처럼 해석이 되지만 형용사예요.
- You look different. [different: 형용사 보어]    너는 달라 보인다.

## Practice Step 1 기초 다지기

보기를 참고해 빈칸에 알맞은 be동사나 일반동사를 넣어 문장을 완성해보세요.

**보기**: become  feel  get  look  stay  turn

1. Olivia는 패션 디자이너이다.
   Olivia _____ a fashion designer.

2. 그는 백만장자가 되었다.
   He _____ a millionaire.

3. 그것은 나의 실수가 아니었다.
   It _____ not my mistake.

4. 내 친구, Mia는 공격적이다.
   My friend, Mia _____ aggressive.

5. 시간이 늦어지고 있다.
   It is _____ late.

6. 그 사과들은 빨갛게 변해가고 있다.
   The apples are _____ red.

7. 그들은 신나 보였다.
   They _____ excited.

8. Judy는 미안해 하지 않았다(미안함을 느끼지 않았다).
   Judy didn't _____ sorry.

9. 그녀는 늘 평정심을 유지한다.
   She always _____ calm.

10. 상황이 악화되었다.
    The situation _____ worse.

**Answers**
1. is  2. became  3. was  4. is  5. getting
6. turning  7. looked  8. feel  9. stays  10. got/became

## Practice Step 2 어순 훈련하기

주어진 단어들을 어순에 맞게 넣어 문장을 완성해보세요.

1. 엘리베이터가 고장 났다. (is, The elevator, out of order)

2. 이 연못은 말라 버렸다. (has run, This pond, dry)

3. 좋은 약은 입에 쓰다. (bitter, tastes, Good medicine)

4. 그녀는 낯선 사람들에게 다정했다. (friendly, to, She, was, strangers)

5. 그 교수님은 굉장히 엄격해 보인다. (seems, strict, The professor, very)

6. 그 나무들은 서서히 자라고 있다. (are getting, The trees, taller, gradually)

7. 상황은 안 좋아질 것이다. (go, will, wrong, Things)

8. 우리는 그 결과에 실망했다. (felt, We, the result, disappointed with)

9. David는 어제 그 정장을 입으니까 멋져 보였다. (in the suit, David, yesterday, looked, great)

10. 그것은 나에게 타당하게 들리지 않는다. (sound, fair, It, doesn't, me, to)

## Practice Step 3 짧은 문장 써 보기

앞에서 배운 내용을 바탕으로, 주어진 우리말에 맞게 영어 문장을 써 보세요.

1. 내 신발은 낡았다.
   _____.

2. 날씨가 쌀쌀해졌다.
   _____.

3. 그 개는 공격적으로 보인다.
   _____.

4. 그녀는 다정다감한 사람 같이 들린다.
   _____.

5. Lily는 학교에 지각했다.
   _____.

6. 너는 지금 한가하니?
   _____?

**Hint!** old 낡은  turn+형용사 ~하게 변하다  cold 추운, 쌀쌀한  look+형용사 ~하게 보이다  aggressive 공격적인  sound ~하게 들리다  sweet 다정다감한  be late for+장소 ~에 지각하다  free 한가한

# Practice Step 4 길게 써 보기

지금까지 배운 내용을 떠올리면서, 주어진 우리말에 맞게 영어로 글을 써 보세요.

1. 내 아내는 대학 교수이다. 그녀는 가르침에 열정적이다. 그녀는 깐깐해 보인다. 그녀는 가끔 외로움을 탄다. 그녀는 쉽게 화를 낸다.

   _____
   _____
   _____

2.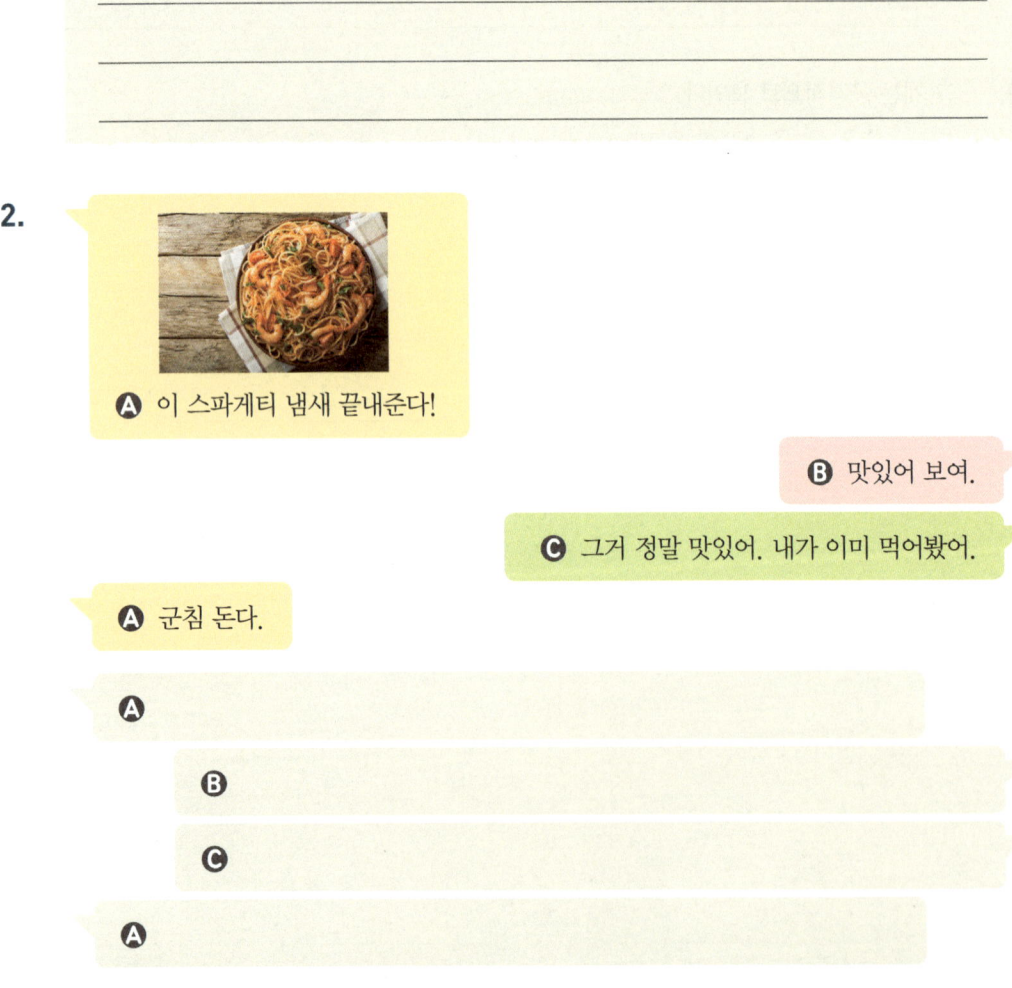

   Ⓐ 이 스파게티 냄새 끝내준다!

   Ⓑ 맛있어 보여.

   Ⓒ 그거 정말 맛있어. 내가 이미 먹어봤어.

   Ⓐ 군침 돈다.

   Ⓐ _____
   Ⓑ _____
   Ⓒ _____
   Ⓐ _____

   **Hint!** college professor 대학 교수  passionate about+분야 ~에 열정적인  seem+형용사 ~하게 보이다  feel lonely 외로움을 느끼다  get+형용사 ~하게 되다  angry 화난  easily 쉽게  smell+형용사 ~한 냄새가 난다  look+형용사 ~하게 보이다  delicious 맛있는  already 이미, 벌써  water (입에) 군침이 돌다

## 단어 및 표현 확인하기

| | | |
|---|---|---|
| aggressive | 형용사 | 공격적인 |
| already | 부사 | 이미, 벌써 |
| angry | 형용사 | 화난 |
| be late for+장소 | | ~에 지각하다 |
| cold | 형용사 | 추운, 쌀쌀한 |
| college professor | | 대학 교수 |
| delicious | 형용사 | 맛있는 |
| easily | 부사 | 쉽게 |
| feel lonely | | 외로움을 느끼다 |
| free | 형용사 | 한가한 |
| get+형용사 | | ~하게 되다 |
| look+형용사 | | ~하게 보이다 |
| old | 형용사 | 낡은 |
| passionate about+분야 | | ~에 열정적인 |
| seem+형용사 | | ~하게 보이다 |
| smell+형용사 | | ~한 냄새가 난다 |
| sound | 동사 | ~하게 들리다 |
| sweet | 형용사 | 다정다감한 |
| turn+형용사 | | ~하게 변하다 |
| water | 동사 | (입에) 군침이 돌다 |

# He made a mistake.
### 3형식: 주어(S)+동사(V)+목적어(O)

**Point 1**    주어와 동사 뒤에 동작의 대상인 목적어가 와야 의미가 완전해지는 문장 형태가 3형식입니다. 목적어는 '~을[를]'에 해당하는 말로, 명사 형태가 목적어 자리에 들어갑니다.

**Point 2**    목적어 자리에 올 수 있는 명사 형태

> 명사 | 대명사 | 동명사 | to부정사 | that+주어+동사
> 의문사(how, what, when, where)+to부정사
> 의문사(how, what, when, where, who, why)+주어+동사

**Point 3**    3형식 문장: 주어+동사+목적어+(수식어)

- He made a mistake.    그는 실수를 저질렀다.
- I don't know them.    나는 그들을 모른다.
- She enjoys fishing.    그녀는 낚시를 즐긴다.
- We decided to go.    우리는 가기로 결정했다.
- They cannot believe that he's a genius.    그들은 그가 천재라는 것을 믿을 수 없다.
- Do you know what to do?    너는 무엇을 해야 할지 아니?
- I didn't find out how it happened.    나는 그 일이 어떻게 벌어졌는지 알아내지 못했다.

**3형식 대표 동사**
❶ to부정사만을 목적어로 갖는 동사: decide, expect, hope, need, plan, refuse, want
❷ 동명사만을 목적어로 갖는 동사: enjoy, finish, give up, keep, mind, quit
❸ to부정사, 동명사를 모두 목적어로 갖는 동사: begin, hate, like, love, start, forget, remember, try, stop

## Practice Step 1 기초 다지기

보기를 참고해 빈칸에 알맞은 형태의 동사를 넣어 문장을 완성해보세요.

**보기**
begin  do  enjoy  have  hope
make  mention  return  start  stop

1. Dylan은 멋진 아이디어가 있다.
   Dylan _____ a great idea.

2. 나는 이번 여름 휴가를 위해 근사한 계획을 세웠다.
   I _____ an amazing plan for this summer vacation.

3. Emily는 아무것도 잘못된 일을 하지 않았다.
   Emily _____ nothing wrong.

4. 그 교수님은 10시에 수업을 시작하신다.
   The professor _____ her lesson at 10.

5. 우리는 그 실험을 이른 아침에 시작했다.
   We _____ the experiment early in the morning.

6. 그녀는 신호등에서 차를 멈췄다.
   She _____ the car at the traffic light.

7. 너는 오늘 그 책들을 도서관에 반납할 거야?
   Will you _____ the books to the library today?

8. Julian은 밤에 영화 보는 것을 즐긴다.
   Julian _____ watching movies at night.

9. 나는 너를 곧 다시 보길 바라.
   I _____ to see you again soon.

10. 그가 언제 돌아오는지 말했니?
    Did he _____ when to come back?

**Answers**
1. has  2. made  3. did  4. begins  5. started
6. stopped  7. return  8. enjoys  9. hope  10. mention

PART 2 문장의 5형식  061

# Practice Step 2 어순 훈련하기

**주어진 단어들을 어순에 맞게 넣어 문장을 완성해보세요.**

1. 나는 처음에는 그의 이름을 기억하지 못했다. (remember, didn't, his name, I, at first)
   _____.

2. 그녀는 마침내 그 시험을 통과했다. (at last, She, the exam, passed)
   _____.

3. 그는 고의로 내 안경을 깨뜨렸다. (my glasses, on purpose, He, broke)
   _____.

4. Gina는 약속을 지키기로 결심했다. (Gina, the promise, decided, keep, to)
   _____.

5. Jeremy는 시간 내에 저녁 식사 준비하는 것을 끝마쳤다. (in time, Jeremy, making, finished, dinner)
   _____.

6. 나는 파티에 무엇을 입고 갈지 (아직) 결정을 못했다. (haven't, I, decided, for the party, what to wear)
   _____.

7. 나는 누가 이것을 주문했는지 기억나지 않는다. (remember, who, I, don't, this, ordered)
   _____.

8. 우리는 그 수업이 끝난 것을 몰랐다. (the class, We, was over, that, realize, didn't)
   _____.

9. 그 의사는 그녀가 화상을 입었다고 말했다. (said, The doctor, burned herself, that, she)
   _____.

10. 너는 내가 지금 얼마나 기쁜지 몰라. (I am, how happy, don't, You, know)
    _____.

## Practice Step 3 짧은 문장 써 보기

앞에서 배운 내용을 바탕으로, 주어진 우리말에 맞게 영어 문장을 써 보세요.

1. 나는 그 택시에 휴대폰을 두고 내렸다.
   _____.

2. 우리는 오늘 밤에 그 영화를 보고 싶다.
   _____.

3. 나는 가족들과 집에 있는 것을 즐긴다.
   _____.

4. 그녀는 이번 주말에 부모님을 찾아뵐 계획이다.
   _____.

5. 너는 나에게 이래라 저래라 할 수 없어.
   _____.

6. 그들은 내가 그들을 좋아하지 않는다는 것을 안다.
   _____.

**Hint!** leave something in+장소 ~을 어디에 두고 떠나다  see the movie 영화를 보다  tonight 오늘 밤에  enjoy+동사-ing ~하는 것을 즐기다  at home 집에서  plan to+동사원형 ~할 계획이다  this weekend 이번 주말에  what to do 무엇을 할지

## Practice Step 4  길게 써 보기

지금까지 배운 내용을 떠올리면서, 주어진 우리말에 맞게 영어로 글을 써 보세요.

1. Emily는 그녀의 반려견을 사랑한다. 그녀는 강아지를 매일 산책시킨다.
   그녀는 반려견과 놀아주는 것을 즐긴다. 그녀는 강아지와 세계여행을 하길 희망한다.

   _____
   _____
   _____
   _____

2. 
   🅐 너 TV에서 하는 그 축구 경기 보고 싶어(볼래)?

   🅑 너무나도 보고 싶지.

   🅐 내가 맥주를 좀 가져왔어.

   🅑 그럼 우리 맥주 마시면서 경기를 즐길 수 있겠다.

   🅐 _____
   🅑 _____
   🅐 _____
   🅑 _____

**Hint!** walk a dog 개를 산책시키다  enjoy+동사-ing ~하는 것을 즐기다  hope to+동사원형 ~하길 바라다, 희망하다  travel 여행하다  around the world 전 세계  want to+동사원형 ~하는 것을 원하다  soccer match 축구 경기  on TV TV에서 하는  would love to (='d love to)+동사원형 ~을 너무나도 하고 싶다  have got (='ve got) ~을 가지고 있다 [사 왔다/가져왔다]

064  영문법 문장훈련

## Voca 단어 및 표현 확인하기

| | |
|---|---|
| around the world | 전 세계 |
| at home | 집에서 |
| enjoy+동사-ing | ~하는 것을 즐기다 |
| have got (='ve got) | ~을 가지고 있다[사 왔다/가져왔다] |
| hope to+동사원형 | ~하길 바라다, 희망하다 |
| leave something in+장소 | ~을 어디에 두고 떠나다 |
| on TV | TV에서 하는 |
| plan to+동사원형 | ~할 계획이다 |
| see the movie | 영화를 보다 |
| soccer match | 축구 경기 |
| this weekend | 이번 주말에 |
| tonight 〔부사〕 | 오늘 밤에 |
| travel 〔동사〕 | 여행하다 |
| walk a dog | 개를 산책시키다 |
| want to+동사원형 | ~하는 것을 원하다 |
| what to do | 무엇을 할지 |
| would love to (='d love to)+동사원형 | ~을 너무나도 하고 싶다 |

# I gave her the book.
### 4형식: 주어(S)+동사(V)+간접목적어(I.O.)+직접목적어(D.O.)

**Point 1**  동사 뒤에 목적어가 두 개 나오는 문장 형태가 4형식 문장입니다. 이때 목적어는 '~에게'에 해당하는 간접목적어(indirect object; I.O.)와 '~을[를]'에 해당하는 직접목적어(direct object; D.O.) 두 가지입니다. 4형식 동사는 대부분 '~에게 …을 해주다'의 의미라서 수여동사(남에게 무언가를 건네는 동사)라고도 합니다.

**Point 2**  4형식 문장: 주어＋동사＋간접목적어＋직접목적어＋(수식어)

- I gave Amy the book.  나는 Amy에게 그 책들을 주었다.
- They didn't tell us their secret.  그들은 우리에게 그들의 비밀을 말해 주지 않았다.
- My mom bought me this cell phone.  엄마가 나에게 이 휴대폰을 사 주셨다.

**Point 3**  4형식 대표 동사

> give ~에게 …을 주다 | show ~에게 …을 보여주다 | tell ~에게 …을 말하다
> make ~에게 …을 만들어주다 | buy ~에게 …을 사주다 | send ~에게 …을 보내다
> ask ~에게 …을 묻다 | teach ~에게 …을 가르치다 | lend ~에게 …을 빌려주다
> write ~에게 …을 쓰다 | read ~에게 …을 읽어주다 | cook ~에게 …을 요리해주다

**Point 4**  4형식 문장을 3형식 문장으로 바꾸기

간접목적어와 직접목적어의 위치를 바꾸어 3형식으로 표현할 수 있습니다. 뒤로 간 간접목적어 앞에는 전치사를 붙이는데, 동사에 따라 전치사가 결정됩니다.

❖ 4형식: 주어＋동사＋간접목적어('~에게')＋직접목적어('…을[를]')
- He made me a cake.  그는 나에게 케이크를 만들어 주었다.

❖ 3형식: 주어＋동사＋직접목적어('…을[를]')＋수식어구(전치사＋간접목적어)
- He made a cake for me.  그는 나에게 케이크를 만들어 주었다.

동사에 따라 쓰는 전치사
❶ to를 쓰는 동사: give, lend, read, sell, send, show, teach, tell, write, bring
❷ for를 쓰는 동사: buy, cook, find, get, make, leave
❸ of를 쓰는 동사: ask, require, demand

## Practice Step 1 기초 다지기

보기를 참고해 빈칸에 알맞은 형태의 동사를 넣어 문장을 완성해보세요.

> 보기
> ask  bring  buy  cook  get
> give  send  show  teach  tell

1. 그에게 물 한잔 줄 수 있어?
   Can you _____ him a glass of water?

2. 우리 아빠는 나에게 새 컴퓨터를 사 주실 것이다.
   My dad will _____ me a new computer.

3. Eric은 그의 아내에게 꽃을 보냈다.
   Eric _____ his wife flowers.

4. 그 선생님은 나에게 몇 개의 질문을 하셨다.
   The teacher _____ me some questions.

5. 그 유명한 요리사는 우리에게 맛있는 식사를 요리해줬다.
   The famous chef _____ us a great meal.

6. Lucas는 그녀에게 그 이유를 말해주지 않았다.
   Lucas didn't _____ her the reason.

7. 우리는 그 할머니께 그곳에 가는 방법을 알려드렸다.
   We _____ the old lady how to get there.

8. 나에게 에세이 쓰는 법을 가르쳐 줄래?
   Can you _____ me how to write an essay?

9. 나에게 그 주스를 가져다 줄 수 있을까?
   Can you _____ me the juice?

10. 나에게 닭고기 수프를 사다 줘서 고마워.
    Thank you for _____ me chicken soup.

**Answers**
1. give/get   2. buy   3. sent   4. asked   5. cooked
6. tell   7. showed   8. teach   9. bring/get   10. getting

PART 2 문장의 5형식   067

# Practice Step 2  어순 훈련하기

주어진 단어들을 어순에 맞게 넣어 문장을 완성해보세요. (각 문장마다 4형식과 3형식 2가지 문장 형태 만들기)

1. 너는 그에게 기회를 줄 필요가 없다. (him, give, a chance, You, don't have to)

    4형식: _____.

    3형식: _____.


2. 왜 Lisa는 그들에게 그 유용한 정보를 말해준 거야? (Lisa, tell, Why, did, the useful information, them)

    4형식: _____?

    3형식: _____?


3. Will은 그녀에게 지난 주말 그 예쁜 드레스를 사주었다. (Will, last weekend, the beautiful dress, her, bought)

    4형식: _____.

    3형식: _____.


4. 나는 그들에게 내일 점심을 사줄 것이다. (buy, I, am going to, them, lunch, tomorrow)

    4형식: _____.

    3형식: _____.


5. Ethan은 나에게 그 영화의 이름을 물어봤다. (asked, Ethan, the name of the movie, me)

    4형식: _____.

    3형식: _____.

**6.** 그가 너희들에게 메시지를 남겼지? (leave, he, Did, you, a message)

4형식: _____ ?

3형식: _____ ?


**7.** 우리 할아버지는 나에게 많은 책을 읽어주시곤 했다. (My grandfather, read, a lot of books, me, used to)

4형식: _____ .

3형식: _____ .


**8.** 그녀는 우리에게 그 사진을 보여주지 않았다. (didn't, us, She, the picture, show)

4형식: _____ .

3형식: _____ .


**9.** 그녀는 그들에게 돈을 쉽게 빌려주지 않을 것이다. (lend, easily, any money, She, won't, them)

4형식: _____ .

3형식: _____ .


**10.** Alice는 그 파티에서 너에게 좋은 선물을 주지 않았어? (Alice, present, at the party, get, a nice, Didn't, you)

4형식: _____ ?

3형식: _____ ?

## Practice Step 3 짧은 문장 써 보기

앞에서 배운 내용을 바탕으로, 주어진 우리말에 맞게 영어 문장을 써 보세요.

1. 할머니께서 우리에게 흥미로운 이야기를 들려주셨다.
   _____.

2. 나는 나의 강아지에게 장난감을 사 주었다.
   _____.

3. 제게 읽을 것을 가져다 주실래요?
   _____?

4. 제게 소금을 건네 주실 수 있나요?
   _____?

5. Jason이 너에게 전화를 할 거야.
   _____.

6. Ann이 나에게 가방을 찾아주었다.
   _____.

**Hint!** tell ~에게 …를 말하다  interesting 흥미로운, 재미있는  story 이야기  buy ~에게 …를 사 주다  bring ~에게 …를 가져다주다  something to read 읽을 것  pass ~에게 …를 건네다  give someone a call ~에게 전화를 걸다  find ~에게 …를 찾아주다

## Practice Step 4 길게 써 보기

지금까지 배운 내용을 떠올리면서, 주어진 우리말에 맞게 영어로 글을 써 보세요.

1. 할머니께서 나에게 선물을 보내셨다. 나는 정말 기뻤다. 나는 할머니를 안아드리고 싶었다. 나는 할머니께 전화를 드렸다. 나는 할머니께 감사 카드를 쓸 것이다.

2. 
   - Ⓐ 부탁 하나 드려도 될까요?
   - Ⓑ 물론이죠.
   - Ⓐ 제게 이것에 관해서 유용한 정보를 좀 주실 수 있을까요?
   - Ⓑ 제가 당신에게 모든 것을 다 알려드릴게요.

   - Ⓐ
   - Ⓑ
   - Ⓐ
   - Ⓑ

**Hint!** send ~에게 …를 보내다  give someone a hug ~을 안아주다  give someone a call ~에게 전화를 걸다  write ~에게 …를 써서 보내다  thank-you card 감사 카드  ask someone a favor ~에게 부탁을 하다  useful 유용한  information 정보

# 단어 및 표현 확인하기

|  |  |  |
|---|---|---|
| ask someone a favor | | ~에게 부탁을 하다 |
| bring | 동사 | ~에게 …를 가져다주다 |
| buy | 동사 | ~에게 …를 사 주다 |
| find | 동사 | ~에게 …를 찾아주다 |
| give someone a call | | ~에게 전화를 걸다 |
| give someone a hug | | ~을 안아주다 |
| information | 명사 | 정보 |
| interesting | 형용사 | 흥미로운, 재미있는 |
| pass | 동사 | ~에게 …를 건네다 |
| send | 동사 | ~에게 …를 보내다 |
| something to read | | 읽을 것 |
| story | 명사 | 이야기 |
| tell | 동사 | ~에게 …를 말하다 |
| thank-you card | | 감사 카드 |
| useful | 형용사 | 유용한 |
| write | 동사 | ~에게 …를 써서 보내다 |

# I will make you happy.
## 5형식: 주어(S)+동사(V)+목적어(O)+목적보어(O.C.) [1]

**Point 1** 동사 뒤에 목적어와 목적어를 보충 설명해주는 목적보어로 구성된 문장 형태가 5형식입니다. 예를 들면, 'We painted the wall.'은 3형식 문장으로 주어+동사+목적어로 구성됩니다. 하지만 이렇게 되면 그 벽을 무슨 색으로 칠했는지 궁금하지죠? 목적어 the wall이 어떤 색으로 칠해졌는지 목적어의 상태나 목적어를 보충 설명해주는 말, 즉 목적보어가 나오는 문장, 'We painted the wall white.'가 바로 5형식 문장입니다.

목적보어 자리에는 명사나 형용사 역할을 하는 어구가 올 수 있습니다. 즉, 명사, 형용사, to부정사, 동사원형, 현재분사, 과거분사 등 다양한 형태가 옵니다.

**Point 2**  5형식 문장: 주어+동사+목적어+목적보어+(수식어)

- Please call me Bill.   나를 Bill이라고 불러.
- I will make you happy.   내가 너를 행복하게 해줄게.
- I want you to get there on time.   나는 네가 거기에 제시간에 도착하길 바라.

**Point 3**  5형식 대표 동사

> make ~을 …하게 만들다 | find ~가 …라는 걸 알아내다 | consider ~을 …라고 여기다
> call ~을 …라고 부르다 | name ~을 …라고 이름 짓다 | leave ~을 …한 상태로 두다
> want ~가 …하기를 원하다 | allow ~가 …하는 걸 허락하다 | tell ~가 …하도록 말하다
> ask ~에게 …해달라고 요청하다 | keep ~을 …하게 유지하다 | help ~가 …하도록 돕다

**3, 4형식에서 나왔던 동사가 5형식에도 나오는 경우가 있다!?**
동사는 여러 뜻으로 쓰일 수 있어요. 의미에 따라 동사 뒤에 필요한 말의 형태가 달라지기 때문에 한 동사가 여러 문장 형식에서 쓰일 수 있는 것인데요. 여러 문장 형식에서 쓰일 수 있는 대표동사 make가 어떻게 다양하게 문장을 구성하는지 살펴볼까요?

make 동사

❶ '~을 만들다'(3형식)
- She made a cake.   그녀는 케이크를 만들었다.

❷ '~에게 …을 만들어주다'(4형식)
- She made you a cake.   그녀는 너에게 케이크를 만들어 주었다.

❸ '~을 …하게 만들다'(5형식)
- She made your life happier.   그녀는 너의 삶을 더 행복하게 만들었다.

## Step 1 기초 다지기

보기를 참고해 빈칸에 알맞은 형태의 동사를 넣어 문장을 완성해보세요.

> **보기**
> allow   consider   find   keep
> leave   make   name   tell   want

1. 나는 영어가 쉽다는 것을 알게 되었다.
   I _____ English easy.

2. 그녀는 네가 늘 행복하길 바라.
   She _____ you to be happy all the time.

3. 그들은 그 거리를 깨끗하게 유지한다.
   They _____ the street clean.

4. 사람들은 그를 범죄자로 여겼다.
   People _____ him a criminal.

5. 우리는 그 게임이 흥미진진하다는 것을 알았다.
   We _____ the game exciting.

6. 나는 그 문을 열어 두었다.
   I _____ the door open.

7. 모든 시험은 나를 긴장하게 만든다.
   Every test _____ me nervous.

8. 그녀는 딸의 이름을 Emily라고 지었다.
   She _____ her daughter Emily.

9. 우리 부모님은 내가 그를 집으로 초대하는 것을 허락하지 않으실 것이다.
   My parents won't _____ me to have him over.

10. 그녀의 상사가 그녀에게 야근하라고 말했다.
    Her boss _____ her to work overtime.

**Answers**  1. found   2. wants   3. keep   4. considered   5. found
6. left   7. makes   8. named   9. allow   10. told

## Practice Step 2 어순 훈련하기

주어진 단어들을 어순에 맞게 넣어 문장을 완성해보세요.

1. 그는 그 집이 비었다는 것을 알아냈다. (the house, He, empty, found)
   _____.

2. 더운 날씨가 사람들을 지치게 한다. (tired, people, Hot weather, makes)
   _____.

3. 이 음악은 내 마음을 편안하게 해준다. (makes, This music, me, relaxed)
   _____.

4. 나는 그것들을 안전하게 가지고 있을 것이다. (them, safe, am going to, I, keep)
   _____.

5. 서류 가방을 든 남자가 우리에게 그 책들을 살 것을 권유했다. (advised, the books, with a suitcase, buy, to, The man, us)
   _____.

6. 이런 날씨는 사람들을 우울하게 만든다. (makes, This weather, depressed, people)
   _____.

7. 우리는 그를 관대한 사람이라고 여겼다. (considered, We, generous, him)
   _____.

8. TV 속의 저 남자 배우는 자기 자신을 톱스타라고 여긴다. (considers, a top star, himself, The actor on TV)
   _____.

9. 전화로 듣는 그의 목소리는 나를 긴장하게 만든다. (makes, His voice, nervous, me, on the phone)
   _____.

10. 나는 그녀의 결혼생활이 불행하다는 것을 알았다. (her, I, unhappy, found, marriage)
    _____.

## Practice Step 3 짧은 문장 써 보기

**앞에서 배운 내용을 바탕으로, 주어진 우리말에 맞게 영어 문장을 써 보세요.**

1. 우리는 늘 치아를 깨끗하게 유지해야 한다.
   _____.

2. 그는 나를 홀로 남겨 두었다.
   _____.

3. 그는 내 생일을 완벽하게 만들었다.
   _____.

4. Abby는 그에게 물을 끓여 달라고 부탁했다.
   _____.

5. 내 언니는 내가 그 실수들을 바로잡는 것을 도와주었다.
   _____.

6. 부모님이 밤 외출을 허락하셨다.
   _____.

**Hint!** always 늘, 항상  have to+동사원형 ~해야 한다  keep+목적어+형용사 ~을 …한 상태로 유지하다  leave+목적어+형용사 ~을 …한 상태로 남겨두다  ask+목적어+to+동사원형 ~에게 …해달라고 부탁하다  help+목적어+(to) 동사원형 ~가 …하는 것을 도와주다  allow+목적어+to+동사원형 ~가 …하는 것을 허락하다

## Practice Step 4 길게 써 보기

지금까지 배운 내용을 떠올리면서, 주어진 우리말에 맞게 영어로 글을 써 보세요.

1. Jeremy는 그 시험이 어렵다고 생각했다. 그것이 그가 스트레스를 받게 만들었다.
   그는 스트레스가 그를 우울하게 만든다고 생각한다. 목욕이 그의 기분을 편안하게 해 줄 것이다.

   _____
   _____
   _____

2. Ⓐ 그 영화로 그가 스타가 되었어(그 영화가 그를 스타로 만들었어).

   Ⓑ 나는 네가 그와 같은 스타가 되길 바라.

   Ⓐ 나는 그것이 불가능하다는 것을 알게 되었어.

   Ⓑ 그 점쟁이가 네가 유명해질 거라고 했잖아!

   Ⓐ _____
   Ⓑ _____
   Ⓐ _____
   Ⓑ _____

   **Hint!** consider+목적어+형용사 ~을 …하다고 여기다  exam 시험  difficult 어려운  make+목적어+형용사 ~을 …하게 만들다  stressed out 스트레스를 받은, 스트레스가 쌓인  depressed 우울한  take a bath 목욕하다  relaxed 편안한  make+목적어+명사 ~을 …로 만들다  want+목적어+to+동사원형 ~가 …하기를 원하다  find+목적어+형용사 ~가 …하다는 것을 알게 되다  impossible 불가능한  fortune teller 점쟁이, 역술인  famous 유명한

## 단어 및 표현 확인하기

| | | |
|---|---|---|
| allow+목적어+to+동사원형 | | ~가 …하는 것을 허락하다 |
| always | 부사 | 늘, 항상 |
| ask+목적어+to+동사원형 | | ~에게 …해달라고 부탁하다 |
| consider+목적어+형용사 | | ~을 …하다고 여기다 |
| depressed | 형용사 | 우울한 |
| difficult | 형용사 | 어려운 |
| exam | 명사 | 시험 |
| famous | 형용사 | 유명한 |
| find+목적어+형용사 | | ~가 …하다는 것을 알게 되다 |
| fortune teller | 명사 | 점쟁이, 역술인 |
| have to+동사원형 | | ~해야 한다 |
| help+목적어+(to) 동사원형 | | ~가 …하는 것을 도와주다 |
| impossible | 형용사 | 불가능한 |
| keep+목적어+형용사 | | ~을 …한 상태로 유지하다 |
| leave+목적어+형용사 | | ~을 …한 상태로 남겨두다 |
| make+목적어+명사 | | ~을 …로 만들다 |
| make+목적어+형용사 | | ~을 …하게 만들다 |
| relaxed | 형용사 | 편안한 |
| stressed out | | 스트레스를 받은, 스트레스가 쌓인 |
| take a bath | | 목욕하다 |
| want+목적어+to+동사원형 | | ~가 …하기를 원하다 |

# I will make him help you.
## 5형식: 주어(S)+동사(V)+목적어(O)+목적보어(O.C.) [2]

5형식에서 꼭 알아야 할 동사들인 사역동사, 지각동사를 이용한 5형식 문장 형태를 연습해봅시다.

### Point 1   사역동사(get, make, let, have)의 모든 것

❶ make+목적어+동사원형: ~가 …하도록 하다
- I will **make** him help you.                    (내가) 그가 너를 도와주도록 할게.

❷ let+목적어+동사원형: ~가 …하도록 내버려두다
- My parents **let** me sleep late.                나의 부모님은 내가 늦잠을 자게 내버려 두셨다.

❸ get+목적어+to+동사원형: ~가 …하게 하다(make에 비해 강제성이 적고, 목적어가 자발적으로 행위를 하게 만드는 것)
- I will **get** her **to** pick you up.            (내가) 그녀가 너를 데리러 가게 할게.

❹ get[have]+목적어+p.p.(과거분사): ~이 …가 되게[…한 상태가 되게] 하다(본인이 직접 하지 않고 누군가의 도움을 받아 무엇을 할 때)
- He **got** his computer fixed.                   그는 (AS센터에서) 그의 컴퓨터를 고쳤다.
- I **had** my hair cut yesterday.                 나는 어제 (미용실에서) 머리를 잘랐다.

### Point 2   지각동사(see, hear, watch, smell, taste, feel)의 모든 것

❶ 지각동사+목적어+동사원형: ~가 …하는 것을 보다[듣다/느끼다]
- I **saw** him run away.                          나는 그가 도망치는 것을 봤다.
- We **heard** them argue.                         우리는 그들이 다투는 소리를 들었다.

❷ 지각동사+목적어+동사-ing: ~가 …하고 있는 중인 것을 보다[듣다/느끼다]
- I **heard** someone calling your name.           나는 누군가가 네 이름을 부르는 것을 들었어.
- **Listen to** the rain falling.                  비 내리는 소리를 들어봐.

**get+목적어+to+동사원형** vs. **get+목적어+p.p.**
❶ get+목적어+to+동사원형: 목적어가 '능동적'으로 뭔가를 할 경우 보어 자리에 to+동사원형을 써요.
❷ get+목적어+p.p.: 목적어가 '수동적'으로 어떤 상태가 될 경우 보어 자리에 p.p.를 써요.

## Practice Step 1 기초 다지기

보기를 참고해 빈칸에 알맞은 형태의 동사를 넣어 문장을 완성해보세요.

보기: feel  get  have  hear  let  make  see  smell

1. 왜 그렇게 생각해?
   What _____ you think so?

2. 너는 내가 그런 말을 하게 만들 수는 없어.
   You can't _____ me say that.

3. 대부분의 부모들은 아이들이 늦게까지 깨어있게 두지 않는다.
   Most parents don't _____ their kids stay up late.

4. Jenny는 어제 치아를 뽑았다.
   Jenny _____ her tooth pulled out yesterday.

5. 그녀는 그 드레스를 드라이클리닝할 것이다.
   She will _____ the dress dry-cleaned.

6. 우리는 그에게 집을 페인트칠하게 맡겼다.
   We _____ him to paint the house.

7. 나는 방금 너의 전화기가 울리는 소리를 들었어.
   I just _____ your phone ringing.

8. 뭔가 타는 냄새가 나지?
   Can you _____ something burning?

9. 나는 방금 아기가 (뱃속에서) 발로 차는 것을 느꼈어!
   I've just _____ my baby kick!

10. 너는 그들이 서로 이야기 나누는 모습을 본 적 있어?
    Have you _____ them talk to each other?

**Answers**
1. makes  2. make  3. let  4. got/had  5. get/have
6. got  7. heard  8. smell  9. felt  10. seen

## Practice Step 2 어순 훈련하기

주어진 단어들을 어순에 맞게 넣어 문장을 완성해보세요.

1. 우리 아빠는 내가 그 파티에 가게 하지 않을 것이다. (to the party, won't, My dad, me, let, go)
   _____.

2. 엄마는 늘 내가 저녁 먹기 전 숙제를 끝내게 하신다. (always, finish my homework, me, My mom, makes, we, have dinner, before)
   _____.

3. 내가 Peter에게 와서 이것을 좀 보도록 시킬게. (have a look, and, I, get, will, come, Peter, to, at this)
   _____.

4. 그는 사촌에게 그의 개를 돌봐 달라고 했다. (got, He, his cousin, to look after, his dog)
   _____.

5. 내 전 직장상사는 나를 매일 야근시켰다. (work overtime, My ex-boss, made, me, every day)
   _____.

6. 나는 오늘 오후 그들이 벤치에 앉아 있는 모습을 봤다. (on the bench, I, them, this afternoon, saw, sitting)
   _____.

7. 나는 방금 누가 들어오는 소리를 들은 것 같다. (someone, just, heard, I, come in, I, think)
   _____.

8. Jennifer는 자기 몸이 두려움에 떨고 있는 것을 느꼈다. (herself, Jennifer, felt, shaking, with fear)
   _____.

9. 너는 늦은 밤 누군가가 따라오고 있는 것을 느껴본 적 있어? (Have, someone, late at night, following, you, felt, you)
   _____?

10. 나는 그들이 같이 프로젝트 작업하는 모습을 지켜보고 있었다. (was, watching, work on the project, them, I, together)
    _____.

## Practice Step 3 짧은 문장 써 보기

앞에서 배운 내용을 바탕으로, 주어진 우리말에 맞게 영어 문장을 써 보세요.

1. 비 때문에 우리는 감기에 걸렸다.
   _____.

2. 우리 부모님은 내가 늦잠을 자도록 두신다.
   _____.

3. Jenny는 그에게 음식을 배달하라고 시켰다.
   _____.

4. Jenny는 음식을 배달시켰다.
   _____.

5. 그는 내가 넘어지는 것을 봤다.
   _____.

6. 나는 어젯밤 그들이 다투는 소리를 들었다.
   _____.

**Hint!** make+목적어+동사원형 ~가 …하게 하다  catch a cold 감기에 걸리다  let+목적어+동사원형 ~가 …하게 내버려 두다  sleep late 늦잠 자다  get+목적어+to+동사원형 ~가 …하게 하다  deliver 배달하다  get+목적어+p.p. ~을 …되게 하다  see+목적어+동사원형 ~가 …하는 것을 보다  fall down 넘어지다  hear+목적어+동사-ing ~가 …하는 것을 듣다  argue 다투다  last night 어젯밤(에)

PART 2 문장의 5형식  083

## Practice Step 4 길게 써 보기

지금까지 배운 내용을 떠올리면서, 주어진 우리말에 맞게 영어로 글을 써 보세요.

1. 하늘을 봐. 무엇이 보여? 나는 별들이 하늘에서 빛나고 있는 것이 보여.

   _____

   _____

2. 방금 무슨 소리 들었어? 나는 방금 개 한 마리가 짖고 있는 소리를 들었어.

   _____

   _____

3. Ⓐ 그는 내가 이 책을 읽게 해줬어.
   Ⓑ 이 책 재미있어?
   Ⓐ 이 책을 읽으면 잠이 와.
   Ⓑ 그가 너에게 다른 책을 빌려주게 할게.

   Ⓐ _____
   Ⓑ _____
   Ⓐ _____
   Ⓑ _____

**Hint!** look at ~을 보다  see+목적어+동사-ing ~가 …하는 것을 보다  in the sky 하늘에서  hear ~을 듣다  hear+목적어+동사-ing ~가 …하는 것을 듣다  bark (개가) 짖다  let+목적어+동사원형 ~가 …하게 내버려 두다  find+목적어+형용사 ~이 …하다는 것을 알게 되다  make+목적어+동사원형 ~가 …하게 하다  fall asleep 잠들다  get+목적어+to+동사원형 ~가 …하게 하다  lend ~에게 …를 빌려주다  another book 또 다른 책

# 단어 및 표현 확인하기

| another book | | 또 다른 책 |
|---|---|---|
| argue | 동사 | 다투다 |
| bark | 동사 | (개가) 짖다 |
| catch a cold | | 감기에 걸리다 |
| deliver | 동사 | 배달하다 |
| fall asleep | | 잠들다 |
| fall down | | 넘어지다 |
| find+목적어+형용사 | | ~이 …하다는 것을 알게 되다 |
| get+목적어+p.p. | | ~을 …되게 하다 |
| get+목적어+to+동사원형 | | ~가 …하게 하다 |
| hear | 동사 | ~을 듣다 |
| hear+목적어+동사-ing | | ~가 …하는 것을 듣다 |
| in the sky | | 하늘에서 |
| last night | | 어젯밤(에) |
| lend | 동사 | ~에게 …를 빌려주다 |
| let+목적어+동사원형 | | ~가 …하게 내버려 두다 |
| look at | | ~을 보다 |
| make+목적어+동사원형 | | ~가 …하게 하다 |
| see+목적어+동사원형[동사-ing] | | ~가 …하는 것을 보다 |
| sleep late | | 늦잠 자다 |

# PART 3

## 영어 문장의 핵심
# 시제

모든 영어 문장에서 반드시 존재하는 문법 요소가 바로 **시제**입니다. (명령문, 감탄문 같은 특수문장 제외) 시제는 동사의 형태 변화를 통해 시간을 나타냅니다. 시제를 구사하지 못하면 기본적으로 문장 자체를 제대로 만들 수 없기 때문에, 시제는 더욱 완벽하게 훈련해야 합니다.

영어의 시제는 총 12가지가 있습니다. 회화체에서 주로 등장하는 10개의 시제를 연습해보도록 합시다.

### 영어의 12가지 시제(동사의 형태)

| | | | |
|---|---|---|---|
| 단순시제 | 단순현재<br>(동사원형) | 단순과거<br>(과거동사) | 단순미래<br>(will+동사원형) |
| 진행시제 | 현재진행<br>(am, are, is+<br>동사-ing) | 과거진행<br>(was, were+<br>동사-ing) | 미래진행<br>(will be+동사-ing) |
| 완료시제 | 현재완료<br>(have p.p.) | 과거완료<br>(had p.p.) | 미래완료<br>(will have p.p.) |
| 완료진행<br>시제 | 현재완료진행<br>(have been+<br>동사-ing) | 과거완료진행<br>(had been+<br>동사-ing) | 미래완료진행<br>(will have been+<br>동사-ing) |

# Training 12  I work out every day.
## 단순현재시제

### Point 1 현재시제의 쓰임
① 현재의 사실, 상태를 표현할 때
② 현재에 반복적으로 일어나는 습관이나 행동을 나타낼 때
③ 쉽게 변하지 않는 사람의 성격을 나타낼 때
④ 불변의 진리를 말할 때
⑤ 일반적인 문화나 관습을 표현할 때

### Point 2 현재시제의 동사 형태: 동사원형

- He **is** a doctor. — 그는 의사이다.
- I **work out** every day. — 나는 매일 운동한다.
- You **are** outgoing. — 너는 외향적인 성격이다.
- The earth **is** round. — 지구는 둥글다.
- Korean people **eat** Kimchi. — 한국 사람들은 김치를 먹는다.

### Point 3 단순현재시제에 자주 쓰이는 빈도부사(빈도부사 위치: be동사/조동사 뒤, 일반동사 앞)

> always 늘, 항상 | usually 보통 | often 자주 | sometimes 때때로
> hardly, rarely, seldom 거의 ~않는 | never 전혀 ~않는

100% — always  usually  often  sometimes  hardly, rarely, seldom  never — 0%

 **더 알아보기!**

**일반동사 3인칭 단수 변형**
① 대부분의 동사: 동사원형+s
  - like – like**s** | drink – drink**s**
② 자음+y로 끝나는 동사: y를 i로 바꾸고 +es
  - study – stud**ies** | dry – dr**ies**
③ 모음+y로 끝나는 동사: 동사원형+s
  - play – play**s** | say – say**s**
④ -s, -x, -sh, -ch, -o, -z로 끝나는 동사: 동사원형+es
  - watch – watch**es** | finish – finish**es**

## Practice Step 1 기초 다지기

보기를 참고해 빈칸에 알맞은 형태의 동사를 넣어 문장을 완성해보세요.

**보기**
argue  be  complain  get  go
have  leave  rain  run  share

1. Angela는 흥미로운 책들을 많이 가지고 있다.
   Angela _____ many interesting books.

2. 우리는 보통 8시에 출근한다.
   We usually _____ for work at 8.

3. Brian은 쉽게 화를 잘 낸다.
   Brian _____ angry easily.

4. 지구는 태양 주위를 돈다.
   The earth _____ around the sun.

5. 한국의 여름에는 비가 많이 온다.
   It _____ a lot in summer in Korea.

6. Sophie는 스트레스를 많이 받은 상태이다.
   Sophie _____ stressed out.

7. 우리는 모든 것을 공유한다.
   We _____ everything.

8. 그 버스는 하루 10번 운행된다.
   The bus _____ 10 times a day.

9. 그들은 가끔 그들의 직업에 대해서 불평한다.
   They sometimes _____ about their jobs.

10. 우리는 거의 다투지 않는다.
    We seldom _____.

**Answers**
1. has   2. leave   3. gets   4. goes   5. rains
6. is    7. share   8. runs   9. complain   10. argue

# Practice Step 2 어순 훈련하기

**주어진 단어들을 어순에 맞게 넣어 문장을 완성해보세요.**

1. 올림픽은 4년마다 개최된다. (The Olympic Games, every four years, take place)
   _____.

2. Tina는 커피를 거의 마시지 않는다. (seldom, Tina, drinks, coffee)
   _____.

3. Alex는 보통 매일 저녁에 TV를 시청한다. (watches, every night, usually, TV, Alex)
   _____.

4. Tony는 가난한 사람들을 돕는 것에 관심이 없다. (is, interested in, Tony, not, helping the poor)
   _____.

5. Justin은 나에게 절대 거짓말을 하지 않는다. (never, lies, Justin, to me)
   _____.

6. 그들은 평일에는 항상 교복을 입는다. (always, They, school uniforms, wear, on weekdays)
   _____.

7. 나는 직장까지 거의 운전해서 다니지 않는다. (rarely, to work, drive, I)
   _____.

8. 너는 보통 여가 시간에 무엇을 하니? (do, in your spare time, do, you, What, usually)
   _____?

9. 그녀는 자주 온라인에서 물건을 산다. (buys, She, things, often, online)
   _____.

10. 우리는 보통 주말마다 영화를 보러 간다. (every weekend, go to the movies, We, usually)
    _____.

## Practice Step 3 짧은 문장 써 보기

앞에서 배운 내용을 바탕으로, 주어진 우리말에 맞게 영어 문장을 써 보세요.

1. Danny와 나는 같은 반이다.
   _____.

2. Andy는 식사 후에 늘 이를 닦는다.
   _____.

3. 그는 여기를 매일 아침 10시에 지나간다.
   _____.

4. 그 기차는 매 정거장마다 선다.
   _____.

5. 그녀는 이틀에 한 번 머리를 감는다.
   _____.

6. 시험 볼 준비가 됐나요?
   _____?

**Hint!** be in the same class 같은 반이다   brush teeth 이를 닦다   after meals 식후에   pass by ~을 지나치다   stop at+장소 ~에서 멈추다   every station 매 정거장마다   wash hair 머리를 감다   every other day 이틀에 한 번씩   be ready for something ~할 준비가 되다

## Practice Step 4 길게 써 보기

지금까지 배운 내용을 떠올리면서, 주어진 우리말에 맞게 영어로 글을 써 보세요.

1. 나는 너에게 우리 부모님에 대해서 말해주고 싶어. 우리 부모님은 나를 많이 사랑하셔. 그분들은 매일 아침에 산책을 가셔. 그분들은 함께 골프를 즐기셔. 그분들은 관대하고, 따뜻한 분들이셔.

2.

   Ⓐ 좋아하는 과목이 뭐야?
   Ⓑ 나는 수학과 미술을 좋아해.
   Ⓐ 무슨 운동을 가장 좋아해?
   Ⓑ 나는 테니스를 즐겨.

   Ⓐ
   Ⓑ
   Ⓐ
   Ⓑ

   **Hint!** tell ~ about ... ~에게 …에 대해 말해주다  go for a walk 산책 가다  every morning 매일 아침  enjoy+동사-ing ~을 즐기다  generous 관대한  warm-hearted 마음이 따뜻한  favorite subject 좋아하는 과목  math 수학  art 미술  best 가장, 최고로

## Voca 단어 및 표현 확인하기

|  |  |  |
|---|---|---|
| after meals | | 식후에 |
| art | 명사 | 미술 |
| be in the same class | | 같은 반이다 |
| be ready for something | | ~할 준비가 되다 |
| best | 부사 | 가장, 최고로 |
| brush teeth | | 이를 닦다 |
| enjoy+동사-ing | | ~을 즐기다 |
| every morning | | 매일 아침에 |
| every other day | | 이틀에 한 번씩 |
| every station | | 매 정거장마다 |
| favorite subject | | 좋아하는 과목 |
| generous | 형용사 | 관대한 |
| go for a walk | | 산책 가다 |
| math | 명사 | 수학 |
| pass by | | ~을 지나치다 |
| stop at+장소 | | ~에서 멈추다 |
| tell ~ about ... | | ~에게 …에 대해 말해주다 |
| warm-hearted | 형용사 | 마음이 따뜻한 |
| wash hair | | 머리를 감다 |

# Training 13. They were tired.
## 단순과거시제

**Point 1**    과거시제의 쓰임

'~했었다, ~였다'라고 표현하면서 과거에 일어났던 일을 설명할 때 씁니다.

**Point 2**    과거시제의 동사 형태: 동사의 과거형

❶ be동사(am, are, is)의 과거형: am, is → was | are → were
❷ 일반동사의 과거형은 규칙동사와 불규칙동사로 나뉩니다.

**Point 3**    규칙동사의 과거형: 동사 끝에 -(e)d를 붙여서 과거형으로 만듭니다.

❶ **-e로 끝나는 동사:** -d만 붙입니다.
  • like - liked | die - died | move - moved
❷ **자음+y로 끝나는 동사:** y를 i로 바꾸고 -ed를 붙입니다.
  • study - studied | cry - cried | try - tried
❸ **모음+y로 끝나는 동사:** 바로 뒤에 -ed만 붙입니다.
  • play - played | stay - stayed | enjoy - enjoyed
❹ **단모음+단자음으로 끝나는 1음절 동사:** 마지막 자음을 하나 더 쓰고 -ed를 붙입니다.
  • stop - stopped | rob - robbed | plan - planned

**Point 4**    대표적인 불규칙동사의 과거형 (p.336 불규칙 동사 변화표 참고)

| do – did | 하다 | get – got | 얻다 | have – had | 가지다 |
| see – saw | 보다 | come – came | 오다 | eat – ate | 먹다 |
| go – went | 가다 | bring – brought | 가져오다 | take – took | 가지고 가다 |
| know – knew | 알다 | write – wrote | 쓰다 | give – gave | 주다 |
| hear – heard | 듣다 | find – found | 찾다 | leave – left | 떠나다 |

**used to+동사원형('한때 ~하곤 했었다'): 과거의 습관적 행동, 상태 표현**
• She used to smoke.     그녀는 흡연가였다. (그녀는 요즘은 담배를 피우지 않는다)
• They used to work together.     그들은 예전에는 같이 일했다. (지금은 더 이상 같이 일하지 않는다)
• We used to share everything.     우리는 모든 것을 함께 했었다. (지금은 더 이상 모든 것을 함께 하는 사이가 아니다)

## Practice Step 1 기초 다지기

보기를 참고해 빈칸에 알맞은 형태의 동사를 넣어 문장을 완성해보세요.

**보기**: answer  be  brush  come  get  graduate  hear  lose  study  take

1. 나는 지갑을 잃어버렸다.
   I _____ my purse.

2. 그녀는 오늘 늦게 왔다.
   She _____ late today.

3. 그는 직장까지 택시를 타고 갔다.
   He _____ a taxi to work.

4. 그 아이들은 어젯밤에 이를 닦지 않았다.
   The children _____ _____ their teeth last night.

5. 너 그 소식 들었어?
   _____ you _____ the news?

6. 너는 그에게서 그 정보를 얻었구나.
   You _____ the information from him.

7. 나는 한때 영어공부를 열심히 했었다.
   I _____ _____ English hard.

8. Julie는 어렸을 때 키가 작았었다.
   Julie _____ short when she _____ a little girl.

9. Kevin은 2010년에 대학을 졸업했다.
   Kevin _____ from college in 2010.

10. 오늘 아침 너의 전화를 받지 못해서 미안해.
    I'm sorry I _____ _____ your call this morning.

**Answers**
1. lost  2. came  3. took  4. didn't brush  5. Did, hear
6. got  7. used to, study  8. was, was  9. graduated  10. didn't answer/take

## Practice Step 2 어순 훈련하기

**주어진 단어들을 어순에 맞게 넣어 문장을 완성해보세요.**

1. 나는 전에 여행사에서 일했다. (worked, I, before, in a travel agency)
   _____.

2. 오늘 오후 집에 오는 길에 경찰이 나를 불렀다. (The police, this afternoon, stopped, on my way home, me)
   _____.

3. Sophie는 지난주 그 중요한 시험을 통과하지 못했다. (pass, the important, didn't, Sophie, test, last week)
   _____.

4. 너희가 휴가 중일 때 날씨가 좋았어? (the weather, when, on vacation, good, Was, you, were)
   _____?

5. 그들은 며칠 전 Tim을 쇼핑몰에서 봤다. (Tim, at the mall, saw, a few days ago, They)
   _____.

6. 너는 왜 그들을 그 파티에 초대하지 않았어? (didn't, Why, to the party, invite, you, them)
   _____?

7. 우리는 자주 어울려 놀곤 했었다. (hang out, very often, together, used to, We)
   _____.

8. Sera는 어릴 적에, 디자이너가 되고 싶었다. (When, was, a child, Sera /a designer, wanted to, she, be)
   _____.

9. 그들은 우리에게 알리지도 않고 그 계획을 바꿨다. (changed, They, without, us, telling, the schedule)
   _____.

10. 우리는 그녀가 실망했다는 것을 알지 못했다. (didn't, We, realize, felt, she, disappointed)
    _____.

## Practice Step 3 짧은 문장 써 보기

앞에서 배운 내용을 바탕으로, 주어진 우리말에 맞게 영어 문장을 써 보세요.

1. 오늘 아침은 추웠다.
   _____.

2. 새가 하늘 높이 날아갔다.
   _____.

3. 남동생이 어제 나의 노트북을 떨어뜨렸다.
   _____.

4. 그녀는 어젯밤 열이 나지 않았다.
   _____.

5. 서울행 기차가 이미 떠났나요?
   _____?

6. 너는 오늘 학교에 지각했니?
   _____?

**Hint!** cold (날씨가) 추운  this morning 오늘 아침에  flew 날았다(fly의 과거형)  high 높이, 높게  in the sky 하늘에서  drop 떨어뜨리다  laptop 노트북 컴퓨터  have a fever 열이 나다  last night 어젯밤(에)  train for Seoul 서울행 열차  already 이미, 벌써  leave 떠나다  be late for school 학교에 지각하다

## Practice Step 4 길게 써 보기

지금까지 배운 내용을 떠올리면서, 주어진 우리말에 맞게 영어로 글을 써 보세요.

1. 우리는 어젯밤에 영화를 보러 가고 싶었다. 그런데 갑자기 눈이 오기 시작했다. 우리는 집에 머물러야 했다. 우리는 팝콘을 먹으며 TV를 봤다.

2. 
   Ⓐ 너희들 Kate 생일 선물 샀니?
   Ⓑ 나는 예쁜 드레스를 샀어.
   Ⓒ 나는 초콜릿 케익을 만들었어.
   Ⓐ 나는 방을 풍선으로 꾸몄어.

   Ⓐ
   Ⓑ
   Ⓒ
   Ⓐ

**Hint!** go to the movies 영화를 보러 가다 | last night 어젯밤에 | suddenly 갑자기 | start+동사-ing ~하기 시작하다 | snow 눈이 내리다 | have to+동사원형 ~해야 한다 | at home 집에, 집에서 | watch TV TV를 보다 | with popcorn 팝콘과 함께, 팝콘을 먹으며 | buy a present for A's birthday A의 생일 선물을 사다 | make A for B B를 위해서 A를 만들다 | decorate A with B A를 B로 장식하다

## 단어 및 표현 확인하기

|  |  |  |
|---|---|---|
| already | 부사 | 이미, 벌써 |
| at home | | 집에, 집에서 |
| be late for school | | 학교에 지각하다 |
| buy a present for A's birthday | | A의 생일 선물을 사다 |
| cold | 형용사 | (날씨가) 추운 |
| decorate A with B | | A를 B로 장식하다 |
| drop | 동사 | 떨어뜨리다 |
| fly | 동사 | 날다(fly-flew-flown) |
| go to the movies | | 영화를 보러 가다 |
| have a fever | | 열이 나다 |
| have to+동사원형 | | ~해야 한다 |
| high | 부사 | 높이, 높게 |
| in the sky | | 하늘에서 |
| laptop | 명사 | 노트북 컴퓨터 |
| last night | | 어젯밤(에) |
| leave | 동사 | 떠나다 |
| make A for B | | B를 위해서 A를 만들다 |
| snow | 동사 | 눈이 내리다 |
| start+동사-ing | | ~하기 시작하다 |
| suddenly | 부사 | 갑자기 |
| this morning | | 오늘 아침에 |
| train for Seoul | | 서울행 열차 |
| watch TV | | TV를 보다 |
| with popcorn | | 팝콘과 함께, 팝콘을 먹으며 |

# I will do my best.
## 단순미래시제

**Point 1**    미래시제의 쓰임

'~할 것이다, ~일 것이다, ~할 예정이다' 등 앞으로 일어날 일을 이야기할 때 씁니다.

**Point 2**    미래시제의 동사 형태: will + 동사원형 | be going to + 동사원형

❶ **will + 동사원형**: 미래에 일어날 일, 미래에 대한 추측, 즉흥적인 결심이나 의지
❷ **be going to + 동사원형**: 미래에 이미 예정된 일, 미래에 대한 근거가 있는 추측

| | |
|---|---|
| • He **will** be 20 years old next year. | 그는 내년에 20살이 될 것이다. |
| • I **will** do my best. | 나는 최선을 다할 거야. |
| • I **am going to** leave tomorrow. | 나는 내일 떠날 거야. |
| • She **'s not going to** accept the offer. | 그녀는 그 제안을 받아들이지 않을 것이다. |

---

**더 알아보기!**

실제 회화에서는 will not 대신 won't로 줄인 형태를 많이 써요.
- I **will not** see him. – I **won't** see him.
- They **will not** have dinner with me. – They **won't** have dinner with me.

## Practice Step 1 기초 다지기

보기를 참고해 빈칸에 알맞은 형태의 단어를 넣어 문장을 완성해보세요.

**보기**: be  believe  help  move  say  stay  tell  work

1. Alan은 아마도 Yes라고 말할 것이다.
   Alan _____ probably _____ yes.

2. 아무도 널 믿지 않을 거야.
   Nobody _____ _____ you.

3. 그 식당은 이번 토요일에 굉장히 붐빌 것이다.
   The restaurant _____ _____ crowded this Saturday.

4. 일이 그런 식으로 진행되지 않을 것이다.
   It _____ not _____ _____ that way.

5. 우리는 그 비밀을 말할 작정이다.
   We _____ _____ the secret.

6. 그는 얼마 동안 그 호텔에 머물 예정인 거야?
   How long _____ he _____ _____ at the hotel?

7. 내가 네가 그 박스를 옮기는 것을 도와 줄게.
   I _____ _____ you carry that box.

8. 내일은 흐릴 예정이다.
   It _____ _____ cloudy tomorrow.

9. 그들은 언제 이사 나갈 거래?
   When _____ they _____ _____ out?

10. 내 생각에는 그가 밤 늦게까지 집에 안 올 것 같다.
    I think he _____ not _____ home until late at night.

**Answers**
1. will, say  2. will believe  3. will be  4. is, going to work  5. are going to tell
6. is, going to stay  7. will help  8. is going to be  9. are, going to move  10. will, be

## Practice Step 2 어순 훈련하기

**주어진 단어들을 어순에 맞게 넣어 문장을 완성해보세요.**

1. 내 상사는 그것에 대해서 기뻐할 것 같지 않다. (about, happy, be, I, my boss, don't, think, will, it)
   _____.

2. 10년 후의 삶은 굉장히 달라질 것이다. (in 10 years, will, different, very, Life, be)
   _____.

3. David는 그의 여자친구에게 청혼할 계획이다. (is going to, David, marry, his girlfriend, ask, him, to)
   _____.

4. 월말이면 난 한국으로 돌아와 있을 것이다. (return to, I, Korea, am going to, by the end of the month)
   _____.

5. 나는 그 누구에게도 무슨 일이 있었는지 말하지 않을 것이다. (tell, won't, I, what happened, anyone)
   _____.

6. 곧 도서관에서 보자. (see, I, at the library, will, soon, you)
   _____.

7. Emily는 오늘 밤 서류 작업을 할 예정이다. (tonight, work on, the paper, Emily, is going to)
   _____.

8. Sophie는 이 일로 혹독하게 벌을 받게 될 것이다. (punished, will, be, Sophie, for, severely, this)
   _____.

9. 우리는 이번 주 금요일에 그녀의 사무실에 잠깐 들를 것이다. (drop by, We, this Friday, are going to, her office)
   _____.

10. 그들은 이번 크리스마스 때 즐거운 시간을 보낼 것이다. (this Christmas, will, have, They, so much fun)
    _____.

## Practice Step 3 짧은 문장 써 보기

앞에서 배운 내용을 바탕으로, 주어진 우리말에 맞게 영어 문장을 써 보세요.

1. 나는 블로그에 사진을 올릴 것이다.
   _____.

2. 선생님께서 10분 후에 돌아오실 것이다.
   _____.

3. 그녀는 탄산음료를 마시지 않을 것이다.
   _____.

4. 우리는 점심으로 피자를 먹을 것이다.
   _____.

5. 그가 아버지와 함께 낚시하러 갈 예정이래?
   _____?

6. 우리는 다시 서울로 이사가지 않을 거야.
   _____.

**Hint!** post a picture on A A에 사진을 올리다  be back 돌아오다  in ten minutes 10분 후에, 10분 내로  have pizza for lunch 점심으로 피자를 먹다  go fishing 낚시를 가다  move back to ~에 다시 돌아오다, ~로 다시 이사를 오다[가다]

## Practice Step 4 길게 써 보기

지금까지 배운 내용을 떠올리면서, 주어진 우리말에 맞게 영어로 글을 써 보세요.

**1.** 그 빵집은 곧 문을 열 예정이다. 나의 언니는 빵을 좋아한다.
그녀는 그곳에 자주 갈 것 같다. 그녀가 그 빵집을 마음에 들어 하길 바란다.

---

**2.**
Ⓐ 우리는 내일 소풍 갈 거야.

Ⓑ 내일 비가 올 예정이래.

Ⓐ 말도 안 돼! 모두가 실망할 거야.

Ⓑ 내일 날씨가 화창하면 좋겠다.

Ⓐ
Ⓑ
Ⓐ
Ⓑ

**Hint!** open (가게, 상점 등이) 문을 연, 영업 중인  often 자주  I hope+문장 나는 ~하길 바란다  go on a picnic 소풍을 가다  can't be ~일 리 없다  true 사실인, 진실인  disappointed 실망한  sunny 날씨가 화창한

## Voca 단어 및 표현 확인하기

| | | |
|---|---|---|
| be back | | 돌아오다 |
| can't be | | ~일 리 없다 |
| disappointed | 형용사 | 실망한 |
| go fishing | | 낚시를 가다 |
| go on a picnic | | 소풍을 가다 |
| have pizza for lunch | | 점심으로 피자를 먹다 |
| I hope+문장 | | 나는 ~하길 바란다 |
| in ten minutes | | 10분 후에, 10분 내로 |
| move back to | | ~에 다시 돌아오다, ~로 다시 이사를 오다[가다] |
| often | 부사 | 자주 |
| open | 형용사 | (가게, 상점 등이) 문을 연, 영업 중인 |
| post a picture on A | | A에 사진을 올리다 |
| sunny | 형용사 | 날씨가 화창한 |
| true | 형용사 | 사실인, 진실인 |

# 15 I am thinking about you.
## 현재진행시제

**Point 1**    현재진행시제의 쓰임
① 현재 진행 중인 상황을 표현할 때
② 요즘 일시적으로 벌어지고 있는 일에 대해 말할 때
③ 가까운 미래의 일에 대해 말할 때

**Point 2**    현재진행시제의 동사 형태: 현재형 be동사(am, are, is)+동사-ing
- I'm watching the game right now.    나는 지금 경기를 보는 중이다.
- We are dating these days.    우리는 요즘 데이트하고 있다.
- She's starting a new job next month.    그녀는 다음 달에 새 일을 시작할 것이다.

---

**더 알아보기!**

**동사-ing 형태 만드는 규칙**
① 대부분의 동사: 동사원형+ing
- try – trying | go – going

② -e로 끝나는 동사: e를 없애고 +ing
- live – living | have – having

③ 단모음+단자음으로 끝나는 동사: 끝자음을 한 번 더 쓰고 +ing
- run – running | quit – quitting

④ -ie로 끝나는 동사: -ie를 -y로 변경 후 +ing
- die – dying | lie – lying

**형용사가 있는 문장에서의 현재진행형 동사 형태: be being+형용사**
- She is nice. 그녀는 착하다.    – She is being nice. 그녀는 착하게 행동하고 있다.
- He is polite. 그는 예의 바르다.    – He is being polite. 그는 예의 바르게 행동하고 있다.

## Practice Step 1 기초 다지기

보기를 참고해 빈칸에 알맞은 형태의 단어를 넣어 문장을 완성해보세요.

보기: be  boil  get  listen  look  sleep  win  write

1. 내 여동생은 자고 있는 중이다.
   My sister _____ _____ now.

2. 나의 팀이 이기고 있는 중이다.
   My team _____ _____.

3. Susan은 이번 년도에 다른 책을 쓰고 있는 중이다.
   Susan _____ _____ another book this year.

4. 날씨가 추워지고 있다.
   It _____ _____ cold.

5. 물이 여전히 끓고 있다.
   The water _____ still _____.

6. 그들은 지금 용감하게 행동하고 있다.
   They _____ _____ brave right now.

7. Sue는 지금 (이 순간) 굉장히 조용히 있다.
   Sue _____ _____ very quiet.

8. 그들은 (지금) 무엇을 찾고 있는 거야?
   What _____ they _____ for?

9. 너 (지금) 내 말을 듣고 있는 거야?
   _____ you _____ to me?

10. Eddie는 요새 살이 찌고 있다.
    Eddie _____ _____ fat.

**Answers**
1. is sleeping  2. is winning  3. is writing  4. is getting  5. is, boiling
6. are being  7. is being  8. are, looking  9. Are, listening  10. is getting

**PART 3** 시제

## Practice Step 2 어순 훈련하기

**주어진 단어들을 어순에 맞게 넣어 문장을 완성해보세요.**

1. 그 남자가 한 소녀에게 무언가에 대해서 말하고 있다. (is talking, The man, about something, to a girl)
   _____.

2. 나는 이번 학기에 5개 강의를 수강한다. (am taking, this semester, 5 classes, I)
   _____.

3. Clark는 그의 영어(실력)를 향상시키려고 노력 중이다. (Clark, to, is trying, his English, improve)
   _____.

4. 세상은 굉장히 빠르게 변하고 있다. (fast, The world, very, is changing)
   _____.

5. Jennifer는 그녀의 엄마와 통화 중이다. (is talking, Jennifer, her mother, on the phone, to)
   _____.

6. 우리 아빠는 조기퇴직을 고려 중이시다. (early retirement, taking, My dad, is considering)
   _____.

7. 나는 왜 그가 이기적으로 행동하고 있는지 이해가 되지 않는다. (understand, is being, I, why, he, don't, selfish)
   _____.

8. 그들은 지금 무엇에 대해서 불평을 하는 거야? (they, are, complaining, What, about, now)
   _____?

9. 왜 너는 우리에게 그렇게 무례하게 구는 거야? (you, are, being, to us, Why, rude, so)
   _____?

10. 그 항공사는 최근 뉴욕행 비행기표를 반값에 팔고 있다. (currently, to New York, half-price tickets, is, selling, The airline)
    _____.

## Step 3 짧은 문장 써 보기

앞에서 배운 내용을 바탕으로, 주어진 우리말에 맞게 영어 문장을 써 보세요.

1. 나는 (요즘) 영어 때문에 힘들다.
   _____.

2. 우리는 (요즘) 온라인으로 그 수업을 수강하고 있다.
   _____.

3. 그는 지금 누구와 대화 중이야?
   _____?

4. Allison은 (요즘) David와 만나고(데이트를 하고) 있다.
   _____.

5. 우리는 다음 주에 그의 집에 놀러갈 것이다.
   _____.

6. 그녀는 지금 무엇을 보고 있는 거야?
   _____?

**Hint!** have a hard time with ~때문에 힘들다[고생하다]  take the class 수업을 듣다, 수강하다  online 온라인으로, 온라인에서  talk to ~와 대화하다  go out with ~와 데이트 하다  come over to+장소 ~에 놀러가다  his place 그의 집  next week 다음 주에  look at ~을 보다

PART 3 시제

## Practice Step 4 길게 써 보기

지금까지 배운 내용을 떠올리면서, 주어진 우리말에 맞게 영어로 글을 써 보세요.

1. 나는 언니의 아기를 돌봐 주고 있다. 아기는 울고 있다. 나는 분유를 주려고 시도한다. 아기는 여전히 운다. 나는 아기에게 노래를 불러준다. 그녀(아기)는 잠이 들고 있다.

   _____
   _____
   _____
   _____

2. 
   **A** 너 무슨 생각 하고 있어?

   **B** 나는 이사 갈까 고민 중이야.

   **A** 룸메이트와 문제가 있어?

   **B** 사실은 그의 친구들이 (집에) 와.

   **A** _____
   **B** _____
   **A** _____
   **B** _____

   **Hint!** babysit 아기를 봐 주다  feed (밥, 우유 등을) 먹이다  sing A a song A에게 노래를 불러주다  fall asleep 잠들다  think about ~에 대해서 생각하다[고민하다]  have a problem with ~와 문제가 있다  actually 실제로, 사실은  come over (누구의 집에) 오다[들르다]

## 단어 및 표현 확인하기

| | | |
|---|---|---|
| actually | 부사 | 실제로, 사실은 |
| babysit | 동사 | 아기를 봐 주다 |
| come over | | (누구의 집에) 오다[들르다] |
| come over to+장소 | | ~에 놀러가다 |
| fall asleep | | 잠들다 |
| feed | 동사 | (밥, 우유 등을) 먹이다 |
| go out with | | ~와 데이트 하다 |
| have a problem with | | ~와 문제가 있다 |
| have a hard time with | | ~때문에 힘들다[고생하다] |
| his place | | 그의 집 |
| look at | | ~을 보다 |
| next week | | 다음 주에 |
| online | 부사 | 온라인으로, 온라인에서 |
| sing A a song | | A에게 노래를 불러주다 |
| take the class | | 수업을 듣다, 수강하다 |
| talk to | | ~와 대화하다 |
| think about | | ~에 대해서 생각하다[고민하다] |

# Training 16 I was/will be thinking about you.
## 과거진행&미래진행시제

**Point 1**   과거진행시제의 쓰임
과거의 어느 시점에 일시적으로 진행 중이었던 일('~하고 있었다')에 대해 말할 때 씁니다.

**Point 2**   과거진행시제의 동사 형태: 과거형 be동사(was, were)+동사-ing
- She was crying in her room.   그녀는 방에서 울고 있었다.
- We were learning English from her.   우리는 그녀에게 영어를 배우고 있는 중이었다.

**Point 3**   미래진행시제의 쓰임
미래의 어느 시점에 진행되고 있을 일('~하고 있는 중일 것이다')에 대해 말할 때 씁니다.

**Point 4**   미래진행시제의 동사 형태: will be+동사-ing
- I will be swimming at the pool at 5 pm.   나는 오후 5시에 수영 중일 것이다.
- I will be graduating in two years.   나는 2년 뒤면 졸업할 것이다.

어떤 일이 미래에 일어날 것이라는 확신이 있는 경우 미래진행시제를 쓰기도 해요. (be going to와 비슷하게 쓰임)
- I will be graduating in two years.   나는 2년 뒤면 졸업할 것이다. (졸업할 것이라는 점을 확신)

## Practice Step 1 기초 다지기

보기를 참고해 빈칸에 알맞은 형태의 단어를 넣어 문장을 완성해보세요.

**보기**
hang   have   leave
prepare   rain   shop
sing   sleep   teach   turn

1. 내가 그녀를 보았을 때, 그녀는 노래를 부르고 있었다.
   When I saw her, she _____ _____.

2. 내가 일어났을 때, 비가 오고 있지 않았다.
   When I got up, it _____ _____.

3. 내가 그들을 찾았을 때, 그들은 자고 있었다.
   When I found them, they _____ _____.

4. 우리가 도착했을 때, 그 기차는 떠나고 있었다.
   When we arrived, the train _____ _____.

5. 회의하는 동안 그녀의 얼굴은 빨개지고 있었다.
   Her face _____ _____ red during the meeting.

6. 우리는 쇼핑몰에서 쇼핑 중일 것이다.
   We _____ _____ _____ at the mall.

7. 그들은 너의 생일 파티를 준비 중일 것이다.
   They _____ _____ _____ for your birthday party.

8. 나는 7시쯤에는 저녁 식사 중일 것이다.
   I _____ _____ _____ dinner at 7.

9. 나는 다음 달에는 너희들을 가르치지 않을 거야.
   I _____ _____ _____ you guys next month.

10. 우리는 다음 주에는 같이 놀고(hang out) 있지 않을 거야.
    We _____ _____ _____ out next week.

**Answers**
1. was singing   2. wasn't raining   3. were sleeping   4. was leaving   5. was turning
6. will be shopping   7. will be preparing   8. will be having   9. won't be teaching
10. won't be hanging

## Practice Step 2 어순 훈련하기

**주어진 단어들을 어순에 맞게 넣어 문장을 완성해보세요.**

1. 그 풍선은 점점 더 커져 가고 있었다. (bigger, was getting, The balloon)
   _____.

2. 옆 테이블에서 두 아이가 소란을 피우고 있었다. (a noise, were making, Two kids, at the next table)
   _____.

3. 어떻게 그들은 거기를 빠져 나오고 있었던 거야? (were, getting, they, How, out of there)
   _____?

4. 내가 Dave를 만났을 때, 나는 집으로 걸어오고 있었다. (When, Dave, was walking, I, met, I, home)
   _____.

5. 너는 어젯밤 10시에 무엇을 하고 있었니? (at 10, What, last night, you, were, doing)
   _____?

6. Sam은 내일 이 시간에 체육관에서 운동 중일 것이다. (at the gym, at this time tomorrow, Sam, will be working out)
   _____.

7. 내 룸메이트는 내일 아침 짐을 싸고 있는 중일 것이다. (tomorrow morning, will be packing, My roommate)
   _____.

8. 우리는 그것을 상의하기 위해 회의하고 있는 중일 것이다. (to, it, discuss, will be having, We, a meeting)
   _____.

9. 정부는 오늘 오후 그 위기에 대해서 성명을 발표할 것이다. (about the crisis, The government, this afternoon, a statement, will be making)
   _____.

10. 우리 팀의 에이스가 부상을 당해서 이번 토요일 경기를 뛰지 않을 것이다. (this Saturday, in the game, he, won't be playing)
    Our best player is injured, so _____.

## Practice Step 3 짧은 문장 써 보기

앞에서 배운 내용을 바탕으로, 주어진 우리말에 맞게 영어 문장을 써 보세요.

1. 어젯밤에 눈이 엄청나게 내리고 있었다.
   _____.

2. 그들은 그때 소파에 앉아 있었다.
   _____.

3. 그들은 내 집에서 지내고 있을 것이다.
   _____.

4. 나는 대중들 앞에서 연설 중일 것이다.
   _____.

5. Jessy는 동료들과 커피를 마시고 있을 것이다.
   _____.

6. 너는 무슨 생각을 하고 있던 거야?
   _____?

**Hint!** snow 눈이 오다  heavily 심하게  sit on the sofa 소파에 앉다  stay in my place 내 집에 머물다  have a coffee with ~와 함께 커피를 마시다  co-worker 동료

## Practice Step 4 길게 써 보기

지금까지 배운 내용을 떠올리면서, 주어진 우리말에 맞게 영어로 글을 써 보세요.

1. Sue는 나무 밑에서 낮잠을 자고 있었다. 누군가가 그녀에게 다가오고 있었다. 그는 그녀를 깨우려고 했다. 그는 그녀에게 나무 근처에 둔 그의 가방에 대해 물어보고 있었다.

   _____
   _____
   _____
   _____

2. 
   Ⓐ 너 무슨 작업 중이었니?
   Ⓑ 과학 프로젝트 작업 중이었어.
   Ⓐ 파트너와 함께 하고 있었어?
   Ⓑ 혼자 하고 있었어.

   Ⓐ _____
   Ⓑ _____
   Ⓐ _____
   Ⓑ _____

**Hint!** take a nap 낮잠을 자다  under the tree 나무 아래에(서)  come to ~에게 오다  try to+동사원형 ~하려고 하다, ~을 시도하다  wake up ~을 깨우다  ask ~에게 묻다  bag around the tree 나무 근처에 있는 가방  work on ~에 대한 작업을 하다  science project 과학 프로젝트  work with ~와 함께 일[작업]하다  work alone 혼자 일[작업]하다

## 단어 및 표현 확인하기

| | | |
|---|---|---|
| ask | 동사 | ~에게 묻다 |
| bag around the tree | | 나무 근처에 있는 가방 |
| co-worker | 명사 | 동료 |
| come to | | ~에게 오다 |
| have a coffee with | | ~와 함께 커피를 마시다 |
| heavily | 부사 | 심하게 |
| science project | | 과학 프로젝트 |
| sit on the sofa | | 소파에 앉다 |
| snow | 동사 | 눈이 오다 |
| stay in my place | | 내 집에 머물다 |
| take a nap | | 낮잠을 자다 |
| try to+동사원형 | | ~하려고 하다, ~을 시도하다 |
| under the tree | | 나무 아래에(서) |
| wake up | | ~을 깨우다 |
| work alone | | 혼자 일[작업]하다 |
| work on | | ~에 대한 작업을 하다 |
| work with | | ~와 함께 일[작업]하다 |

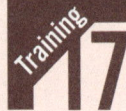
# Training 17 Have you ever been to Korea?
## 현재완료시제

**Point 1** 현재완료시제의 쓰임

❶ **계속적 용법:** 과거부터 현재까지 지속되고 있는 일('~해왔다')
　　　　　⋯ for('~동안'), since('~이후로') 등과 자주 함께 쓰입니다.

❷ **경험적 용법:** 과거부터 현재까지 겪었던 일이나 경험('~한 적이 있다')
　　　　　⋯ ever('언젠가'), never('전혀 ~아니다'), before('이전에') 등과 자주 함께 쓰입니다.

❸ **완료적 용법:** 과거에 시작한 일이 현재에 완료된 것을 표현('지금 막 ~했다')
　　　　　⋯ already('이미'), yet('아직'), just('방금') 등과 자주 함께 쓰입니다.

❹ **결과적 용법:** 과거에 일어난 일이 현재 상황에 영향을 주는 경우
　　　　　⋯ '~했다'라고 과거처럼 해석하지만 의미상 현재 상황까지 설명해줍니다.

**Point 2** 현재완료시제의 동사 형태: have+p.p. (주어가 3인칭 단수일 경우 has+p.p.)

- I **have stayed** in Korea for 2 months.　　나는 한국에서 2달째 머물고 있다. (계속적 용법)
- **Have** you ever **been** to Korea?　　너는 한국에 가 본 적 있어? (경험적 용법)
- She **has** just **finished** the project.　　그녀는 그 프로젝트를 지금 막 끝냈다. (완료적 용법)
- He **has gone** to Australia.　　호주로 떠났다. (결과적 용법)
　　　　　　　　　　　　　　　　('그래서 현재 이곳에 없다'라는 현재의 결과 설명)

❶ 현재완료 부정문은 have 뒤에 not을 붙여서 have not or haven't(축약형)로 쓰거나 have not 대신에 have never를 쓰기도 해요.
❷ 현재완료 의문문은 have를 문장의 맨 앞으로 보내서 Have+주어+p.p.+~?의 순서로 써요.

## Practice Step 1 기초 다지기

보기를 참고해 빈칸에 알맞은 형태의 단어를 넣어 문장을 완성해보세요.

> 보기
> be  cancel  do  give
> run  see  visit

1. 3일 동안 계속 추웠다.
   It _____ _____ cold for 3 days.

2. 나는 전에 그를 본 적이 없다.
   I _____ never _____ him before.

3. 그 환자는 오랫동안 아팠다.
   The patient _____ _____ sick for a long time.

4. 나는 런던에 두 번 다녀왔다.
   I _____ _____ London twice.

5. 나는 이미 그 회의를 취소했다.
   I _____ already _____ the meeting.

6. 그들은 지금 막 그들의 임무를 완수했다.
   They _____ just _____ their work.

7. 나는 그 보고서를 Tim에게 줬다. (지금 Tim이 그것을 가지고 있다)
   I _____ _____ the report to Tim.

8. 커피가 다 떨어졌어. (커피를 사야 한다)
   We _____ _____ out of coffee.

9. 그들은 결혼한 지 7년 되었다.
   They _____ _____ married for 7 years.

10. Jenny는 최근에 계속 그를 보지 못했다.
    Jenny _____ _____ him recently.

**Answers**
1. has been   2. have, seen   3. has been   4. have visited   5. have, cancelled
6. have, done   7. have given   8. have run   9. have been   10. hasn't seen

## Step 2 어순 훈련하기

주어진 단어들을 어순에 맞게 넣어 문장을 완성해보세요.

1. 우리 엄마는 나에게 계속 화가 나 있는 상태이다. (angry, has been, My mom, at me)
   _____.

2. 우리는 9시 이후로 아무것도 먹지 못했다. (haven't eaten, since 9, We, anything)
   _____.

3. 이 영어 수업을 들은 이후로 나의 영어(실력)가 계속 향상되고 있다. (since, My English, taking, I, this English class, has improved, started)
   _____.

4. 그 소년은 그의 자전거를 세 번 잃어버린 적이 있다. (has lost, three times, The boy, his bike)
   _____.

5. 그것은 내가 써 본 것 중 최고의 스마트폰이다. (the best, I, have ever used, It, is, smartphone)
   _____.

6. 이것은 우리가 본 것 중 최악의 영화이다. (the worst, we, movie, This is, have ever seen)
   _____.

7. 그녀는 아직 샤워를 하지 못했다. (a shower, She, yet, hasn't taken)
   _____.

8. 그 수업은 벌써 시작했어? (already, Has, the class, started)
   _____?

9. 네 딸이 훌쩍 컸구나. (a lot, Your daughter, has grown up)
   _____.

10. 너는 그 돈을 모두 써버렸니? (spent, you, Have, all the money)
    _____?

## Practice Step 3 짧은 문장 써 보기

앞에서 배운 내용을 바탕으로, 주어진 우리말에 맞게 영어 문장을 써 보세요.

1. 비행기가 벌써 이륙했다.
   _____.

2. 너는 유명한 사람들을 직접 본 적 있어?
   _____?

3. Alicia는 요즘 입맛이 없다.
   _____.

4. Mark는 그 손목시계를 10년째 사용하고 있다.
   _____.

5. 우리에게 이런 일은 전에 일어난 적이 없다.
   _____.

6. 나는 지금 막 그들과의 대화를 끝냈다.
   _____.

**Hint!** already 이미, 벌써  take off 이륙하다  celebrity 유명인, 연예인  in person 직접  lose appetite 식욕을 잃다  lately 요즘, 최근  happen (일, 사건 등이) 일어나다, 발생하다  finish+동사-ing ~하는 것을 마치다  talk to ~와 대화를 나누다

## Practice Step 4 길게 써 보기

지금까지 배운 내용을 떠올리면서, 주어진 우리말에 맞게 영어로 글을 써 보세요.

**1.** 나와 여자친구는 요즘 자주 다툰다. 그래서 그녀는 요즘 기분이 좋지 않다.
나는 그녀와 우리의 문제들에 대해서 대화를 나누려고 시도해 봤다.
어떤 것도 아직 해결된 것은 없다.

_____
_____
_____
_____

**2.**
Ⓐ 안녕, Aidan. 잘 지냈어? 오랜만이야.

Ⓑ 우리 오랫동안 서로 만나지 못했네.

Ⓐ 그때 파티에서 만나고 나서 얼마나 됐지?

Ⓑ 거의 2달 정도 됐어.

Ⓐ _____

Ⓑ _____

Ⓐ _____

Ⓑ _____

**Hint!** argue 다투다   often 자주   these days 요즘   upset 기분이 좋지 않은, 언짢은   lately 요즘, 최근   talk to A about B A와 B에 관해서 대화를 나누다   be solved 해결되다   yet 아직   Long time no see! 오랜만이야 (오랜만에 누군가를 만났을 때 쓰는 인사말)   for a while 한동안, 오랫동안   It has been+시간. ~의 시간이 지났대[흘렀다].   at the party 파티에서   almost 거의

122 영문법 문장훈련

## Voca 단어 및 표현 확인하기

| | | |
|---|---|---|
| almost | 부사 | 거의 |
| already | 부사 | 이미, 벌써 |
| argue | 동사 | 다투다 |
| at the party | | 파티에서 |
| be solved | | 해결되다 |
| celebrity | 명사 | 유명인, 연예인 |
| finish+동사-ing | | ~하는 것을 마치다 |
| for a while | | 한동안, 오랫동안 |
| happen | 동사 | (일, 사건 등이) 일어나다, 발생하다 |
| in person | | 직접 |
| It has been+시간. | | ~의 시간이 지났다[흘렀다]. |
| lately | 부사 | 요즘, 최근 |
| Long time no see! | | 오랜만이야! (오랜만에 누군가를 만났을 때 쓰는 인사말) |
| lose appetite | | 식욕을 잃다 |
| often | 부사 | 자주 |
| take off | | 이륙하다 |
| talk to | | ~와 대화를 나누다 |
| talk to A about B | | A와 B에 관해서 대화를 나누다 |
| these days | | 요즘 |
| upset | 형용사 | 기분이 좋지 않은, 언짢은 |
| yet | 부사 | 아직 |

# Training 18 He had already fallen asleep.
## 과거완료 & 미래완료시제

**Point 1**    과거완료시제의 쓰임

❶ 과거 이전에 일어난 일에 대해 말할 때 ('~했었다')
❷ 과거 이전부터 과거 시점까지 지속되었던 일에 대해 말할 때 ('~해왔다')

**Point 2**    과거완료시제의 동사 형태: had + p.p.

- We got home late. The children **had** already **fallen** asleep.
  우리는 집에 늦게 갔다. 아이들은 이미 잠들어 있었다.
- When I found my son, he **had been** with the police officer.
  내가 아들을 찾았을 때, 그는 경찰관과 함께 있었다.

**Point 3**    미래완료시제의 쓰임

❶ 미래의 어느 시점에 이미 완료됐을 일을 표현할 때 ('~했을 것이다')
❷ 미래의 어느 시점까지 지속되고 있을 일을 표현할 때 ('~되어 있을 것이다')

**Point 4**    미래완료시제의 동사 형태: will have + p.p.

- She **will have passed** her driving test by the end of this year.
  올해 말에 그녀는 운전면허 시험을 통과했을 것이다.
- Next year, I **will have taught** English for 15 years.
  내년이면 내가 영어를 가르친 지 15년째가 된다.

---

과거완료시제는 현재완료시제 혹은 과거시제보다 더 과거의 일에 대해서 설명할 때 쓴다고 이해하면 돼요. 즉 **과거 이전에 일어났던 일**, **과거 이전~과거까지 지속됐던 일** 혹은 **과거 이전에 경험했던 일**을 설명할 때 모두 과거완료시제를 써요.

❶ I found out they had already finished it.    그들이 이미 그 일을 끝냈다는 것을 알게 되었다.
(과거 이전의 일)

❷ I realized they had known each other for 10 years.    그들은 이미 10년째 알고 지낸 사이라는 것을 깨달았다.
(과거 이전~과거까지 지속된 일)

❸ When I saw her, I knew I had seen her before.    내가 그녀를 봤을 때, 나는 그 전에 그녀를 본 적이 있다는 생각이 들었다. (과거 이전의 경험)

## Practice Step 1 기초 다지기

보기를 참고해 빈칸에 알맞은 형태의 단어를 넣어 문장을 완성해보세요.

**보기**: be  finish  read  see  start  stop  take

1. 나는 그녀를 전에 본 적이 있다고 생각했다.
   I thought I _____ _____ her before.

2. 너는 내 사무실에 오기 전에, 어디에 계속 있었어?
   Before you got to my office, where _____ you _____?

3. 그 수업이 끝났을 무렵, 비가 멈췄다.
   It _____ _____ raining by the time the class was over.

4. 이미 그 가게가 몇 주 동안 계속 문닫은 상태였다는 것을 알았다.
   I found out that the store _____ _____ closed for weeks.

5. 그들은 이혼하기 전에 5년 동안 결혼 생활을 했었다.
   They _____ _____ married for 5 years before they got divorced.

6. 네가 도착할 즈음이면 영화가 이미 시작했겠다.
   By the time you arrive, the movie _____ already _____ _____.

7. 내일 이 시간이면, 그는 기말 시험을 치뤘을 것이다.
   At this time tomorrow, he _____ _____ _____ his final exam.

8. 내년이면 그들이 결혼한 지 10년이 된다.
   Next year, they _____ _____ _____ married for 10 years.

9. 이번 달 말에는, 우리는 그 일을 끝냈을 것이다.
   By the end of this month, we _____ _____ _____ the project.

10. 내가 이 책을 한 번 더 읽으면, 10번째 읽는 것이 될 것이다.
    If I read this book once again, I _____ _____ _____ the book 10 times.

**Answers**
1. had seen   2. had, been   3. had stopped   4. had been   5. had been
6. will, have started   7. will have taken   8. will have been   9. will have finished   10. will have read

PART 3 시제   125

## Practice Step 2 어순 훈련하기

**주어진 단어들을 어순에 맞게 넣어 문장을 완성해보세요.**

1. 나는 그 약을 복용하기 전에 (이미) 너무 많은 고통을 느꼈다. (took, before, I, the medicine, I, a lot of pain, had felt)
   _____.

2. 네가 그를 만나기 전에, 나는 그를 오랫동안 알아 왔다. (met, you, before, him, had known, I, a long time, him)
   _____.

3. 그는 작년에 취업하기 전까지 2년째 실직 상태였다. (unemployed, for 2 years, had been, He)
   _____ until he got a job last year.

4. 너는 그 집에서 이사 나오기 전에 얼마나 오랫동안 살았던 거야? (had, How long, there, lived, you)
   _____ before you moved out of the house?

5. 나는 갑자기 차에 전화기를 두고 왔다는 것이 생각났다. (had left, my phone, in the car, I)
   I suddenly remembered _____.

6. 교수님은 2030년이면 은퇴하셨을 것이다. (will, by 2030, have retired, The professor)
   _____.

7. 우리가 돌아올 때쯤, 그들은 이미 모든 일들을 처리했을 것이다. (have taken care of, will, they, everything)
   By the time we get back, _____.

8. 회의는 그때쯤 끝났을 것이다. (by then, have ended, The meeting, will)
   _____.

9. 그들은 내년이면 서로 알고 지낸 지 5년이 될 것이다. (next year, have known, They, each other, will, for 5 years)
   _____.

10. 9시쯤에는 그는 이미 출근했을 것이다. (have left, He, at around 9, will, for work)
    _____.

## Practice Step 3 짧은 문장 써 보기

앞에서 배운 내용을 바탕으로, 주어진 우리말에 맞게 영어 문장을 써 보세요.

1. 나는 그때까지 수영하는 법을 배우지 못했다.
   _____.

2. Annie는 이미 3시간을 운동했기 때문에 완전히 지쳤다.
   _____.

3. 그는 그 대학을 졸업했다고 나에게 말했다.
   _____.

4. 네가 나에게 전화했을 때, 나는 이미 커피를 다 마신 상태였다.
   _____.

5. 그 수업이 시작되기 전에 우리는 거기에 도착해 있을 것이다.
   _____.

6. 그 프로젝트는 그때쯤 완성되어 있을 것이다.
   _____.

**Hint**: learn 배우다  how to+동사원형 ~하는 방법  then 그때(과거, 미래의 특정한 때)  exhausted 지친, 굉장히 피곤한  work out 운동하다  graduate from ~을 졸업하다  be completed 완성되다  by then 그때쯤

## Practice Step 4 길게 써 보기

지금까지 배운 내용을 떠올리면서, 주어진 우리말에 맞게 영어로 글을 써 보세요.

1. 나는 어젯밤 그전에 있었던 일에 대해서 생각했다. 나는 그와 말다툼을 했다.
   나는 그의 마음을 이해하지 못했다. 나는 그의 마음에 상처를 줬다.
   나는 그에게 큰 상처를 줬다는 것을 깨달았다.

   _____
   _____
   _____
   _____

2. 
   Ⓐ 너는 미래 계획이 있니?

   Ⓑ 나는 지금 내 일을 즐기고 있어.

   Ⓐ 너는 아이들을 가르친 지 5년째 됐지.

   Ⓑ 내가 40살이 됐을 즈음에는, 나는 아이들을 가르친 지 10년째가 될 거야.

   Ⓐ _____
   Ⓑ _____
   Ⓐ _____
   Ⓑ _____

**Hint!** argue with ~와 다투다  break A's heart A의 마음에 상처를 주다  realize 깨닫다  hurt ~을 상처 입히다, ~의 감정을 상하게 하다  have a plan for the future 미래에 대한 계획을 세우다  enjoy my job 내 일을 좋아하다, 즐기다  teach ~을 가르치다  for 10 years 10년째

## Voca 단어 및 표현 확인하기

| | | |
|---|---|---|
| argue with | | ~와 다투다 |
| be completed | | 완성되다 |
| break A's heart | | A의 마음에 상처를 주다 |
| by then | | 그때쯤 |
| enjoy my job | | 내 일을 좋아하다, 즐기다 |
| exhausted | 형용사 | 지친, 굉장히 피곤한 |
| graduate from | | ~을 졸업하다 |
| have a plan for the future | | 미래에 대한 계획을 세우다 |
| how to+동사원형 | | ~하는 방법 |
| hurt | 동사 | ~을 상처 입히다, ~의 감정을 상하게 하다 |
| for 10 years | | 10년째 |
| learn | 동사 | 배우다 |
| realize | 동사 | 깨닫다 |
| teach | 동사 | ~을 가르치다 |
| then | 부사 | 그때(과거, 미래의 특정한 때) |
| work out | | 운동하다 |

# Training 19 I have been learning English for 10 years. 완료진행시제

완료진행시제는 완료형에 진행형이 결합된 시제로, 계속 진행 중임을 강조하는 의미를 갖고 있습니다. 특정 시점까지 지속되어 왔고, 말하는 시점에도 진행되는 일을 표현할 때 쓰입니다. 현재완료진행, 과거완료진행, 미래완료진행 중 특히 현재완료진행시제가 회화체에서 자주 쓰입니다.

### Point 1    현재완료진행시제의 쓰임

과거부터 현재까지 지속된 일이 최근 혹은 지금까지도 계속 진행되고 있다는 것을 강조할 때('~해오고 있다') 쓰입니다.

### Point 2    현재완료진행시제의 동사 형태: have been + 동사-ing

- I **have been thinking** about the offer.    나는 그 제안에 대해서 계속 생각해왔다.
- We **have been working** on the project.    우리는 그 프로젝트 작업을 계속해왔다.

### Point 3    과거완료진행시제의 쓰임

과거 이전부터 과거의 어느 시점까지 지속된 일을 표현할 때('~해오고 있었다') 쓰입니다.

### Point 4    과거완료진행시제의 동사 형태: had been + 동사-ing

- When we arrived, she **had been cooking** for 3 hours.
  우리가 도착했을 때, 그녀는 3시간째 요리 중이었다.

### Point 5    미래완료진행시제의 쓰임

과거에 시작되어 미래의 어느 시점까지 계속 진행되고 있을 일을 표현할 때('~해오고 있을 것이다') 쓰입니다.

### Point 6    미래완료진행시제의 동사 형태: will have been + 동사-ing

- Next year, we **will have been living** in Chicago for 10 years.
  내년이면 우리가 시카고에서 살아온 지 10년째가 된다.

**현재완료 vs 현재완료진행**

과거~현재까지 지속된 일을 이야기할 때는 현재완료와 현재완료진행시제 둘 다 사용할 수 있어요. 과거부터 계속되어 온 일이지만 특히 현재 혹은 최근까지도 쭉 이어지고 있다는 점을 강조할 때 현재완료 대신에 현재완료진행시제를 쓰면 돼요.

## Practice Step 1 기초 다지기

보기를 참고해 빈칸에 알맞은 형태의 단어를 넣어 문장을 완성해보세요.

**보기**: feel  fight  play  snow  think  wait  walk  watch  work

1. 온종일 눈이 내리고 있다.
   It _____ _____ _____ all day.

2. 너는 얼마나 오랫동안 걷고 있는 중이야?
   How long _____ you _____ _____ ?

3. 나는 너에게 전화를 걸까 하고 계속 생각 중이었어.
   I _____ _____ _____ about calling you.

4. Tim은 하루 종일 TV만 계속 보고 있는 중이다.
   Tim _____ _____ _____ TV all day.

5. Sophie는 최근에 계속 몸이 좋지 않다.
   Sophie _____ _____ _____ well recently.

6. 내가 그들을 멈추기 전까지 그들은 계속 싸우고 있었다.
   They _____ _____ _____ until I stopped them.

7. 그녀는 열심히 일해왔기 때문에 피곤했다.
   She was tired because she _____ _____ _____ hard.

8. 내가 그를 봤을 때, 그는 2시간째 운동 중이었다.
   When I saw him, he _____ _____ _____ out for 2 hours.

9. 10시에는, 우리가 너를 기다린 지 3시간째가 될 거야.
   By 10, we _____ _____ _____ _____ for you for 3 hours.

10. 자정이면, 그는 5시간째 게임을 하고 있을 것이다.
    By midnight, he _____ _____ _____ _____ the game for 5 hours.

**Answers**
1. has been snowing   2. have, been walking   3. have been thinking   4. has been watching
5. hasn't been feeling   6. had been fighting   7. had been working   8. had been working
9. will have been waiting   10. will have been playing

## Practice Step 2 어순 훈련하기

주어진 단어들을 어순에 맞게 넣어 문장을 완성해보세요.

1. Susan은 그 은행에서 15년째 근무해오고 있다. (has been, for 15 years, at the bank, working, Susan)
   _____.

2. 모든 학생들이 그 시험을 위해서 공부해오고 있다. (studying, for the exam, All the students, have been)
   _____.

3. Alex는 저녁 식사 이후로 계속 저기에 앉아 있다. (has been, Alex, there, sitting, after dinner)
   _____.

4. Nick은 계속 그의 안경을 찾고 있는 중이다. (his glasses, has been, Nick, looking, for)
   _____.

5. 그녀는 그전에 계속 수영 중이었기 때문에 머리가 젖어 있었다. (swimming, had been, she)
   Her hair was still wet because _____.

6. Julie는 계속 울고 있었기에 눈이 빨갛게 되어 있었다. (had been, Julie, crying)
   _____ so her eyes turned red.

7. 그는 지난 10분 동안 공상에 잠겨있는 중이었기에, 그 질문에 대답할 수 없었다. (for 10 minutes, had been, he, daydreaming)
   He couldn't answer the question because _____.

8. 그들이 그를 잡기까지 경찰은 그 범죄자를 찾고 있었다. (looking, had been, The police, the criminal, for)
   _____ until they caught him.

9. Eddie가 집에 도착할 때, 그녀는 3시간째 자고 있는 중일 것이다. (for 3 hours, sleeping, she, have been, will)
   When Eddie gets home, _____.

10. 내년 Jones 교수님이 은퇴하실 때, 그는 30년째 계속 가르쳐 오고 있는 중일 것이다. (teaching, will, have been, he, for 30 years)
    When Professor Jones retires next year, _____.

## Practice Step 3 짧은 문장 써 보기

앞에서 배운 내용을 바탕으로, 주어진 우리말에 맞게 영어 문장을 써 보세요.

1. 3일째 계속 비가 오고 있었다. (과거 이전~과거)
   _____.

2. 4일째 계속 비가 오고 있다. (지금도 비가 오고 있는 상태)
   _____.

3. 내일도 비가 오면 5일째 비가 오는 것이다.
   _____.

4. 그가 그 문제를 처리해왔었다. (지금은 하고 있지 않는 상태)
   _____.

5. 그가 (요즘) 그 문제를 처리하고 있다. (지금도 하고 있는 상태)
   _____.

6. 내일이면 그는 5일째 그 문제를 처리하고 있는 중일 것이다.
   _____.

**Hint!** rain 비가 내리다   handle problems 문제를 처리하다

## Practice Step 4 길게 써 보기

지금까지 배운 내용을 떠올리면서, 주어진 우리말에 맞게 영어로 글을 써 보세요.

**1.** 나는 요즘 직장을 그만둘까 고민 중이다. 나는 그것(내 일)에서 좌절감을 느끼게 되었다. 나는 내 사업을 시작하려고 노력 중이다. 내년 이맘때쯤이면 나는 내 가게에서 열심히 일하고 있을 것이다.

_____
_____
_____

**2.**
- ⓐ James는 영화 제작 일을 한 지 얼마나 되었어?
- ⓑ 2000년 이후로 계속 그 일에 몰두해왔지.
- ⓐ 너는 그와 일한 지 얼마나 되었어?
- ⓑ 내년이면 그와 함께한 지 6년째가 될 거야.

ⓐ _____
ⓑ _____
ⓐ _____
ⓑ _____

**Hint!** quit a job 직장을 그만두다   find A+형용사 A가 ~하다는 것을 알게 되다   start my own business 내 사업을 시작하다   by this time next year 내년 이맘때쯤이면   work hard 열심히 일하다   my own shop 내 (소유의) 가게   make movies 영화를 만들다   work on ~에 몰두하다[노력을 들이다]   work with ~와 일하다

## Voca 단어 및 표현 확인하기

| | |
|---|---|
| by this time next year | 내년 이맘때쯤이면 |
| find A+형용사 | A가 ~하다는 것을 알게 되다 |
| handle problems | 문제를 처리하다 |
| make movies | 영화를 만들다 |
| my own shop | 내 (소유의) 가게 |
| quit a job | 직장을 그만두다 |
| rain  *동사* | 비가 내리다 |
| start my own business | 내 사업을 시작하다 |
| work hard | 열심히 일하다 |
| work on | ~에 몰두하다[노력을 들이다] |
| work with | ~와 일하다 |

# PART 4

## 언어의 마법사
## 조동사

**조동사**는 원래 동사의 뜻을 더 자세히 전달해 주는 역할을 합니다. 동사로는 드러낼 수 없는 말하는 사람의 태도, 즉 확신에 차서 하는 말인지, 조심스럽게 하는 말인지, 상대방에게 강제성을 부여하고 싶은 건지 등을 나타내 줍니다.

예를 들어 She is kind.(그녀는 친절하다)라는 문장에 조동사가 들어가면 문장을 좀 더 다양하고 섬세하게 표현할 수 있습니다.

- She **must** be kind.  그녀는 틀림없이 친절할 것이다.
- She **can** be kind.   그녀는 친절할 수도 있다.
- She **may** be kind.   그녀는 친절할지도 모른다.

조동사가 오면 그 뒤에 오는 동사는 반드시 **원형**이어야 합니다.

조동사의 부정문, 의문문은 be동사와 같은 규칙으로 만듭니다.

should, will, can, may 등 회화체에서 많이 쓰이는 조동사들을 제대로 익혀서 영어 문장을 조금 더 풍부하게 표현해봅시다.

# It must be true.
## 조언, 의무의 조동사

**Point 1**   조언, 의무의 조동사: should, have to, need to, had better, must

① should('~해야 한다, ~하는 것이 좋겠다'): 부드러운 뉘앙스의 의무, 조언, 충고의 의미
② have to=need to('~해야 한다'): 의무, 필요의 의미
③ had better('꼭 ~해야 한다'): 경고, 그렇게 하지 않으면 큰일 날 수도 있다는 의미
④ must의 2가지 의미와 용법
- '~해야 한다': 규칙, 지시사항을 전달할 때(일반 회화체에서는 have to, need to를 훨씬 많이 씁니다)
- '틀림없이 ~일 것이다': 강한 추측 표현

**Point 2**   부정문에서의 의미

① '~해서는 안 된다': should not, had better not, must not
② '~할 필요가 없다': don't have to, don't need to

**Point 3**   조언, 의무의 조동사들의 쓰임

- We **should** invite Jeremy to the party.   우리는 Jeremy를 파티에 초대하는 게 좋겠어.
- I **have to** get there on time.   나는 그곳에 제시간에 도착해야 한다.
- You don't **need to** do anything.   너는 어떤 것도 할 필요가 없어.
- You**'d better** get over there.   너는 그곳으로 가봐야 해.
- Drivers **must** drive carefully.   운전자들은 반드시 조심해서 운전해야 한다.
- It **must** be true.   그것은 틀림없이 사실일 것이다.

일상적인 대화에서는 '~해야만 한다'의 의미로 have to, need to와 비슷하게 gotta가 많이 쓰여요. gotta는 have got to가 줄어들어서 소리 나는 대로 발음된 형태랍니다.
- I gotta go now.   나는 지금 가 봐야 해.
- You gotta tell me the truth.   너는 나에게 사실을 말해줘야 해.
- We gotta fix this.   우리는 이것을 고쳐야만 해.

## Practice Step 1 기초 다지기

빈칸에 알맞은 형태의 조동사를 넣어 문장을 완성해보세요.

1. Sarah는 그 일에 지원해보는 것이 좋을 것이다.
   Sarah _____ apply for the job.

2. 그들은 오늘 시험 공부를 해야 한다.
   They _____ _____ study for the exam today.

3. Mia는 그녀의 부모님에게 전화해야만 한다. (전화하지 않으면 큰일 날 상황)
   Mia _____ _____ call her parents.

4. 너는 우리를 위해서 요리할 필요가 없어.
   You _____ _____ _____ cook for me.

5. 그들은 학교 규정을 반드시 따라야 한다.
   They _____ follow the school regulations.

6. Ella는 그녀의 동생에게 사과하는 것이 좋을 것이다.
   Ella _____ apologize to her sister.

7. 우리는 그 회의를 미뤄야만 한다. (반드시 미뤄야 하는 상황)
   We _____ _____ postpone the meeting.

8. 나는 이제 그만 집에 가는 게 좋겠어.
   I think I _____ go home now.

9. Brian은 술을 너무 많이 마셔서는 안 된다.
   Brian _____ _____ not drink too much.

10. 그들은 결혼하지 않는 게 좋을 것 같아.
    I don't think they _____ get married.

**Answers**
1. should   2. have to/need to   3. had better   4. don't have to/don't need to   5. must
6. should   7. had better   8. should   9. had better   10. should

## Practice Step 2 어순 훈련하기

주어진 단어들을 어순에 맞게 넣어 문장을 완성해보세요.

1. 우리는 그 프로젝트 작업을 같이 해야 한다. (need to, We, the project, together, work on)
   _____.

2. 너는 그 기사에서 읽은 내용의 전부를 다 믿어서는 안 돼. (believe, everything you read, shouldn't, You, in the article)
   _____.

3. 너는 (굳이) 나를 위해서 이것을 사줄 필요가 없어. (buy, for, don't need to, You, this, me)
   _____.

4. 그것을 찾기 위해서는 내가 어디로 가는 게 좋을까? (go, should, find, Where, I, to, that)
   _____?

5. 우리는 서로를 알아가야 한다. (get to know, have to, We, each other)
   _____.

6. 그는 오토바이를 탈 때 헬멧을 써야만 한다. (must, a helmet, He, wear)
   _____ when he rides a bike.

7. 너는 회의에 늦어서는 안 돼. (had better, be late, the meeting, not, You, for)
   _____.

8. 그는 틀림없이 너그러운 남자일 것이다. (must, He, be, generous, a, guy)
   _____.

9. 그녀는 사람들이 하는 말을 신경 쓸 필요가 없다. (care about, She, what, say, doesn't have to, people)
   _____.

10. 너는 여기 있는 모든 책을 읽을 필요는 없었어. (didn't need to, here, You, all the books, read)
    _____.

## Practice Step 3 짧은 문장 써 보기

앞에서 배운 내용을 바탕으로, 주어진 우리말에 맞게 영어 문장을 써 보세요.

1. 너는 반드시 안전벨트를 착용해야 한다.
   _____.

2. 그들은 그것에 대해서 책임을 져야 한다.
   _____.

3. Emily는 그 소식에 틀림없이 기뻤을 것이다.
   _____.

4. 손을 자주 씻는 것이 좋다.
   _____.

5. 그녀는 그 쓰레기를 주울 필요가 없다.
   _____.

6. 너는 나에게 그런 식으로 말하지 말아야 해. (경고의 의미)
   _____.

**Hint!** wear a seat belt 안전벨트를 착용하다　be responsible for ~에 대해 책임지다　be happy about ~에 대해 기뻐하다　wash hands 손을 씻다　often 자주　pick up the trash 쓰레기를 줍다　like that 그런 식으로

# Practice Step 4 길게 써 보기

**지금까지 배운 내용을 떠올리면서, 주어진 우리말에 맞게 영어로 글을 써 보세요.**

1. Jessi는 틀림없이 그 결과에 실망했을 거야. 너는 그녀의 이야기를 들어주는 게 좋을 것 같아. 나는 그녀를 돌봐야 해. 우리는 그 결과에 대한 이야기는 할 필요가 없어.

   [New message]

2. 
   - Ⓐ 이 컴퓨터가 고장 난 것이 틀림없어.
   - Ⓑ 우리는 컴퓨터를 고칠 누군가를 불러야 해.
   - Ⓐ 내가 Joe에게 전화를 하는 것이 좋겠어.
   - Ⓑ 너는 지금 당장 해야 해. 나는 오늘 온라인 수업을 들어야 하거든.

   Ⓐ
   Ⓑ
   Ⓐ
   Ⓑ

**Hint!** disappointed 실망한  result 결과  listen to ~을 경청하다  take care of ~을 돌보다  talk about ~에 대해서 말하다, 이야기하다  out of order 고장 난  fix 고치다  take an online class 온라인 수업을 듣다

## 단어 및 표현 확인하기

| | | |
|---|---|---|
| be happy about | | ~에 대해 기뻐하다 |
| be responsible for | | ~에 대해 책임지다 |
| disappointed | 형용사 | 실망한 |
| fix | 동사 | 고치다 |
| like that | | 그런 식으로 |
| listen to | | ~을 경청하다 |
| often | 부사 | 자주 |
| out of order | | 고장 난 |
| pick up the trash | | 쓰레기를 줍다 |
| result | 명사 | 결과 |
| take an online class | | 온라인 수업을 듣다 |
| take care of | | ~을 돌보다 |
| talk about | | ~에 대해서 말하다, 이야기하다 |
| wash hands | | 손을 씻다 |
| wear a seat belt | | 안전벨트를 착용하다 |

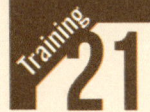

# 21 I will improve my English.
## 미래, 의지의 조동사 will, would

**Point 1**  조동사 will, would

❶ **will**: '~할 것이다'(미래시제), '~할 거야'(의지)
　⋯▸ Will you~? 의문문은 부탁할 때 쓰입니다.

❷ **would**: will의 과거형, '~일 거야'(가정, 추측)
　⋯▸ Would you~? 의문문은 정중히 부탁할 때 쓰입니다.

**Point 2**  조동사 will, would의 쓰임

- They will go out tonight.　　　　　　그들은 오늘 밤 외출할 것이다. (미래)
- I will improve my English.　　　　　　나는 내 영어(실력)를 향상시킬 것이다. (의지)
- Will you be quiet?　　　　　　　　　조용히 해 줄래? (부탁)
- I heard that they would cancel the meeting.
  　그들이 회의를 취소할 거라고 들었어요. (will의 과거형)
- She would do anything to look pretty.
  　그녀는 예쁘게 보이기 위해 뭐든지 다 할 것이다. (추측)
- Would you close the door, please?　　문을 닫아 주시겠어요? (정중히 부탁할 때)

❶ **would like to+동사원형**: ~하고 싶다
　**Would you like to+동사원형?**: ~하고 싶나요[~하실래요]?
- I would like to have lunch with you.　　저는 당신과 점심을 함께 먹고 싶어요.
- Would you like to have coffee with me?　저와 커피 드실래요?

❷ **would rather+동사원형**: 차라리 ~하는 게 낫다[~가 더 좋다]
- You would rather leave now.　　　　　당신은 지금 가는 게 좋겠어요.
- I would rather not talk to you.　　　　저는 당신과 이야기하지 않는 게 좋겠어요.

# Practice Step 1 기초 다지기

**빈칸에 알맞은 형태의 조동사를 넣어 문장을 완성해보세요.**

1. 내가 그것을 그에게 줄게.
   I _____ give it to him.

2. 나는 오늘 일찍 자지 않을 거야.
   I _____ go to bed early today.

3. 너는 우리와 함께 저녁을 먹을 거지?
   _____ you join us for dinner?

4. 그는 담배를 끊을 거라고 말했다.
   He said he _____ stop smoking.

5. 네가 내 상황이라면 너는 뭐라고 말할 거 같아?
   What _____ you say if you were in my situation?

6. 제 말을 경청해 주시겠어요?
   _____ you please listen to me?

7. 우리는 오늘 밤 집에 늦게 올 거야.
   We _____ be home late tonight.

8. 그녀는 그 시험을 통과할 것이다.
   She _____ pass the exam.

9. Haley는 늦게 않겠다고 약속했다.
   Haley promised she _____ be late.

10. 그는 아마 방에서 나와 버릴 것이다.
    He _____ walk out of the room.

---

**Answers**
1. will   2. won't (will not)   3. Will   4. would   5. would
6. Would   7. will   8. will   9. wouldn't (would not)   10. would

## Practice Step 2 어순 훈련하기

**주어진 단어들을 어순에 맞게 넣어 문장을 완성해보세요.**

1. 나는 밖에서 너를 기다릴게. (for you, I, wait, will, outside)
   _____.

2. 그 가게는 일요일에는 문을 닫을 거 같아. (will, closed, the store, I think, on Sunday, be)
   _____.

3. 이 프로젝트를 끝내려면 며칠 걸릴 것이다. (will, to, this project, take, It, a few days, finish)
   _____.

4. 그는 너를 행복하게 만들기 위해서라면 무슨 일이라도 할 것이다. (make, He, do, happy, would, anything, you, to)
   _____.

5. 너와 대화를 나눈다면 정말 좋을 거 같아. (really, to, It, would, nice, be, talk to you)
   _____.

6. Liz는 사람들에게 최선을 다하겠다고 말했다. (her best, she, do, would)
   Liz told everybody that _____.

7. 너는 내년 이맘때 어디에 있을 거야? (be, you, Where, will, this time next year)
   _____?

8. 몇 시에 우리가 이 방을 다시 이용할 수 있게 될까요? (will, What time, we, use, be able to, this room, again)
   _____?

9. 나는 네가 시험을 어떻게 봤는지 알아 볼 거야. (how, on the test, I, find out, will, you, did)
   _____.

10. 나는 네가 해낼 줄 알았어. (knew, would, I, make it, you)
    _____.

## Step 3 짧은 문장 써 보기

앞에서 배운 내용을 바탕으로, 주어진 우리말에 맞게 영어 문장을 써 보세요.

1. Steve는 그 대학교로 돌아가지 않을 것이다.
   _____.

2. 그들은 이번 주말에 캠핑을 갈 것이다.
   _____.

3. 저에게 도움을 주시겠어요?
   _____?

4. 너는 그 축구팀에 들어갈 거야?
   _____?

5. 그는 그런 행동은 하지 않을 거야.
   _____.

6. 우리와 함께 소풍 갈래요?
   _____?

**Hint!** go back to ~로 돌아가다  go camping 캠핑을 가다  this weekend 이번 주말에  do someone a favor ~에게 친절을 베풀다  join ~에 참여하다, (팀 등) ~에 들어가다  go on a picnic 소풍을 가다

## Practice Step 4 길게 써 보기

지금까지 배운 내용을 떠올리면서, 주어진 우리말에 맞게 영어로 글을 써 보세요.

1. 내 룸메이트는 곧 중국으로 돌아갈 것이다. 우리는 이번 주말 송별회를 할 것이다. 나는 그녀에게 선물을 사주고 싶다. 나는 그녀 앞에서 울지 않는 것이 좋을 것 같다.

___

2. 
   Ⓐ 나는 Edie에게 데이트 신청을 할 거야.
   Ⓑ 너는 그녀와 무엇을 하고 싶어?
   Ⓐ 나는 그녀를 그 식당에 데려갈 거야.
   Ⓑ 그녀가 마음에 들어 하길 바라.

   Ⓐ ___
   Ⓑ ___
   Ⓐ ___
   Ⓑ ___

**Hint!** go back to ~로 돌아가다   have a farewell party 송별회를 하다   buy A B A에게 B를 사주다   in front of ~앞에서
ask someone out ~에게 데이트를 신청하다   take A to B A를 B로 데리고 가다   I hope ~하길 바란다

148 영문법 문장훈련

## 단어 및 표현 확인하기

| | |
|---|---|
| ask someone out | ~에게 데이트를 신청하다 |
| buy A B | A에게 B를 사주다 |
| do someone a favor | ~에게 친절을 베풀다 |
| go back to | ~로 돌아가다 |
| go camping | 캠핑을 가다 |
| go on a picnic | 소풍을 가다 |
| have a farewell party | 송별회를 하다 |
| I hope | ~하길 바란다 |
| in front of | ~앞에서 |
| join  *동사* | ~에 참여하다, (팀 등) ~에 들어가다 |
| take A to B | A를 B로 데리고 가다 |
| this weekend | 이번 주말에 |

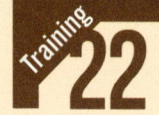

# I can speak English.
## 가능성 조동사 can, could

**Point 1**    **조동사 can, could**

❶ **can:** '~할 수 있다'(능력), '그럴 수 있다'(가능성, 추측), '~해도 된다'(허락)
❷ **could:** '~할 수 있었다'(can의 과거형), '~할 수 있을 것 같다'(현재 또는 미래의 가능성)
   ⋯ Could you~? 의문문은 정중히 부탁할 때 쓰입니다.
❸ **cannot(=can't):** '~할 수 없다, ~가 가능하지 않다, ~일 리가 없다'
❹ **be able to = can:** '~할 수 있다'(능력), 조동사 can 대신에 be able to를 쓰기도 합니다.
❺ 현재, 미래의 가능성을 추측할 때는 can, could 둘 다 사용 가능합니다.

**Point 2**    **조동사 can, could의 쓰임**

- I **can** speak English.     나는 영어를 구사할 수 있다. (능력)
- The rumor **can** be true.     그 소문이 사실일 수 있다. (가능성, 추측)
- You **can** use my computer.     너는 내 컴퓨터를 사용해도 돼. (허락)
- I **could** play the violin when I was a kid.     나는 어렸을 때 바이올린을 켤 수 있었다. (can의 과거형)
- She **could** come to the party.     그녀가 파티에 올 수도 있다. (가능성, 추측)
- **Could** you please do me a favor?     부탁을 들어 주실 수 있을까요? (정중히 부탁할 때)
- I **can't** drive.     나는 운전을 못 한다.
- She **can't** be his mother.     그녀가 그의 어머니일 리 없다.
- I will **be able to** visit my parents next month.     나는 다음 달에 부모님을 뵐 수 있을 것이다.

가능성, 추측의 의미를 나타낼 경우에는 can, could를 큰 구분 없이 써도 돼요. (could가 더 추측의 의미가 강하지만 큰 차이는 없어요.)
- It can be true. = It could be true.

## Practice Step 1 기초 다지기

빈칸에 알맞은 형태의 조동사를 넣어 문장을 완성해보세요.

1. 나는 그 질문에 대답할 수 있다.
   I _____ answer the question.

2. 너는 여기서 뭐든지 다 해도 된다.
   You _____ do anything here.

3. 나는 그의 질문을 이해할 수 없다.
   I _____ understand his question.

4. 그 답은 틀릴 수도 있어.
   The answer _____ be wrong.

5. 그녀가 살인범일 리가 없어!
   She _____ be a murderer!

6. Jamie는 그곳에 정시에 도착할 수 없었다.
   Jamie _____ get there on time.

7. 그런 일은 누구에게나 벌어질 수 있어.
   That _____ happen to anyone.

8. 당신 휴대폰을 잠깐만 사용해도 될까요?
   _____ I use your cellphone for a second?

9. 그들은 그곳에서 빠져나올 수 있었다. (be able to)
   They _____ _____ _____ get out of there.

10. 나는 공항에 늦지 않게 도착할 수 있을 거라고 생각했어.
    I thought I _____ get to the airport in time.

**Answers**
1. can  2. can  3. can't  4. can/could  5. can't
6. couldn't  7. can/could  8. Can/Could  9. were able to  10. could

PART 4 조동사

# Practice Step 2 어순 훈련하기

**주어진 단어들을 어순에 맞게 넣어 문장을 완성해보세요.**

1. 너희들은 우리 집에 놀러 와도 돼. (come over, You, my place, to, can)
   _____.

2. 나는 그녀에게 드레스 한 벌을 사줄 수 있다. (a dress, I, her, buy, can)
   _____.

3. 그는 어젯밤 그 일을 끝마칠 수 없었다. (the task, He, finish, couldn't, last night)
   _____.

4. Luna가 지금 집에 있을 리가 없다. (be, can't, Luna, now, at home)
   _____.

5. 오늘 프로젝트를 끝낼 수 있겠어? (complete, today, Can, the project, you)
   _____?

6. 당신의 번호를 알려주실 수 있을까요? (tell, Could, your, me, phone number, you)
   _____?

7. 이번 주말에 비 올 수도 있어. (rain, this weekend, It, could)
   _____.

8. 창을 통해서 강을 보실 수 있습니다. (through, You, the window, the river, can, see)
   _____.

9. 나는 그들과 대화를 나눌 수 없을 것이다. (them, I, won't, talk to, be able to)
   _____.

10. 그들은 어떻게 그 문제를 해결할 수 있었을까? (work it out, How, they, were, able to)
    _____?

## Practice Step 3 짧은 문장 써 보기

앞에서 배운 내용을 바탕으로, 주어진 우리말에 맞게 영어 문장을 써 보세요.

1. Glen은 2가지 외국어를 구사할 수 있다.
   _____.

2. 네가 원할 때 언제든 여기 와도 돼.
   _____.

3. 그의 말이 옳을 수도 있다.
   _____.

4. 이 스마트폰은 Benny의 것일 수도 있다.
   _____.

5. 나에게 차를 만들어 줄 수 있어?
   _____?

6. 나는 그 아기를 돌볼 수 있을 거야.
   _____.

**Hint!** foreign language 외국어  right 옳은  make A B A에게 B를 만들어주다  will be able to+동사원형 ~할 수 있을 것이다(미래+능력)  take care of ~을 돌보다

PART 4 조동사

# Practice Step 4 길게 써 보기

지금까지 배운 내용을 떠올리면서, 주어진 우리말에 맞게 영어로 글을 써 보세요.

1. 너는 오늘 내 사무실을 방문해도 돼. 우리는 그것에 대해서 이야기 나눌 수 있을 거야. 그 이후에 우리는 같이 점심을 먹을 수 있어. Kate가 우리와 함께 먹게 될 수도 있어.

2. 
   Ⓐ 오늘 밤 늦게까지 깨어 있을 수 있어?
   Ⓑ 너를 위해서 무엇이든 해줄 수 있지.
   Ⓐ 내가 그 프로젝트 작업하는 것을 도와줄 수 있어?
   Ⓑ 나는 네가 그것을 잘 마무리 짓게 도와줄 수 있을 거야.

   Ⓐ
   Ⓑ
   Ⓐ
   Ⓑ

**Hint!** visit the/his/her/an office 사무실을 방문하다　will be able to+동사원형 ~할 수 있을 것이다　join us for lunch 우리와 함께 점심을 먹다　stay up late 늦게까지 깨어있다　do anything for you 너를 위해 무엇이든 하다　help me+동사원형 내가 ~하는 것을 돕다　work on the project 프로젝트 작업을 하다　finish ~을 끝내다[마무리 짓다]

## 단어 및 표현 확인하기

| | | |
|---|---|---|
| do anything for you | | 너를 위해 무엇이든 하다 |
| finish | 동사 | ~을 끝내다[마무리 짓다] |
| foreign language | | 외국어 |
| help me+동사원형 | | 내가 ~하는 것을 돕다 |
| join us for lunch | | 우리와 함께 점심을 먹다 |
| make A B | | A에게 B를 만들어주다 |
| right | 형용사 | 옳은 |
| stay up late | | 늦게까지 깨어있다 |
| take care of | | ~을 돌보다 |
| visit the/his/her/an office | | 사무실을 방문하다 |
| will be able to+동사원형 | | ~할 수 있을 것이다 |
| work on the project | | 프로젝트 작업을 하다 |

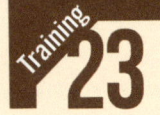

# You may leave now.
## 약한 추측의 조동사 may, might

**Point 1** 조동사 may, might

❶ **may**: '~일지도 몰라'(약한 추측), '~해도 좋다'(허락)
  ··· May I~? 의문문은 요청, 부탁을 할 때 쓰입니다.
❷ **might**: may의 과거형, '어쩌면 ~일지도 몰라'(may보다 조금 더 약한 추측)
❸ 약한 추측일 때는 may, might를 큰 구분 없이 써도 됩니다.

**Point 2** 조동사 may, might의 쓰임

• She may want to do this with you.   그녀는 너와 이것을 하고 싶을지도 몰라. (약한 추측)
• You may leave now.   지금 가셔도 됩니다. (허락)
• May I have your attention, please?   주목해 주시면 감사하겠습니다. (요청)
• It might be a good idea.   그것은 좋은 생각일지도 모른다. (약한 추측)
• He said his wife might be home.
  그는 아내가 집에 있을지도 모른다고 말했다. (may의 과거형)

약한 추측의 경우 might가 may보다 좀 더 약한 가능성이나 불확실한 추측을 나타내지만, 일상 회화에서 쓸 때는 may와 might를 큰 구분 없이 써도 괜찮아요.
• It may be true. = It might be true.

## Practice Step 1 기초 다지기

**빈칸에 알맞은 형태의 조동사를 넣어 문장을 완성해보세요.**

1. 그는 그의 사무실에 있을지도 모른다.
   He _____ be in his office.

2. 그들은 지금 점심 식사를 하고 있는 중일지도 모른다.
   They _____ be having lunch now.

3. 제가 당신과 잠깐 대화를 나눌 수 있을까요?
   _____ I speak to you for a moment?

4. 원하시는 어떤 것이든 사용하셔도 좋습니다.
   You _____ use anything you want.

5. 그들은 나를 도와줄 수 있을 것 같다고 말했다.
   They told me that they _____ be able to help me.

6. 나는 너의 여동생이 아닐지도 몰라.
   I _____ not be your sister.

7. James는 지금 일자리를 찾고 있을지도 모른다.
   James _____ be looking for a job now.

8. 그녀는 너와 데이트하고 싶을지도 몰라.
   She _____ want to go out with you.

9. Annie는 파티에 오지 않을지도 모른다.
   Annie _____ not come to the party.

10. 나는 네가 말하는 동안 잠들지도 몰라.
    I _____ fall asleep while you're talking.

**Answers**
1. may/might  2. may  3. May  4. may  5. might
6. may/might  7. may/might  8. may/might  9. may/might  10. may/might

PART 4 조동사  157

## Practice Step 2 어순 훈련하기

**주어진 단어들을 어순에 맞게 넣어 문장을 완성해보세요.**

1. Matt는 교실에 없을지도 모른다. (in the classroom, Matt, not, be, may)
   _____.

2. 언제든 가셔도 됩니다. (may, You, at any time, leave)
   _____.

3. 우리는 오늘 밤 모이는 것이 가능하지 않을지도 몰라. (be able to, tonight, may, get together, We, not)
   _____.

4. Sam은 네가 그에게 사준 선물을 마음에 들어 하지 않을지도 모른다. (might, like, Sam, not, the present)
   _____ you bought for him.

5. Ben은 여기서 기다리는 것을 원치 않을지도 모른다. (not, may, Ben, wait, want to, here)
   _____.

6. Jay는 여기서 더 이상 일하지 않을지도 모른다. (anymore, work, might, here, not, Jay)
   _____.

7. 그것에 대해서 이야기 나눌 시간이 충분하지 않을지도 모른다. (enough time, not, There, be, might, talk about it, to)
   _____.

8. 그녀는 지금 집에서 목욕 중일지도 모른다. (may, taking a bath, She, be, at home)
   _____.

9. 그는 교통체증 때문에 늦었을지 모른다. (late, He, might, be)
   _____ because of the traffic jam.

10. 네가 집에 없으니까 아이들이 지금 TV를 보고 있을지도 몰라. (watching TV, might, Your children, be)
    _____ because you're not home.

## Step 3 짧은 문장 써 보기

앞에서 배운 내용을 바탕으로, 주어진 우리말에 맞게 영어 문장을 써 보세요.

1. 너는 나의 새 코트를 입어도 돼.
   _____.

2. David는 지금 집에 없을지도 모른다.
   _____.

3. 그들은 그 공원에서 길을 잃을지도 모른다.
   _____.

4. 제가 이것을 봐도 될까요?
   _____?

5. 조퇴해도 될까요?
   _____?

6. 너는 도서관에서 책을 빌릴 수 있어.
   _____.

**Hint!** be at home 집에 있다   get lost 길을 잃다   take a look at ~을 보다[살펴보다]   leave work early (회사에서) 조퇴하다   borrow A from B B로부터 A를 빌리다

## Practice Step 4 길게 써 보기

지금까지 배운 내용을 떠올리면서, 주어진 우리말에 맞게 영어로 글을 써 보세요.

1. 그가 오늘 밤 저녁 식사에 우리와 함께 하게 될 것 같아. 그는 상사에게 조퇴해도 될지 물어볼 것 같아. 상사가 안 된다고 하면, 그는 버스를 놓치게 될지도 몰라. 그는 아마 제시간에 도착하지 못할 거야.

2. 
   Ⓐ 제가 사적인 질문을 하나 해도 될까요?
   Ⓑ 물어보세요.
   Ⓐ 당신이 질문을 싫어하실 수도 있어요.
   Ⓑ 그럼 물어보지 마세요. 제가 대답할 수 없을지도 몰라요.

   Ⓐ
   Ⓑ
   Ⓐ
   Ⓑ

**Hint!** join us for dinner 저녁 식사에 우리와 함께 하다   leave early 조퇴하다   catch the bus 버스를 타다   make it on time 제때 도착하다   personal question 사적인 질문   Go ahead. 그렇게 하세요[어서 하세요].

## 단어 및 표현 확인하기

| | |
|---|---|
| be at home | 집에 있다 |
| borrow A from B | B로부터 A를 빌리다 |
| catch the bus | 버스를 타다 |
| get lost | 길을 잃다 |
| Go ahead. | 그렇게 하세요[어서 하세요]. |
| join us for dinner | 저녁 식사에 우리와 함께 하다 |
| leave early | 조퇴하다 |
| leave work early | (회사에서) 조퇴하다 |
| make it on time | 제때 도착하다 |
| personal question | 사적인 질문 |
| take a look at | ~을 보다[살펴보다] |

# Training 24 It must be hot.
## 추측의 조동사 총정리

**Point 1**
① 강한 추측: must('틀림없이 ~일 거야'), should('~일 거야'), would('아마도 ~일 거야')
② 가능성 추측: can, could('~일 수도 있어')
③ 약한 추측: may, might('~일지도 몰라')

| must | > | should | > | would | > | can, could | > | may, might |
|---|---|---|---|---|---|---|---|---|
| 90% 정도 확신 | | 80% 정도 확신 | | 70% 정도 확신 | | 50% 정도 확신 | | 30% 정도 확신 |

**Point 2**  추측의 조동사들 비교

❖ **It is hot!** 이것은 뜨겁다! (100% 확신)
① It **must** be hot!   이것은 틀림없이 뜨거울 거야! (강한 확신을 갖고 추측)
② It **should** be hot.  이것은 분명 뜨거울 거야.   (must보다는 약하지만 강한 추측)
③ It **would** be hot.   이것은 뜨거울 거야.       (70% 정도 확신을 갖고 추측)
④ It **could** be hot.   이것은 뜨거울 수 있어.     (50% 정도 가능성 추측)
⑤ It **might** be hot.   이것은 뜨거울지도 몰라.   (확신 없는 약한 추측)

실제로 영어 원어민들이 일상에서 대화할 때는 크게 구분하지 않고 쓰는 편이기는 하지만, 추측의 조동사를 좀 더 세밀하게 나눠 보면 can보다 could가 좀 더 약한 추측을, may보다 might가 좀 더 약한 추측을 나타내기 때문에 must - should - would - can - could - may - might 순으로 추측의 강도를 나눌 수 있어요.

# Practice Step 1 기초 다지기

**빈칸에 알맞은 형태의 조동사를 넣어 문장을 완성해보세요.**

1. 그들은 틀림없이 부자일 것이다.
   They _____ be rich.

2. Emily는 아마도 그 제안을 받아들일 것이다.
   Emily _____ accept the offer.

3. 그녀는 너보다 어릴 수도 있어.
   She _____ be younger than you.

4. 우리가 틀릴지도 몰라.
   We _____ be wrong.

5. 그들은 틀림없이 사귀고 있어.
   They _____ be seeing each other. (see someone=date someone '데이트하다')

6. 나는 5시까지는 돌아올 거야.
   I _____ be back by 5.

7. 그가 그녀의 남자친구일 리가 없다.
   He _____ be her boyfriend.

8. 그녀가 너의 이름을 기억 못할지도 몰라.
   She _____ not remember your name.

9. 너의 부모님들은 틀림없이 너를 자랑스러워하실 거야.
   Your parents _____ be proud of you.

10. 당신의 경험담을 공유해 주신다면 도움이 될 겁니다.
    It _____ be helpful to share your experience.

**Answers**
1. must  2. would  3. can/could  4. may/might  5. must
6. should  7. can't  8. may/might  9. must  10. would

## Practice Step 2 어순 훈련하기

주어진 단어들을 어순에 맞게 넣어 문장을 완성해보세요.

1. 네가 다시 돌아온다면 분명 좋을 거야. (great, would, It, have, to, back, you, be)

2. 그들은 틀림없이 파티를 하고 있는 중일 것이다. (having, must, They, be, a party)

3. Aidan은 충분한 돈을 가지고 있을 수 있다. (enough money, Aidan, could, have)

4. 그것이 이상하게 들릴지도 모르겠다. (weird, It, may, sound)

5. 틀림없이 무언가가 너의 마음을 불편하게 하고 있어. (bothering, Something, you, must, be)

6. 그는 절대 나를 떠나지 않을 것이다. (never, leave, me, He, would)

7. 그것이 너의 아이디어일 리가 없어. (idea, It, can't be, your)

8. 그것은 틀림없이 창피한 순간이 될 것이다. (must, It, a humiliating moment, be)

9. 그녀는 우리와 함께 저녁 식사를 할 수도 있을 거야. (join, She, us, could, for dinner)

10. Martha는 파티에서 그들과 즐거운 시간을 보내고 있을 수도 있다. (having so much fun, can, Martha, at the party, with them, be)

## Practice Step 3 짧은 문장 써 보기

앞에서 배운 내용을 바탕으로, 주어진 우리말에 맞게 영어 문장을 써 보세요.

1. 그는 틀림없이 기분이 상했을 거야.
   _____.

2. Dylan은 당황했을 수도 있어.
   _____.

3. 그들은 분명 너를 위해 기뻐해 줄 거야.
   _____.

4. Haley는 바람 피우고 있을지도 몰라.
   _____.

5. 그는 틀림없이 너의 곁에 있어 줄 거야.
   _____.

6. 그는 좌절했을지도 몰라.
   _____.

**Hint!** upset 기분 상한  embarrassed 당황한  happy for ~을 위해서 기뻐해주다  have an affair 바람을 피우다, 불륜을 저지르다  be there for ~을 위해 곁에 있어주다  devastated 좌절한

## Step 4 길게 써 보기

지금까지 배운 내용을 떠올리면서, 주어진 우리말에 맞게 영어로 글을 써 보세요.

1. Nick은 너에게 반한 게 틀림없어. 그는 곧 너에게 데이트를 신청할 수도 있어.
   너희들은 이번 주말에 데이트할지도 몰라. 너희들이 함께 있는 모습을 보게 된다면 좋을 거야.

2. Ⓐ 그가 말한 것이 사실일 수도 있어.

   Ⓑ 그것이 사실이라면, 그녀가 틀림없이 충격 받을 텐데.

   Ⓐ 그가 거기에 대해 책임이 있을지도 몰라.

   Ⓑ 그런 일이 진짜로 일어난다면, 그녀는 아마도 대단히 실망할 거야.

   Ⓐ

   Ⓑ

   Ⓐ

   Ⓑ

**Hint!** have a crush on ~에게 반하다  ask A out A에게 데이트를 신청하다  go out on a date 데이트를 하다  see A together A가 함께 있는 것을 보다  what he said 그가 말한 것  shocked 충격 받은  be responsible for ~에 대해 책임이 있다  really 진짜로, 실제로  deeply 대단히, 깊게, 몹시  disappointed 실망한

## 단어 및 표현 확인하기

|  | |  |
|---|---|---|
| ask A out | | A에게 데이트를 신청하다 |
| be responsible for | | ~에 대해 책임이 있다 |
| be there for | | ~을 위해 곁에 있어주다 |
| deeply | 부사 | 대단히, 깊게, 몹시 |
| devastated | 형용사 | 좌절한 |
| disappointed | 형용사 | 실망한 |
| embarrassed | 형용사 | 당황한 |
| go out on a date | | 데이트를 하다 |
| happy for | | ~을 위해서 기뻐해주다 |
| have a crush on | | ~에게 반하다 |
| have an affair | | 바람을 피우다, 불륜을 저지르다 |
| really | 부사 | 진짜로, 실제로 |
| see A together | | A가 함께 있는 것을 보다 |
| shocked | 형용사 | 충격 받은 |
| upset | 형용사 | 기분 상한 |
| what he said | | 그가 말한 것 |

# Training 25  I should have learned English hard.
### 조동사+have p.p.

## Point 1  과거의 일에 대한 추측

지난 과거의 일에 대해서 추측할 때 쓰이며, 가정법 과거완료 형태에서도 쓰입니다.
(p.278 Training 42 참고)

❶ **must have p.p.**: '틀림없이 ~했을 것이다'
- He must have lied to you.     그는 틀림없이 너에게 거짓말했을 거야.

❷ **would have p.p.**: '아마도 ~했을 것이다'
- He would have lied to you.     그는 아마도 너에게 거짓말했을 거야.

❸ **could have p.p.**: '~했을 수도 있다'
- He could have lied to you.     그는 너에게 거짓말했을 수도 있어.

❹ **might[may] have p.p.**: '~했을지도 모른다'
- He might have lied to you.     그는 너에게 거짓말했을지도 몰라.

## Point 2  과거의 일에 대한 후회

'진작 ~해야 했다'라는 의미로 지난 일에 대한 후회, 아쉬움을 표현할 때 쓰입니다.

❶ **should have p.p.**: '~했어야 했다'
- I should have learned English hard.     나는 진작 영어를 열심히 배웠어야 했어.

❷ **shouldn't have p.p.**: '~하지 말았어야 했다'
- You shouldn't have said that.     너는 그런 말은 하지 말았어야 했어.

## Point 3  과거의 일에 대한 가능성 부정

**cannot have p.p.**: '~했을 리가 없다'
- He cannot have said that.     그가 그런 말을 했을 리가 없어.

should have p.p.도 원래는 과거의 추측을 나타낼 때 쓰일 수 있어요. 의미를 놓고 보면 must와 would의 중간으로 강한 추측에 속해요. 하지만 일상 회화에서는 과거의 추측 의미로는 별로 쓰이지 않고, 과거의 후회 의미로 주로 쓰이기 때문에 should have p.p.는 과거의 후회를 나타낸다고 정리해도 돼요.

## Step 1 기초 다지기

**빈칸에 알맞은 형태의 조동사를 넣어 문장을 완성해보세요.**

1. 너는 틀림없이 뭔가를 잘못했을 거야.
   You _____ have done something wrong.

2. 그녀는 아마도 기차를 놓쳤을 것이다.
   She _____ have missed the train.

3. 나는 그 일을 좀더 잘해낼 수도 있었을 것이다.
   I _____ have done it better.

4. 그들은 그것을 봤을지도 모른다.
   They _____ have seen that.

5. 우리는 그녀를 파티에 초대했어야 했다.
   We _____ have invited her to the party.

6. 그녀는 그들을 전에 만났을 리가 없다.
   She _____ have met them before.

7. 너는 틀림없이 가방을 다른 곳에 뒀을 거야.
   You _____ have placed your bag somewhere else.

8. Julie는 그들에게 솔직하지 말았어야 했다.
   Julie _____ have been honest with them.

9. 우리는 서로를 더 이해할 수 있었을지도 모른다.
   We _____ have been able to understand each other.

10. Bree는 아마도 남편과 대화를 시도했을 것이다.
    Bree _____ have tried to talk to her husband.

**Answers**
1. must   2. would   3. could   4. might/may   5. should
6. cannot   7. must   8. shouldn't   9. might/may   10. would

## Practice Step 2 어순 훈련하기

**주어진 단어들을 어순에 맞게 넣어 문장을 완성해보세요.**

1. 그녀는 틀림없이 그 남자아이를 알아봤을 것이다. (must have recognized, She, the boy)
   _____.

2. 우리는 그를 위해서 음식을 좀 남겨뒀어야 했다. (should have saved, We, for him, some food)
   _____.

3. 나는 아마도 너의 도움 없이는 그 일을 해내지 못했을 거야. (without your help, wouldn't have done, I, it)
   _____.

4. Lynette은 좀 더 나은 삶을 누릴 수 있었다. (a better, could have had, life, Lynette)
   _____.

5. Sophie는 틀림없이 그 문제를 해결하려고 했을 것이다. (work it out, Sophie, to, must have tried)
   _____.

6. 나는 그 기회를 놓쳤을지도 모른다. (the chance, I, might have lost)
   _____.

7. Haley가 그렇게 큰 돈을 너에게 빌렸을 리가 없어. (that much money, Haley, cannot have borrowed, from you)
   _____.

8. 너는 진작 내 말을 들었어야 했어. (to me, You, should have listened)
   _____.

9. 그녀는 그가 바람피우고 있다는 것을 알아냈을 수도 있다. (him, cheating on her, She, could have found)
   _____.

10. Paul은 그녀와 결혼하지 말았어야 했다. (to her, shouldn't have gotten, Paul, married)
    _____.

## Practice Step 3 짧은 문장 써 보기

앞에서 배운 내용을 바탕으로, 주어진 우리말에 맞게 영어 문장을 써 보세요.

1. 그녀는 틀림없이 창피했을 것이다.
   _____.

2. 그는 아마도 좌절했을 것이다.
   _____.

3. 너는 위험에 처했었을 수도 있어.
   _____.

4. 그들은 상처받았을지도 모른다.
   _____.

5. 우리는 학교에 지각하지 말았어야 했어.
   _____.

6. Susie가 그것을 알아냈을 리가 없다.
   _____.

**Hint!** humiliated 창피한, 무안한  frustrated 좌절한  be in danger 위험에 처하다  be hurt 상처받다  be late for school 학교에 지각하다  figure out ~을 알아내다

# Practice Step 4 길게 써 보기

지금까지 배운 내용을 떠올리면서, 주어진 우리말에 맞게 영어로 글을 써 보세요.

1. 너는 Amy를 두고 바람을 피우지 말았어야 했어. Amy는 틀림없이 엄청나게 충격을 받았을 거야. 그녀는 아마도 새 출발을 하려고 애썼을 거야. 그녀는 몇몇 다른 남자들과 데이트를 했을 수도 있어.

---

2. 
Ⓐ 그가 그 사건에 연루되었을 수도 있어.

Ⓑ 그가 범죄를 저질렀을 리가 없어.

Ⓐ 너는 그를 애초에 믿지 말았어야 했어.

Ⓑ 그는 틀림없이 누명을 썼을 거야.

Ⓐ _____
Ⓑ _____
Ⓐ _____
Ⓑ _____

**Hint!** cheat on ~을 두고 (다른 사람과) 바람을 피우다   devastated 엄청난 충격을 받은   move on 새 출발을 하다(과거를 잊고 새로운 인생을 살다)   date ~와 데이트하다   get involved in ~에 연루되다   commit a crime 범죄를 저지르다   trust 믿다   in the first place 애초에   be framed 누명을 쓰다

## Voca 단어 및 표현 확인하기

| | | |
|---|---|---|
| be framed | | 누명을 쓰다 |
| be hurt | | 상처받다 |
| be in danger | | 위험에 처하다 |
| be late for school | | 학교에 지각하다 |
| cheat on | | ~을 두고 (다른 사람과) 바람을 피우다 |
| commit a crime | | 범죄를 저지르다 |
| date | 동사 | ~와 데이트하다 |
| devastated | 형용사 | 엄청난 충격을 받은 |
| figure out | | ~을 알아내다 |
| frustrated | 형용사 | 좌절한 |
| get involved in | | ~에 연루되다 |
| humiliated | 형용사 | 창피한, 무안한 |
| in the first place | | 애초에 |
| move on | | 새 출발을 하다(과거를 잊고 새로운 인생을 살다) |
| trust | 동사 | 믿다 |

# PART 5

원어민처럼 영어를 하려면 필수!
## 수동태

수동태 문장은 주어가 자신의 의지와 상관없이 동사의 대상이 되어 **동작을 받는 경우**, 즉 사람이나 사물에게 어떤 일이 일어났는지, 무슨 일이 어떻게 되었는지를 강조할 때 쓰이는 문장 형태입니다.

❖ **능동태 문장:** 주어가 능동적으로 스스로 하는 일을 표현('~가 …하다')
❖ **수동태 문장:** 주어가 수동적으로 당하는 상태, 즉 주어가 어떻게 되었는지를 강조하는 표현('~가 …되었다')

수동태는 우리나라 사람들이 특히 구사하기 힘들어하는 문장 형태입니다. 그러나 영어 원어민들의 실제 대화를 들어보면 상당히 자주 쓰이는 문장 형태이기 때문에 반드시 연습해야 하는 필수 문법입니다.

이번 수동태 파트에서는 수동태의 기본 문장, 시제와 결합한 수동태, 조동사와 결합한 수동데, 관용적으로 많이 쓰이는 수동태 표현들을 제대로 익혀서 영어회화 실력을 한층 향상시켜봅시다.

# Training 26  It is used by many people.
## 수동태 기본 문장 만들기

### Point 1  수동태 기본 동사 형태: be동사+p.p.(과거분사)

과거분사는 보통 동사에 -ed를 붙인 형태로 쓰이는데, 불규칙 동사의 과거분사 형태는 각각 다르므로 교재 뒤 부록(p.336)을 참고하세요.

능동태에서 수동태로 문장을 바꿔 쓰는 방법은 다음과 같습니다.

❶ 능동태의 목적어를 수동태의 주어로 바꿉니다.
❷ 능동태의 동사를 be+p.p. 형태로 바꿉니다(be동사는 인칭/수/시제에 맞게 바꿔 주세요).
❸ 능동태의 주어를 by+목적격 형태로 바꿉니다.

❖ **능동태 문장:** This book changed my life.   이 책은 내 인생을 변화시켰다.
　　　　　　　　주어　　　동사　　목적어

❖ **수동태 문장:** My life was changed by this book.   내 인생은 이 책으로 인해 변화되었다.
　　　　　　　주어: 능동태의 목적어　 be+p.p.　 by+능동태 주어의 목적격

### Point 2  수동태 문장의 쓰임

- Smartphones are used by many people.　스마트폰은 많은 사람들에 의해 사용된다.
- My car is washed every Saturday.　내 차는 매주 토요일에 세차된다.
- The computer was fixed by him.　그 컴퓨터는 그에 의해 수리되었다.

실제 회화체 문장에서의 수동태는 by+목적격이 생략되는 경우가 많아요.
굳이 말하지 않아도 되는 people, them, someone 같은 일반적인 대상의 경우나, 별로 중요하지 않아서 언급할 필요가 없는 대상의 경우에는 by+목적격을 생략할 수 있어요.

## Practice Step 1 기초 다지기

보기를 참고해 빈칸에 알맞은 형태의 단어를 넣어 문장을 완성해보세요.

> **보기**
> build  cause  clean  complete
> discover  invite  make
> pronounce  speak  steal

1. 그 건물은 20년 전에 지어졌다.
   The building was _____ 20 years ago.

2. 많은 차 사고들이 부주의한 운전자들에 의해 일어난다.
   Many car accidents are _____ by careless drivers.

3. Sophie는 그 파티에 초대받지 못했다.
   Sophie was not _____ to the party.

4. 이 단어는 어떻게 발음이 될까요?
   How is this word _____?

5. 영어는 전 세계에서 사용된다.
   English is _____ all over the world.

6. 미국은 콜럼버스에 의해 발견되었다.
   America was _____ by Columbus.

7. 치즈는 우유로 만들어진다.
   Cheese is _____ from milk.

8. 이 프로젝트는 다음 주에 완성될 것이다.
   This project will be _____ next week.

9. 이 교실은 매일 아침 청소된다.
   This classroom is _____ every morning.

10. 얼마나 많은 돈이 도난당한 거야?
    How much money was _____?

**Answers**  1. built  2. caused  3. invited  4. pronounced  5. spoken  6. discovered  7. made  8. completed  9. cleaned  10. stolen

## Practice Step 2 어순 훈련하기

**주어진 단어들을 어순에 맞게 넣어 문장을 완성해보세요.**

1. 신문이 매일 배달된다. (delivered, every day, is, The newspaper)
   _____.

2. 내 자전거가 어제 도둑맞았다. (stolen, My bike, yesterday, was)
   _____.

3. 이 사진은 Denny에 의해서 찍혀졌다. (taken, by Denny, This picture, was)
   _____.

4. 백 명의 사람들이 그 회사에서 일한다. (employed, in the company, One hundred people, are)
   _____.

5. 그 꽃들은 어제 그에게 보내졌다. (sent, to him, The flowers, were, yesterday)
   _____.

6. 많은 사람들이 그 차 사고로 다쳤다. (in the car accident, injured, Many people, were)
   _____.

7. 그 책은 많은 사람들에 의해 읽혀진다. (read, by many people, The book, is)
   _____.

8. 오늘 아침에 창문이 깨졌다. (was, this morning, The window, broken)
   _____.

9. 이 상점에 애완 동물은 들어올 수 없습니다. (in this store, come, Pets, are not allowed to)
   _____.

10. 이 영화는 작년에 제작되었다. (made, This film, last year, was)
    _____.

## Step 3 짧은 문장 써 보기

앞에서 배운 내용을 바탕으로, 주어진 우리말에 맞게 영어 문장을 써 보세요.

1. 인터넷은 많은 사람들에 의해 이용된다.
   _____.

2. 쿠폰이 그들에게 보내졌다.
   _____.

3. 그 기사는 Eleanor에 의해서 쓰여졌다.
   _____.

4. Jay가 모두에게 소개되었다.
   _____.

5. 그 회의가 오늘 아침에 취소됐다.
   _____.

6. 신용카드는 많은 사람들에 의해 사용된다.
   _____.

**Hint!** be used 사용되다  be sent 보내지다  be written 쓰여지다  be introduced to ~에게 소개되다  be cancelled 취소되다  this morning 오늘 아침에

## Practice Step 4 길게 써 보기

지금까지 배운 내용을 떠올리면서, 주어진 우리말에 맞게 영어로 글을 써 보세요.

1. 그들의 집은 2000년에 지어졌다. 그 정원에 있는 사과나무는 Julie에 의해 심어졌다. 그 지붕은 John에 의해 파란색으로 칠해졌다. 그 울타리는 그들의 부모님에 의해 만들어졌다.

   _____
   _____
   _____
   _____

2. Ⓐ 나 그 파티에 초대받았어.

   Ⓑ 신나겠다! (너는 틀림없이 신났을 거야)

   Ⓐ 파티 음식들은 그 유명한 요리사에 의해 요리될 거래.

   Ⓑ 파티에 참석한 사람들이 놀라겠는걸.

   Ⓐ _____
   Ⓑ _____
   Ⓐ _____
   Ⓑ _____

> **Hint!** be built 지어지다　be planted 심어지다　be painted 칠해지다　be made 만들어지다　be invited to ~에 초대되다　must 틀림없이 ~이다　be excited 신나다, 흥분하다　be cooked 요리되다　famous 유명한　chef 요리사　be surprised 놀라다

## 단어 및 표현 확인하기

| | | |
|---|---|---|
| be built | | 지어지다 |
| be cancelled | | 취소되다 |
| be cooked | | 요리되다 |
| be excited | | 신나다, 흥분하다 |
| be introduced to | | ~에게 소개되다 |
| be invited to | | ~에 초대되다 |
| be made | | 만들어지다 |
| be painted | | 칠해지다 |
| be planted | | 심어지다 |
| be sent | | 보내지다 |
| be surprised | | 놀라다 |
| be used | | 사용되다 |
| be written | | 쓰여지다 |
| chef | 명사 | 요리사 |
| famous | 형용사 | 유명한 |
| must | 조동사 | 틀림없이 ~이다 |
| this morning | | 오늘 아침에 |

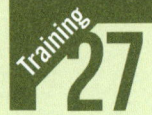

# It is delivered every day.
## 시제와 결합한 수동태 [1]: 단순시제

Training 26에서 연습했듯이 수동태는 동사 모양의 변화로 표현됩니다.

Part 3에서 우리는 모든 문장의 동사에 '시제'라는 것이 존재한다는 것을 배웠습니다. 즉, 수동태도 동사의 형태로 표현되기에 시제에 따라 다양한 모습을 가질 수밖에 없습니다.

Training 27~29에서는 다양한 시제에 따른 수동태의 변화를 연습해 보도록 합시다.

**Point 1**   단순시제 수동태의 동사 형태: be동사+p.p.
  ① 현재시제 수동태: am[are/is]+p.p. ('~하게 된다/받는다')
  ② 과거시제 수동태: was[were]+p.p. ('~하게 되었다/받았다')
  ③ 미래시제 수동태: will be+p.p. ('~하게 될 것이다/받을 것이다')

**Point 2**   단순시제 수동태의 쓰임
  ① 현재시제: The newspaper **is delivered** every day.
        신문은 매일 배달된다.
  ② 과거시제: The newspaper **was delivered** by Sue yesterday.
        신문은 어제 Sue에 의해서 배달되었다.
  ③ 미래시제: The newspaper **will be delivered** by Ryan tomorrow.
        신문은 내일 Ryan에 의해서 배달될 것이다.

① 의문문을 만들 때는 be동사/조동사가 맨 앞으로 나와요.
- **She is** invited to the party.     – **Is she** invited to the party?
  그녀는 파티에 초대됐다.          그녀가 파티에 초대됐어?
- **They will** be invited to the party.  – **Will they** be invited to the party?
  그들은 파티에 초대될 것이다.       그들이 파티에 초대될까?

② 부정문을 만들 때는 be동사/조동사 바로 뒤에 not이 붙어요.
- She **is invited** to the party.     – She **is not invited** to the party.
  그녀는 파티에 초대됐다.          그녀는 파티에 초대되지 않았다.
- They **will be invited** to the party.  – They **will not be invited** to the party.
  그들은 파티에 초대될 것이다.       그들은 파티에 초대되지 않을 것이다.

# Practice Step 1 기초 다지기

보기를 참고해 빈칸에 알맞은 형태의 단어를 넣어 문장을 완성해보세요.

**보기**
arrest  catch  encourage  give  grow  invent  make  prepare  serve  shock

1. 사과들이 그들에 의해 재배된다.
   Apples are _____ by them.

2. 그녀의 드레스는 그 디자이너에 의해 만들어졌다.
   Her dress was _____ by the designer.

3. 남우주연상은 오늘 밤 그에게 주어질 것이다.
   The best actor award will be _____ to him tonight.

4. 우리는 그 성과에 의해 힘이 난다.
   We are _____ by the progress.

5. 용의자 한 명이 FBI 요원들에 의해서 체포되었다.
   A suspect was _____ by the FBI agents.

6. 결국에 그들은 경찰에 붙잡힐 것이다.
   Eventually they will be _____ by the police.

7. 모든 사람들이 그 소식에 충격을 받은 상태이다.
   Everyone is _____ by the news.

8. 보고서들은 어제 Alex에 의해서 잘 준비되었다.
   The reports were well _____ by Alex yesterday.

9. 손님들이 그 웨이터에 의해서 서비스를 제공받을 것이다.
   Customers will be _____ by the waiter.

10. 전구는 Edison에 의해서 발명되었다.
    The electric light bulb was _____ by Edison.

**Answers**
1. grown   2. made   3. given   4. encouraged   5. arrested
6. caught   7. shocked   8. prepared   9. served   10. invented

## Practice Step 2 어순 훈련하기

**주어진 단어들을 어순에 맞게 넣어 문장을 완성해보세요.**

1. 그는 많은 사람들에게 천재로 여겨진다. (is considered, He, a genius, by, many people)
   _____.

2. 그 약은 100명의 환자에게 주어졌다. (100 patients, was, given, The drug, to)
   _____.

3. 그 문법은 Annie에 의해서 잘 설명되었다. (explained, well, The grammar, was, by Annie)
   _____.

4. 매년 수천 명의 사람들이 도로에서 죽거나 다친다. (killed or injured, thousands of people, are)
   Each year, _____ on the roads.

5. 마지막 결정은 항상 나에 의해서 내려진다. (are, Final decisions, made, always, by me)
   _____.

6. 그 교실은 너무 커서, 2개의 구역으로 분리되어 있다. (divided, into, it, 2 sections, is)
   The classroom is too big, so _____.

7. 그 새로운 아이디어는 Shirley에 의해서 제안될 것이다. (by Shirley, The new idea, suggested, be, will)
   _____.

8. 아이들은 늘 그 선생님에게 보살핌을 받는다. (always, by the teacher, taken care of, are, The children)
   _____.

9. 그들은 다른 반으로 분리되었다. (into different classes, separated, were, They)
   _____.

10. 우리는 이 일에 대해서 벌을 받게 될 것이다. (punished, We, will, for this, be)
    _____.

## Practice Step 3 짧은 문장 써 보기

앞에서 배운 내용을 바탕으로, 주어진 우리말에 맞게 영어 문장을 써 보세요.

1. 저녁 식사는 보통 아버지가 요리하신다.
   _____.

2. 그 일은 6시에 마무리 됐다.
   _____.

3. 그 비행기는 지연될 것이다.
   _____.

4. 그 콘서트는 연기되었다.
   _____.

5. Jack은 그 게임을 해도 된다고 허락 받을 것이다.
   _____.

6. 그 서류는 Sam에 의해서 확인될 것이다.
   _____.

**Hint!** be cooked 요리되다   be finished 마무리 되다   be delayed 지연되다   be postponed 연기되다   be allowed to+동사원형 ~하는 것을 허락 받다   be checked 확인되다

## Practice Step 4 길게 써 보기

지금까지 배운 내용을 떠올리면서, 주어진 우리말에 맞게 영어로 글을 써 보세요.

1. 그 모든 집안일은 그들에 의해 처리될 것이다. 부엌은 Eric이 청소할 것이다. 그 더러운 그릇들은 Jennifer에 의해 설거지될 것이다. 가구 몇 가지는 Ted에 의해 옮겨질 것이다.

2. 
   Ⓐ 나는 그 회의에 참석하지 못할 것 같아.
   Ⓑ 그 회의는 아마도 미뤄질 거야.
   Ⓐ 다행이다. 발표 작업 할 시간이 더 생겼네.
   Ⓑ 그 발표가 완벽하게 잘 되길 바라.

   Ⓐ
   Ⓑ
   Ⓐ
   Ⓑ

**Hint!** housework 집안일   be taken care of 처리되다   be cleaned 청소되다, 치워지다   be washed 설거지되다   be moved 옮겨지다   make it to+장소 ~에 참석하다   be put off 연기되다   work on the presentation 발표 작업 하다[준비하다]   be done 되다, 행해지다   perfectly 완벽하게

## 단어 및 표현 확인하기

| | | |
|---|---|---|
| be allowed to+동사원형 | | ~하는 것을 허락 받다 |
| be checked | | 확인되다 |
| be cleaned | | 청소되다, 치워지다 |
| be cooked | | 요리되다 |
| be delayed | | 지연되다 |
| be done | | 되다, 행해지다 |
| be finished | | 마무리 되다 |
| be moved | | 옮겨지다 |
| be postponed | | 연기되다 |
| be put off | | 연기되다 |
| be taken care of | | 처리되다 |
| be washed | | 설거지되다 |
| housework | 명사 | 집안일 |
| make it to+장소 | | ~에 참석하다 |
| perfectly | 부사 | 완벽하게 |
| work on the presentation | | 발표 작업하다[준비하다] |

# Training 28 She is being helped.
## 시제와 결합한 수동태 [2]: 진행시제

'~하고 있는 중이다'를 표현하는 진행시제에 수동태의 의미가 합쳐지면 '~가 되고 있는 중이다'라는 의미가 됩니다. 진행시제의 수동태는 주로 현재진행형, 과거진행형 수동태가 많이 쓰이므로 이 두 시제를 집중적으로 연습해봅시다.

**Point 1** 진행시제 수동태의 동사 형태: be동사+being p.p.
- ❶ 현재진행 수동태: am[are/is]+being p.p. ('~되는/~받는 중이다')
- ❷ 과거진행 수동태: was[were]+being p.p. ('~되는/~받는 중이었다')

**Point 2** 진행시제 수동태의 쓰임
- ❶ 현재진행: The boy **is being helped** by Kate.
  그 소년은 Kate에게 도움을 받는 중이다.
- ❷ 과거진행: The boy **was being helped** by Kate.
  그 소년은 Kate에게 도움을 받고 있는 중이었다.

 미래진행 수동태는 will be being p.p.라는 형태로 쓸 수 있지만, 일상 회화에서는 그렇게 많이 쓰이지 않아요.

## Practice Step 1 기초 다지기

보기를 참고해 빈칸에 알맞은 형태의 단어를 넣어 문장을 완성해보세요.

> **보기**
> clean  follow  help  move
> play  prepare  read  repair
> use  wash

1. 그 방은 청소되고 있다.
   The room is _____ _____.

2. 누군가 우리를 따라오는 것 같다.
   I think we are _____ _____.

3. 저는 지금 (다른 분의) 도움을 받고 있습니다.
   I am _____ _____.

4. 그 도로는 보수 중이었다.
   The road was _____ _____.

5. 그 컴퓨터는 David가 사용 중이었다.
   The computer was _____ _____ by David.

6. 그 보고서는 Alicia에 의해서 준비되고 있었다.
   The report was _____ _____ by Alicia.

7. 그 차가 세차되고 있다.
   The car is _____ _____.

8. 그 피아노가 Emily에 의해 연주되고 있었다.
   The piano was _____ _____ by Emily.

9. 상자 두 개가 옮겨지고 있었다.
   Two boxes were _____ _____.

10. 그녀의 소설이 많은 사람들에 의해 읽혀지고 있다.
    Her novel is _____ _____ by many people.

**Answers**
1. being cleaned   2. being followed   3. being helped   4. being repaired   5. being used
6. being prepared   7. being washed   8. being played   9. being moved   10. being read

## Practice Step 2 어순 훈련하기

**주어진 단어들을 어순에 맞게 넣어 문장을 완성해보세요.**

1. 새 제품들이 팔리고 있다. (being, are, sold, New products)
   _____.

2. 그 음악은 세계적으로 사랑받고 있다. (all over the world, The music, loved, is, being)
   _____.

3. Martha가 화초들에 물을 주고 있다. (being, Martha, watered, are, The plants, by)
   _____.

4. 몇 가지 법이 개정되고 있었다. (made, were, A few changes, being, to the law)
   _____.

5. 그들은 요즘 비난받고 있다. (criticized, are, They, being)
   _____.

6. 그 영화는 요즘 많은 사람들이 보고 있다. (The movie, by many people, is, watched, being)
   _____.

7. 그 프로젝트가 완성되고 있었다. (being, completed, The project, was)
   _____.

8. Bree가 지금 저녁 식사를 준비 중이다. (made, being, Bree, is, The dinner, now, by)
   _____.

9. 그들이 그 건물을 페인트칠하고 있었다. (The building, painted, by them, was, being)
   _____.

10. 그 용의자는 경찰에 의해서 추격을 받고 있었다. (being, The suspect, was, by the police, chased)
    _____.

## Step 3 짧은 문장 써 보기

앞에서 배운 내용을 바탕으로, 주어진 우리말에 맞게 영어 문장을 써 보세요.

1. 그 올림픽은 한국에서 열리고 있다.
   _____.

2. 그 타워는 건설되고 있다.
   _____.

3. 그 집은 수리되고 있는 중이야?
   _____?

4. 그녀는 많은 질문들을 받고 있었다.
   _____.

5. 그 차들은 다른 곳으로 옮겨지고 있었다.
   _____.

6. 그 유명한 건물이 그에 의해서 설계되고 있다.
   _____.

**Hint!** be held (행사 등이) 열리다   be built 지어지다, 건설되다   be repaired 수리되다   be asked 질문을 받다   be moved 옮겨지다   be designed 설계되다

## Practice Step 4 길게 써 보기

지금까지 배운 내용을 떠올리면서, 주어진 우리말에 맞게 영어로 글을 써 보세요.

1. 몇 가지 문제들이 회의실에서 언급되고 있다. 그 대표는 그의 직원에게 보고를 받고 있다. 가능한 해결책이 그들에 의해 논의되고 있다. 문제들 중 몇 가지는 해결되고 있다.

   _____
   _____
   _____
   _____

2. 
   **A** 그 가수는 예전에 많은 사람들에게 사랑을 받고 있었어.
   
   **B** 그런데 그는 정말 나쁜 짓을 했어.
   
   **A** 그는 결국 감옥에 갔어.
   
   **B** 그는 벌을 받고 있는 거지. 벌 받아 마땅해.

   **A** _____
   **B** _____
   **A** _____
   **B** _____

**Hint!** be mentioned 언급되다   be informed 보고를 받다   be discussed 논의되다   a few of them 그것들 중 몇 가지   be solved 해결되다   be loved 사랑 받다   do a terrible thing 나쁜 짓을 하다   end up in+장소 결국 ~로 끝이 나다   be punished 벌을 받다   deserve ~을 받을 만하다, ~을 (당)해 마땅하다

# 단어 및 표현 확인하기

| | | |
|---|---|---|
| a few of them | | 그것들 중 몇 가지 |
| be asked | | 질문을 받다 |
| be built | | 지어지다, 건설되다 |
| be designed | | 설계되다 |
| be discussed | | 논의되다 |
| be held | | (행사 등이) 열리다 |
| be informed | | 보고를 받다 |
| be loved | | 사랑 받다 |
| be mentioned | | 언급되다 |
| be moved | | 옮겨지다 |
| be punished | | 벌을 받다 |
| be repaired | | 수리되다 |
| be solved | | 해결되다 |
| deserve | 동사 | ~을 받을 만하다, ~을 (당)해 마땅하다 |
| do a terrible thing | | 나쁜 짓을 하다 |
| end up in+장소 | | 결국 ~로 끝이 나다 |

# Many trees have been planted by me.
### 시제와 결합한 수동태 [3]: 완료시제

**Point 1**  완료시제 정리

① **현재완료(have p.p.)**: 과거에 일어난 일이 현재까지 지속되거나 영향을 미칠 때 쓰는 시제
② **과거완료(had p.p.)**: 과거 이전에 일어난 일, 혹은 과거 이전에 발생한 일이 과거까지 영향을 줄 때 쓰는 시제
③ **미래완료(will have p.p.)**: 미래의 어느 시점에 완료되거나, 미래의 어느 시점까지 지속될 일에 대해 말할 때 쓰는 시제

**Point 2**  완료시제 수동태의 동사 형태: have been p.p.

① **현재완료 수동태**: have been p.p. ('~가 되었다/되고 있다/된 적 있다')
② **과거완료 수동태**: had been p.p. ('~가 됐었다/되고 있었다/된 적이 있었다')
③ **미래완료 수동태**: will have been p.p. ('~가 됐을 것이다')

**Point 3**  완료시제 수동태의 쓰임

① **현재완료**: Many stores have been closed because of the spread of the virus.
   많은 상점들이 그 바이러스의 확산으로 문을 닫고 있다.
② **과거완료**: When I got there, I found out that the concert had been cancelled.
   내가 거기 도착했을 때, 콘서트가 이미 취소되었다는 것을 알게 되었다.
③ **미래완료**: The letter will have been sent to Sue.
   그 편지는 (그때쯤) Sue에게 보내졌을 것이다.

현재완료 수동태(have been p.p.)는 현재완료 진행형(have been 동사+ing)과 형태가 비슷하니 헷갈리지 않게 주의하세요.
- This car has been used by Mike.       이 차는 Mike에 의해 계속 사용되어왔다.
- Mike has been using this car.         Mike는 이 차를 계속 사용해오고 있다.

## Practice Step 1 기초 다지기

보기를 참고해 빈칸에 알맞은 형태의 단어를 넣어 문장을 완성해보세요.

> **보기**
> complete  disappoint
> discuss  fill  marry  pay
> satisfy  sing  take

1. 그 노래는 많은 사람들에게 불려지고 있다.
   The song has _____ _____ by many people.

2. 나는 Jenny가 그 사진들을 이미 찍었다는 것을 알게 되었다.
   I found out that the pictures had _____ _____ by Jenny.

3. 그 프로젝트는 다음 주면 완성되어 있을 것이다.
   The project will have _____ _____ by next week.

4. 나의 수업료는 계속 아버지가 내주고 계신다.
   My school fee has _____ _____ by my father.

5. 그들은 이혼하기 전에 5년 동안 결혼생활을 했었다.
   They had _____ _____ for 5 years before they got divorced.

6. 그 문제는 정오쯤이면 논의되고 있을 것이다.
   The issue will have _____ _____ by noon.

7. 나는 그의 행동에 실망한 적이 있다.
   I have _____ _____ by his attitude.

8. 우리가 도착했을 때 그 쇼핑몰은 이미 사람들로 북적대고 있었다.
   The shopping mall had _____ _____ with people when we got there.

9. 내년이면 그들은 결혼한 지 10년째가 된다.
   They will have _____ _____ for 10 years next year.

10. 우리는 그 레스토랑의 서비스에 계속 만족해 왔다.
    We have _____ _____ with the service at the restaurant.

**Answers**
1. been sung  2. been taken  3. been completed  4. been paid  5. been married
6. been discussed  7. been disappointed  8. been filled  9. been married  10. been satisfied

## Practice Step 2 어순 훈련하기

주어진 단어들을 어순에 맞게 넣어 문장을 완성해보세요.

1. Jerry는 그의 일을 계속 지겨워해 왔다. (has been, Jerry, with, bored, his job)
   _____.

2. 다음 달이면 우리가 별거한 지도 3달째가 된다. (separated, next month, for 3 months, We, will have been)
   _____.

3. 그 창문은 Steve가 깨기 전에도 다른 누군가에 의해서 깨진 적이 있었다. (broken, had been, The window)
   _____ by someone else before Steve broke it.

4. 그 아이들은 그녀에 의해서 내일도 계속 돌봄을 받고 있을 것이다. (taken care of, The children, by her, tomorrow, will have been)
   _____.

5. 그들은 이것에 대해 전에도 벌을 받은 적이 있다. (for this, They, punished, before, have been)
   _____.

6. 우리가 도착했을 때 그 집은 청소가 되어 있었다. (cleaned, The house, had been)
   _____ by the time we got there.

7. 내가 Emily에게 물어봤을 때, 그녀는 이미 하버드에 합격한 상태였다. (had been, into Harvard, she, accepted)
   When I asked Emily, _____.

8. Billy는 그 질문을 전에도 받은 적이 있다. (has been, the same question, Billy, asked, before)
   _____.

9. 내가 오늘 아침 등교할 무렵, 그 우편물은 배달되어 있었다. (delivered, had been, The mail)
   _____ by the time I left for school.

10. Sophie는 어느 누구에게도 사랑을 받아 본 적이 없다. (never, Sophie, has, loved, been, by anyone)
    _____.

## Practice Step 3 짧은 문장 써 보기

앞에서 배운 내용을 바탕으로, 주어진 우리말에 맞게 영어 문장을 써 보세요.

1. 그들은 지금껏 나의 도움을 받아왔다.
   _____.

2. 그녀의 차는 아직 세차되지 않았다.
   _____.

3. 내가 그 가게에 갔을 때, 문이 이미 닫혀 있었다.
   _____.

4. 그 치료제는 이미 Paul에 의해서 개발되었다. (과거 이전 시점)
   _____.

5. 몇 가지 실수들이 내일쯤 수정되어 있을 것이다.
   _____.

6. 그 용의자는 경찰관들에게 감시당하고 있다.
   _____.

**Hint!** be helped 도움을 받다  be washed 닦이다  be closed 문이 닫히다  medicine 치료제, 약  be developed 개발되다  mistake 실수  be corrected 수정되다  suspect 용의자  be watched 감시당하다  police officer 경찰관

# Practice Step 4 길게 써 보기

지금까지 배운 내용을 떠올리면서, 주어진 우리말에 맞게 영어로 글을 써 보세요.

**1.** 이제껏 많은 사람들이 그 바이러스에 감염됐다. 아이들이 위험에 계속 노출되어 있다. 사람들은 그 유행병이 시작된 이후로 겁에 질려 있다. 내년쯤에는 그 유행병도 종식되어 있을 것이다.

___

**2.**
- Ⓐ 그 빌딩이 최근 다시 지어졌어.
- Ⓑ 다시 지어졌다고? 무슨 일이 있었는데?
- Ⓐ 몰랐어? 그 빌딩은 화재로 파괴됐었잖아.
- Ⓑ 그렇구나. 빌딩 안에 많은 가게들이 생기겠네.

Ⓐ ___
Ⓑ ___
Ⓐ ___
Ⓑ ___

**Hint!** be infected 감염되다  be exposed to ~에 노출되다  be frightened 겁에 질리다  pandemic (대규모의) 유행병  be ended 종식되다  be rebuilt 다시 지어지다  recently 최근에  be destroyed 파괴되다  be found 발견되다, 생기다

## 단어 및 표현 확인하기

| | | |
|---|---|---|
| be closed | | 문이 닫히다 |
| be corrected | | 수정되다 |
| be destroyed | | 파괴되다 |
| be developed | | 개발되다 |
| be ended | | 종식되다 |
| be exposed to | | ~에 노출되다 |
| be found | | 발견되다, 생기다 |
| be frightened | | 겁에 질리다 |
| be helped | | 도움을 받다 |
| be infected | | 감염되다 |
| be rebuilt | | 다시 지어지다 |
| be washed | | 닦이다 |
| be watched | | 감시당하다 |
| medicine | 명사 | 치료제, 약 |
| mistake | 명사 | 실수 |
| pandemic | 명사 | (대규모의) 유행병 |
| police officer | | 경찰관 |
| recently | 부사 | 최근에 |
| suspect | 명사 | 용의자 |

# Tom will be invited to the party.
### 조동사와 결합한 수동태

**Point 1**  조동사가 있는 수동태의 동사 형태: 조동사(will, can, should, may, must, …)+be p.p. (현재 또는 미래)

- Tom **will be invited** to the party.   Tom은 파티에 초대될 것이다.
- Four colors **should be used**.   4가지 색상이 사용되어야 한다.

**Point 2**  조동사 완료형 수동태의 동사 형태: 조동사+have been p.p. (과거)
  ❶ 과거의 일에 대한 추측: must[would/could/might]+have been p.p.
  ❷ 과거의 일에 대한 후회: should+have been p.p.

- Tom **would have been invited** to the party.   Tom은 그 파티에 초대됐을 것이다.
- Four colors **should have been** used.   4가지 색상이 사용되었어야 했다.

조동사와 결합한 수동태 부정문은 조동사 뒤에 not을 붙여서 조동사+not+be p.p.의 형태로 만들어요.
- The paintings should **not** be touched. 그 그림들은 만져져서는 안 된다. (그림을 만지면 안 된다)

## Practice Step 1 기초 다지기

보기를 참고해 빈칸에 알맞은 형태의 단어를 넣어 문장을 완성해보세요.

**보기**
divide  offer  open  separate
shock  surprise  teach

1. 그 창문은 열 수 없다.
   The window can't _____ _____.

2. 아이들은 낯선 사람들을 따라가지 말라고 배워야만 한다.
   Children should _____ _____ not to follow strangers.

3. 나는 곧 일자리를 제안받을지도 모른다.
   I may _____ _____ a job soon.

4. 그것은 반으로 나눠져야 한다.
   It had better _____ _____ in half.

5. 너희 부모님들은 네가 이렇게 옷 입은 것을 보고 충격받으실 거야.
   Your parents will _____ _____ to see you dressed like this.

6. 그 창문이 열려 있었을 수도 있다.
   The window could have _____ _____.

7. 그 아이들은 이것을 사용하는 법을 배웠어야 했다.
   The children should have _____ _____ how to use this.

8. 나는 더 나은 일을 제안받았을지도 모른다.
   I might have _____ _____ a better job.

9. 그들은 다른 반으로 떨어졌어야 했다.
   They should have _____ _____ into different classes.

10. 그녀의 부모님은 그녀의 복장을 보고 놀라셨을 것이다.
    Her parents would have _____ _____ to see what she was wearing.

**Answers**
1. be opened   2. be taught   3. be offered   4. be divided   5. be shocked
6. been opened   7. been taught   8. been offered   9. been separated   10. been surprised

## Practice Step 2 어순 훈련하기

**주어진 단어들을 어순에 맞게 넣어 문장을 완성해보세요.**

1. 당장 무슨 조치가 취해져야 한다. (must, right now, Something, be done)
   _____.

2. 조심해! 네 손가락을 베일 수도 있어. (be cut, Your fingers, could)
   Be careful! _____.

3. 그 프로젝트는 꼭 완성되어야 한다. (completed, had better, The project, be)
   _____.

4. Lily는 그 소식을 곧 듣게 될 것이다. (will, soon, Lily, be told, the news)
   _____.

5. 이 책들은 내일까지 도서관에 반납되어야 한다. (to the library, by tomorrow, These books, be returned, should)
   _____.

6. 이 택배는 지난주에 그에게 배달되었어야 했다. (to him, have been, This package, should, last week, delivered)
   _____.

7. 이 다리는 틀림없이 만들어진 지 100년 이상 됐을 것이다. (must, This bridge, over 100 years ago, have been, built)
   _____.

8. 내 컴퓨터는 아마도 누군가에 의해 사용되었을 것이다. (would, My computer, used, have been, by someone)
   _____.

9. Sarah가 해고됐을 수도 있다. (fired, could, Sarah, have been)
   _____.

10. Carrie는 승진했을지도 모른다. (promoted, might, Carrie, have been)
    _____.

## Practice Step 3 짧은 문장 써 보기

앞에서 배운 내용을 바탕으로, 주어진 우리말에 맞게 영어 문장을 써 보세요.

1. 그 이유들은 그들에게 설명되어야 한다.
   _____.

2. 그 음악은 그 오케스트라에 의해서 연주될 수 있다.
   _____.

3. 그 교실은 매일 청소될 것이다.
   _____.

4. 이 사고는 언젠가는 잊혀질 것이다.
   _____.

5. 야생 동물들은 보호받아야 한다.
   _____.

6. 이 드레스는 드라이클리닝을 해주셔야 합니다.
   _____.

**Hint!** be explained 설명되다  be played 연주되다  be cleaned 청소되다  be forgotten 잊혀지다  someday 언젠가  wild animal 야생동물  be protected 보호되다  be dry-cleaned 드라이클리닝되다

# Practice Step 4 길게 써 보기

지금까지 배운 내용을 떠올리면서, 주어진 우리말에 맞게 영어로 글을 써 보세요.

1. 그녀는 틀림없이 많은 사람들에게 비웃음을 당했을 거야. 그녀는 아마도 좌절감을 느꼈을 거야. 그녀는 몇몇 사람들에게 이해를 받았을 수도 있어. 그녀는 그들에게 보호받았을지도 몰라.

   _____
   _____
   _____
   _____

2. 
   Ⓐ 그 영화는 이번 주 금요일에 개봉될 거야.

   Ⓑ 확실해? 우리는 그 영화를 같이 봐야 해.

   Ⓐ 영화관은 이번 주말에 틀림없이 사람들로 가득 찰 거야.

   Ⓑ 그럴 거 같아. 그 영화는 많은 사람들에게 사랑 받을 거야.

   Ⓐ _____
   Ⓑ _____
   Ⓐ _____
   Ⓑ _____

**Hint!** be laughed at 비웃음 당하다   be frustrated 좌절하다   be understood 이해되다   be protected 보호받다   be released (영화가) 개봉되다   be filled with ~로 가득하다   be loved 사랑받다

## 단어 및 표현 확인하기

| | |
|---|---|
| be cleaned | 청소되다 |
| be dry-cleaned | 드라이클리닝되다 |
| be explained | 설명되다 |
| be filled with | ~로 가득하다 |
| be forgotten | 잊혀지다 |
| be frustrated | 좌절하다 |
| be laughed at | 비웃음 당하다 |
| be loved | 사랑받다 |
| be played | 연주되다 |
| be protected | 보호되다, 보호받다 |
| be released | (영화가) 개봉되다 |
| be understood | 이해되다 |
| someday  *부사* | 언젠가 |
| wild animal | 야생동물 |

# Training 31. I am disappointed in you.
## 수동태의 관용적 표현

수동태 문장을 만들 때 전치사로 by를 자주 쓰게 되지만, by 외에 다양한 전치사들을 쓰는 수동태 표현들이 있습니다. 회화에서 많이 쓰이는 관용적 표현들을 정리해보고 문장 만들기 연습을 해봅시다.

### 회화에서 자주 쓰이는 수동태 관용적 표현

| | | | |
|---|---|---|---|
| be concerned about | ~을 걱정하다 | be located in | ~에 위치하다 |
| be connected to | ~에 연결되다 | be made from | (재료가 변형되어 만들어진 경우) ~로 만들어지다 |
| be covered with | ~로 덮여 있다 | | |
| be crowded with | ~로 혼잡하다, 붐비다 | be made of | (재료의 형태가 남아있는 경우) ~로 만들어지다 |
| be disappointed with/in | ~에 실망하다 | | |
| be excited about | ~를 기대하다 | be prepared for | ~를 준비하다 |
| be filled with | ~로 가득 차 있다 | be qualified for | ~에 적격이다 |
| be interested in | ~에 관심이 있다 | be related to | ~와 관계가 있다 |
| be involved in | ~에 연루되다 | be satisfied with | ~에 만족하다 |
| be known as | (신분, 자격으로 알려졌을 때) ~로 알려지다 | be surprised at | ~에 놀라다 |
| | | be tired of | ~에 싫증이 나다 |
| be known for | (업적, 특징으로 알려졌을 때) ~로 알려지다 | be worried about | ~을 걱정하다 |

**더 알아보기!**

that절이 이끄는 수동태 문장

❶ **It is said that~.** 사람들은 ~라고 말한다.
- It is said that necessity is the mother of invention. 사람들은 필요가 발명의 어머니라고 말한다.

❷ **It is believed that~.** 사람들은 ~라고 믿는다.
- It is believed that children are the most precious to their parents.
  사람들은 자식이 부모에게 가장 소중한 존재라고 믿는다.

## Practice Step 1 기초 다지기

빈칸에 알맞은 수동태 표현(p.206 참고)을 넣어 문장을 완성해보세요.

1. 나는 그가 한 행동에 실망했다.
   I am _____ _____ what he did.

2. 그 도로는 눈으로 덮여 있었다.
   The road was _____ _____ snow.

3. 그 식당은 지난 주말 많은 사람들로 북적였다.
   The restaurant was _____ _____ a lot of people last weekend.

4. 플라스틱은 석유로 만들어진다.
   Plastic is _____ _____ oil.

5. 나는 네가 걱정돼.
   I am _____ _____ you.

6. Lynette은 눈길을 사로잡는 발표로 잘 알려져 있다.
   Lynette is well _____ _____ her eye-catching presentations.

7. 우리는 예기치 못한 상황에 준비가 되어 있어야 한다.
   We should be _____ _____ an unexpected situation.

8. 그는 이 일에 적임자가 아니다.
   He is not _____ _____ this job.

9. 폐암은 흡연과 관련이 있다.
   Lung cancer is _____ _____ smoking.

10. 그녀는 그 소식에 놀랄지도 모른다.
    She might be _____ _____ the news.

**Answers**
1. disappointed with  2. covered with  3. crowded with  4. made from  5. concerned/worried about
6. known for  7. prepared for  8. qualified for  9. related to  10. surprised at

## Practice Step 2 어순 훈련하기

**주어진 단어들을 어순에 맞게 넣어 문장을 완성해보세요.**

1. 그 방은 꽃들로 가득 찼다. (is, with, filled, The room, flowers)
   _____.

2. Monica는 그녀의 삶에 만족해 본 적이 없다. (never, Monica, has, satisfied, her life, with, been)
   _____.

3. 나는 매일 같은 일을 반복하는 것에 싫증이 난다. (every day, tired, I, of, am, doing, the same thing)
   _____.

4. 너는 그 경기를 볼 생각에 틀림없이 흥분될 거야. (excited, You, watching, must, about, be, the game)
   _____.

5. 그는 한국에서 유명한 영화배우로 알려져 왔다. (as, He, has, known, a famous movie star, been, in Korea)
   _____.

6. 그녀는 미술 작품에 흥미가 있을 수도 있어. (interested, could, be, She, paintings, in)
   _____.

7. 그 국립박물관은 도시 중심에 위치해 있다. (in, The National Museum, located, is, the center of the city)
   _____.

8. 비만은 스트레스와 연관이 있을 수 있다. (connected to, could, Obesity, be, stress)
   _____.

9. 너는 나에 대해서 걱정해 본 적 있니? (been, Have, worried, you, about, me, ever)
   _____?

10. 아마도 Porter는 그녀의 행동에 실망하게 될 거야. (Porter, disappointed, her attitude, would, be, with)
    _____.

## Practice Step 3 짧은 문장 써 보기

앞에서 배운 내용을 바탕으로, 주어진 우리말에 맞게 영어 문장을 써 보세요.

1. 이 병은 신선한 우유로 가득 차 있다.
   _____.

2. 그는 그 사건에 연루되어 있다.
   _____.

3. 그 호텔은 이번 주말 손님들로 붐비게 될 것이다.
   _____.

4. 많은 사람들이 백신 개발에 관심이 있다.
   _____.

5. Jessica는 그 발표에 준비가 잘 되어 있다.
   _____.

6. 우리는 그 새집으로 이사 갈 생각에 신이 나 있다.
   _____.

**Hint!** be filled with ~로 가득 차 있다  fresh milk 신선한 우유  be involved in ~에 연루되다  be crowded with ~로 붐비다  be interested in ~에 관심이 있다  vaccine development 백신 개발  be prepared for ~에 준비가 되다  presentation 발표  be excited about ~에 신이 나 있다  move into ~로 이사 가다

## Practice Step 4  길게 써 보기

지금까지 배운 내용을 떠올리면서, 주어진 우리말에 맞게 영어로 글을 써 보세요.

1. 그 유명 가수는 마약 사건에 연루됐다. 그의 팬들은 그 믿을 수 없는 소식에 놀랐다. 그들은 그에게 실망했다. 몇몇 팬들은 그를 걱정하고 있다.

___

2. 
 Ⓐ 너 그 가게 찾았어?
 Ⓑ 응, 찾았어. 그 가게는 그 건물 중앙에 위치해 있더라.
 Ⓐ 그러면 그 식당 근처인 거야?
 Ⓑ 그 가게와 그 식당이 서로 연결되어 있어.

 Ⓐ ___
 Ⓑ ___
 Ⓐ ___
 Ⓑ ___

**Hint!** famous singer 유명 가수  be involved in ~에 연루되다  drug case 마약 사건  be surprised at ~에 놀라다  unbelievable news 믿을 수 없는 소식  be disappointed in ~에 실망하다  be concerned about ~을 걱정하다  be located in ~에 위치하다  in the middle of the building 건물 중앙에  close to+장소 ~근처에  be connected to ~에 연결되다

## Voca 단어 및 표현 확인하기

| | |
|---|---|
| **be concerned about** | ~을 걱정하다 |
| **be connected to** | ~에 연결되다 |
| **be crowded with** | ~로 붐비다 |
| **be disappointed in** | ~에 실망하다 |
| **be excited about** | ~에 신이 나 있다 |
| **be filled with** | ~로 가득 차 있다 |
| **be interested in** | ~에 관심이 있다 |
| **be involved in** | ~에 연루되다 |
| **be located in** | ~에 위치하다 |
| **be prepared for** | ~에 준비가 되다 |
| **be surprised at** | ~에 놀라다 |
| **close to+장소** | ~근처에 |
| **drug case** | 마약 사건 |
| **famous singer** | 유명 가수 |
| **fresh milk** | 신선한 우유 |
| **in the middle of the building** | 건물 중앙에 |
| **move into** | ~로 이사 가다 |
| **presentation** 〔명사〕 | 발표 |
| **unbelievable news** | 믿을 수 없는 소식 |
| **vaccine development** | 백신 개발 |

# PART 6

## 동사의 연결
# 부정사 & 동명사

기본적으로 문장에는 주어와 동사가 하나씩 들어갑니다. 그러나 문장의 내용을 좀 더 자세히 표현하고자 할 때는 동사가 추가적으로 들어가는 경우가 생깁니다. 이처럼 동사가 하나 더 쓰일 때, 추가되는 동사의 모양은 앞서 나온 동사가 무엇이냐에 따라 **to+동사(to부정사)**, **동사-ing(동명사)**, 동사원형으로 나뉩니다.

❶ I've decided **to visit** you.  나는 너를 방문하기로 결정했어.
❷ They stopped **talking** to each other.  그들은 서로에게 말하는 것을 멈췄다.
❸ You made me **leave**.  네가 나를 떠나게 했어.

3번과 같이 두 번째 동사가 원형으로 나오는 경우는 Part 1의 5형식 사역동사 활용 부분에서 이미 연습을 했습니다. 이번 Part 6에서는 to부정사와 동명사를 활용한 문장 만들기 연습을 해봅시다.

# Training 32 You promised to keep the secret.
## to부정사 기본 패턴

**Point 1**  to부정사를 취하는 기본 동사들

| | | | |
|---|---|---|---|
| want | 원하다 | like | (~하는 것을) 좋아하다 |
| afford | ~할 (경제적, 시간적) 여유가 있다 | decide | 결정하다 |
| try | ~하려고 노력하다 | hope | 바라다, 희망하다 |
| promise | 약속하다 | agree | 동의하다 |
| plan | 계획하다 | refuse | 거절하다 |
| tell | 말하다 | allow | 허락하다 |
| expect | 예상하다 | invite | 초대하다 |
| need | 필요로 하다 | | |

**Point 2**  to부정사의 기본형과 부정형

❶ **to부정사의 기본형:** to+동사원형
❷ **to부정사의 부정형:** not to+동사원형

- He promised to keep the secret.  그는 비밀을 지키기로 약속했다.
- He promised not to tell anybody.  그는 어느 누구에게도 말하지 않기로 약속했다.

to부정사는 주로 앞으로의 일에 대해 말할 때 써요.
- Her dream is to have her own shop.  그녀의 꿈은 그녀 자신의 가게를 갖는 것이다. (앞으로 갖게 되는 것)

## Practice Step 1 기초 다지기

보기를 참고해 빈칸에 알맞은 형태의 단어를 넣어 문장을 완성해보세요.

**보기**: attend  be  buy  call  help  see  talk  waste

1. 나는 그녀와 대화를 하려고 노력할 것이다.
   I will try _____ _____ to her.

2. 나는 새로운 컴퓨터를 사고 싶다.
   I want _____ _____ a new computer.

3. 우리는 그녀를 돕는 것을 거절했다.
   We refused _____ _____ her.

4. 그는 그 회의에 참석하기로 결정했다.
   He decided _____ _____ the meeting.

5. 너는 그것을 살 수 없어.
   You can't afford _____ _____ it.

6. 그들은 우리를 돕는 것에 동의했다.
   They agreed _____ _____ us.

7. 나는 다음에 너를 볼 수 있길 바라.
   I hope _____ _____ you next time.

8. 우리 엄마는 그녀에게 전화 건다는 것을 깜빡하셨다.
   My mom forgot _____ _____ her.

9. 너는 수업에 늦지 않겠다고 약속했잖아.
   You promised _____ _____ _____ late for the class.

10. Eric은 돈을 낭비하지 않겠다고 다짐했다.
    Eric decided _____ _____ _____ money.

**Answers**
1. to talk  2. to buy  3. to help  4. to attend  5. to buy
6. to help  7. to see  8. to call  9. not to be  10. not to waste

## Practice Step 2 어순 훈련하기

**주어진 단어들을 어순에 맞게 넣어 문장을 완성해보세요.**

1. Kelly는 면접에서 좋은 인상을 남기는 것에 실패했다. (a good impression, Kelly, make, failed, to, at the interview)
   _____.

2. Haley는 어제 나를 못 본 척했다. (pretended, yesterday, see, Haley, not to, me)
   _____.

3. 그녀는 그 상을 받을 자격이 된다. (deserves, to, She, the prize, win)
   _____.

4. 그는 스케줄을 변경하고 싶어했다. (wanted, the schedule, He, to, change)
   _____.

5. 나는 너의 감정을 상하게 할 의도가 없었어. (hurt, didn't, I, mean, to, your feelings)
   _____.

6. 우리는 요즘 체중을 감량하려고 노력 중이다. (have been trying, We, lose, to, some weight)
   _____.

7. 우리는 내년에 스위스를 방문할 계획이다. (visit, next year, We're, Switzerland, planning, to)
   _____.

8. 나는 여기서 너를 우연히 마주칠 거라 예상 못했어. (run into, I, expected, to, never, here, you)
   _____.

9. Peter는 날씨 때문에 등산 가지 않기로 결심했다. (decided, Peter, not to, go hiking)
   _____ because of the weather.

10. 우리는 줄 설 필요가 없었다. (stand in line, We, didn't, to, need)
    _____.

## Practice Step 3 짧은 문장 써 보기

앞에서 배운 내용을 바탕으로, 주어진 우리말에 맞게 영어 문장을 써 보세요.

1. 젓가락을 사용하는 것은 쉽지 않다.
   _____.

2. 우리의 계획은 여기 하루 더 머무르는 것이었다.
   _____.

3. 역사적인 곳에 방문하는 것은 흥미로운 일이다.
   _____.

4. 그녀는 하늘의 별을 보는 것을 좋아한다.
   _____.

5. 그는 마실 것을 요청했다.
   _____.

6. Karl은 그녀를 돕기 위해 그 돈을 전부 썼다.
   _____.

**Hint!** It's not easy to+동사원형 ~하는 것은 쉽지 않다  chopsticks 젓가락(주로 복수로 쓰임)  stay for another day 하루 더 머물다  ask for ~을 요청하다  spend (돈, 시간 등) ~을 쓰다

## Practice Step 4 길게 써 보기

지금까지 배운 내용을 떠올리면서, 주어진 우리말에 맞게 영어로 글을 써 보세요.

1. 내 새해 계획은 영어 실력을 향상시키는 것이다. 나의 소망은 세계 여행을 하는 것이다. 그래서 나는 영어를 배우기로 결심했다. 외국인들과 소통하는 것은 흥미로울 것이다.

   _____
   _____
   _____
   _____

2. Ⓐ 나는 살을 좀 빼기로 결심했어. 내 목표는 5킬로 감량이야.

   Ⓑ 나에게는 네가 괜찮아 보이는데.

   Ⓐ 의사 선생님이 나에게 체중 감량을 좀 하라고 조언하셨어.

   Ⓑ 건강을 유지하기 위해서는 좋을 수 있겠다.

   Ⓐ _____
   Ⓑ _____
   Ⓐ _____
   Ⓑ _____

   **Hint!** New Year's resolution 새해 계획  improve 향상시키다  travel all over the world 세계를 여행하다  communicate with ~와 의사소통을 하다  lose some weight 체중을 감량하다  goal 목표  advise me to+동사원형 나에게 ~하라고 조언하다[권고하다]  keep healthy 건강을 유지하다

## 단어 및 표현 확인하기

|  |  |  |
|---|---|---|
| advise me to+동사원형 | | 나에게 ~하라고 조언하다[권고하다] |
| ask for | | ~을 요청하다 |
| chopsticks | 명사 | 젓가락(주로 복수로 쓰임) |
| communicate with | | ~와 의사소통을 하다 |
| goal | 명사 | 목표 |
| improve | 동사 | 향상시키다 |
| It's not easy to+동사원형 | | ~하는 것은 쉽지 않다 |
| keep healthy | | 건강을 유지하다 |
| lose some weight | | 체중을 감량하다 |
| New Year's resolution | | 새해 계획 |
| spend | 동사 | (돈, 시간 등) ~을 쓰다 |
| stay for another day | | 하루 더 머물다 |
| travel all over the world | | 세계를 여행하다 |

# Training 33. I want you to do this.
## to부정사 응용 패턴

회화에서 자주 쓰이는 문장 형태 중 하나가 '동사+목적어+to부정사'입니다.

기본 to부정사 패턴에서 목적어(대상)가 중간에 추가된 형태로, 영어 학습자들이 다소 구사하기 힘들어 하는 형태이니 예문 만들기를 통해서 이 패턴에 익숙해지도록 합시다.

**Point 1**   동사＋목적어＋to부정사: [목적어]가 [to부정사]하기를 [동사]하다

**Point 2**   자주 쓰이는 응용 패턴

| | |
|---|---|
| want someone to | ~가 …하기를 원하다 |
| tell someone to | ~에게 …하라고 말하다 |
| advise someone to | ~에게 …하라고 조언하다 |
| invite someone to | ~를 …하라고 초대하다 |
| allow someone to | ~가 …하는 것을 허락하다 |
| ask someone to | ~에게 …하는 것을 요청하다 |
| expect someone to | ~가 …하기를 기대하다 |
| need someone to | ~가 …하는 것이 필요하다 |
| encourage someone to | ~에게 …하라고 격려하다 |
| persuade someone to | ~에게 …하라고 설득하다 |

- I want you to do this.   나는 네가 이것을 하길 바라.
- I want you to come to the party.   나는 네가 그 파티에 오길 바라.
- She told us to stay here.   그녀가 우리에게 여기 있으라고 말했다.

**더 알아보기!**   동사+목적어+to부정사 형태도 5형식에 해당되는 문장 구조로, to부정사가 목적보어로 쓰인 형태예요.
- She asked them to leave the party.   그녀는 그들에게 파티를 떠나 달라고 요청했다.
- I would like you to try this food.   나는 네가 이 음식을 한번 먹어봤으면 해.

# Practice Step 1 기초 다지기

보기를 참고해 빈칸에 알맞은 형태의 단어를 넣어 문장을 완성해보세요.

**보기**: apply  be  explain  finish  leave  lock  move  say  stay  trust

1. 우리는 네가 늦을 거라고 예상하지 않았어.
   We didn't expect _____ _____ _____ late.

2. 너는 내가 지금 가길 원하니?
   Do you want _____ _____ _____ now?

3. 너 내가 이 테이블을 옮기는 것을 도와줄 수 있어?
   Can you help _____ _____ _____ this table?

4. Judy는 나에게 숙제를 끝낼 것을 상기시켜 줬다.
   Judy reminded _____ _____ _____ my homework.

5. 나는 그들에게 문을 잠그라고 말했다.
   I told _____ _____ _____ the door.

6. 우리 부모님은 내가 너무 늦게까지 깨어 있는 것을 허락하지 않으신다.
   My parents don't allow _____ _____ _____ up too late.

7. Emily는 그에게 그 일을 지원해 보라고 설득했다.
   Emily persuaded _____ _____ _____ for the job.

8. 내 변호사는 나보고 경찰에게 어떤 진술도 하지 말라고 조언했다.
   My lawyer advised _____ _____ _____ anything to the police.

9. 내가 너에게 그를 믿지 말라고 했잖아.
   I told you _____ _____ _____ him.

10. 나는 당신들이 이것을 나에게 설명해줬으면 해요.
    I need _____ _____ _____ this to me.

**Answers**
1. you to be
2. me to leave
3. me to move
4. me to finish
5. them to lock
6. me to stay
7. him to apply
8. me not to say
9. not to trust
10. you to explain

PART 6 부정사&동명사

## Practice Step 2 어순 훈련하기

**주어진 단어들을 어순에 맞게 넣어 문장을 완성해보세요.**

1. Julie는 어느 누구도 그것에 대해서 알기를 원하지 않는다. (anybody, want, Julie, doesn't, to, about it, know)
   _____.

2. 그들은 사람들이 그 건물 앞에 주차하는 것을 허락하지 않는다. (don't, park, allow, They, people, to)
   _____ in front of the building.

3. James는 나에게 그것을 만지지 말라고 경고했다. (touch, me, not to, James, it, warned)
   _____.

4. 그녀는 나에게 다시 도전해보라고 격려해줬다. (try, again, She, me, encouraged, to, it)
   _____.

5. 나는 그녀에게 이따가 다시 전화하지 말라고 말했다. (call back, I, told, not to, later, her)
   _____.

6. 판사는 그에게 운전하지 말라고 명령했다. (drive, not to, The judge, him, ordered)
   _____.

7. 나는 네가 내 결혼식에 올 거라고 예상하지 못했어. (to my wedding, I, to, didn't, come, you, expect)
   _____.

8. 누가 너에게 교회에 가지 말라고 설득했어? (to church, Who, you, persuaded, go, not to)
   _____?

9. 너는 그들에게 무엇을 하라고 조언했어? (did, What, them, advise, you, to, do)
   _____?

10. 그녀는 내가 그와 데이트하는 것을 원하지 않았다. (him, go out with, didn't, She, want, to, me)
    _____.

## Practice Step 3 짧은 문장 써 보기

앞에서 배운 내용을 바탕으로, 주어진 우리말에 맞게 영어 문장을 써 보세요.

1. 내 부모님은 내가 남동생을 돌보기를 원하셨다.
   _____.

2. 나는 당신이 내 남편 Ryan을 만나 주길 바라요. (내 남편 Ryan을 소개시켜 드릴게요.)
   _____.

3. Judy는 나보고 진찰을 받으라고 했다.
   _____.

4. Sharon은 내가 직원 회의에 참석하길 기대한다.
   _____.

5. 나는 그늘에게 한잔 더 하고 가자고 설득했다.
   _____.

6. 그 교수님은 그녀에게 미국에 있는 대학에 진학할 것을 권했다.
   _____.

**Hint!** take care of ~를 돌보다    see a doctor 진찰받다    attend ~에 참석하다    staff meeting 직원 회의    stay for another drink 한잔 더 하고 가다(한잔 더 하기 위해 남다)    go to college 대학에 진학하다

## Practice Step 4 길게 써 보기

지금까지 배운 내용을 떠올리면서, 주어진 우리말에 맞게 영어로 글을 써 보세요.

1. 내 친구들은 내가 밤에 나오길 바란다. 그들은 나에게 밤에 영화를 보러 가자고 했다. 그들은 내가 영화를 보고 술 한잔 하러 가기를 원한다. 부모님은 내가 밤늦게 외출하는 것을 허락하지 않으실 것이다.

2. 
   Ⓐ 내 딸은 내가 등교 첫 날에 함께 해주기를 바라고 있어요.
   Ⓑ 이해해요. 하지만 당신이 그 회의에 참석해줘야 해요.
   Ⓐ 그러면 회의를 한 시간만 늦춰 주실 수 있을까요?
   Ⓑ 그렇게는 할 수 있을 것 같네요.

**Hint!** come out at night 밤에 나오다 · go to the movies 영화 보러 가다 · go for a drink 술 한잔 하러 가다 · after the movie 영화를 보고 난 후 · go out late at night 밤늦게 나가다 · on the first day of school 등교 첫 날에 · I need you to+동사원형 (네가) ~해줘야 한다 · attend the meeting 회의에 참석하다 · Can I ask you ~? ~을 부탁드려도 될까요, ~해 주실 수 있나요? · move the meeting back 회의를 미루다

# 단어 및 표현 확인하기

| | | |
|---|---|---|
| after the movie | | 영화를 보고 난 후 |
| attend | 동사 | ~에 참석하다 |
| attend the meeting | | 회의에 참석하다 |
| Can I ask you ~? | | ~을 부탁드려도 될까요, ~해 주실 수 있나요? |
| come out at night | | 밤에 나오다 |
| go for a drink | | 술 한잔 하러 가다 |
| go out late at night | | 밤늦게 나가다 |
| go to college | | 대학에 진학하다 |
| go to the movies | | 영화 보러 가다 |
| I need you to+동사원형 | | (네가) ~해줘야 한다 |
| move the meeting back | | 회의를 미루다 |
| on the first day of school | | 등교 첫 날에 |
| see a doctor | | 진찰받다 |
| staff meeting | | 직원 회의 |
| stay for another drink | | 한잔 더 하고 가다 (한잔 더 하기 위해 남다) |
| take care of | | ~를 돌보다 |

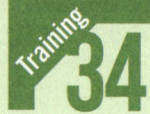

# I came here to see you.
## to부정사의 다양한 역할

**Point 1** to부정사는 문장에서 명사, 형용사, 부사의 역할로 쓰입니다.

> to+동사
> (to read, to drink, …)
>
> 명사적 역할: '읽는 것'
> 형용사 역할: '읽을'
> 부사 역할: '읽기 위해'

**Point 2** to부정사의 명사 역할: 보통 명사들처럼 문장에서 주어, 목적어, 보어로 쓰입니다.

❶ 주어 역할
- **To solve** the problem is very difficult. 그 문제를 해결하는 것은 정말 어렵다.

❷ 목적어 역할
- I don't like **to clean** my room. 나는 내 방 청소하는 것을 좋아하지 않는다.

❸ 보어 역할
- 주격 보어: My plan is **to take** the class. 나의 계획은 그 수업을 수강하는 것이다.
- 목적격 보어: She asked me **to join** the party. 그녀는 나에게 그 파티에 참석할 것을 요청했다.

**Point 3** to부정사의 형용사 역할: 명사를 수식하는 역할을 합니다.

- a **book** to read 읽을 책
- **coffee** to drink 마실 커피
- **things** to do 할 일

**Point 4** to부정사의 부사 역할: '~하기 위해, ~하게 되어, ~하다니, ~해서' 등으로 해석됩니다.

- I came here **to see** you. 나는 너를 보기 위해서 여기 왔어.
- She was excited **to join** the party. 그녀는 파티에 참석하게 되어 신났다.
- He must be so rude **to say** that. 그런 말을 하는 것을 보니 그는 매우 무례한 것이 틀림없다.

---

**더 알아보기!** 동사의 목적어 자리에 '의문사+to부정사'를 넣은 형태로도 회화에서 자주 쓰여요.
- what to+동사원형: 무엇을 ~할지    I don't know **what to do**. 나는 무엇을 해야 할지 모르겠다.
- how to+동사원형: 어떻게 ~할지    I don't know **how to do** it. 나는 그것을 어떻게 해야 할지 모르겠다.
- when to+동사원형: 언제 ~할지    I don't know **when to leave**. 나는 언제 떠나야 할지 모르겠다.
- where to+동사원형: 어디로 ~할지    I don't know **where to go**. 나는 어디로 가야 할지 모르겠다.

## Practice Step 1 기초 다지기

보기를 참고해 빈칸에 알맞은 형태의 단어를 넣어 문장을 완성해보세요.

**보기**: be  drink  fail  jog  make  publish  see  wear  win  work

1. 새로운 친구를 사귄다는 것은 어렵다.
   _____ _____ a new friend is difficult.

2. 나는 마실 물이 필요하다.
   I need some water _____ _____ .

3. Luna는 파티에 입고 갈 드레스가 필요하다.
   Luna needs a dress _____ _____ for the party.

4. 그의 꿈은 자신의 책을 출판하는 것이다.
   His dream is _____ _____ his own book.

5. 그들은 무지개를 보러 호수에 갔다.
   They went to the lake _____ _____ the rainbow.

6. 그들은 게임에 이겨서 틀림없이 행복할 거야.
   They must be happy _____ _____ the game.

7. 그녀는 조깅하러 공원에 갔다.
   She went to the park _____ _____ .

8. 나는 그 시험에 떨어져서 좌절했다.
   I was frustrated _____ _____ the exam.

9. 저는 여러분과 일하게 되어서 기뻐요.
   I am pleased _____ _____ with you.

10. 그녀는 자라서 가수가 되었다.
    She grew up _____ _____ a singer.

**Answers**
1. To make  2. to drink  3. to wear  4. to publish  5. to see
6. to win  7. to jog  8. to fail  9. to work  10. to be

## Practice Step 2 어순 훈련하기

**주어진 단어들을 어순에 맞게 넣어 문장을 완성해보세요.**

1. 그들은 그 정보를 제공하는 것을 계획하고 있었다. (planning, They, were, provide, to, the information)
   _____.

2. 저 강에서 수영하는 것은 위험할지도 모른다. (may, It, in the river, to, dangerous, be, swim)
   _____.

3. Jeff는 그 업무를 끝낼 수 있는 능력이 있다. (the ability, has, to, the task, complete, Jeff)
   _____.

4. 나는 그 수업에 제시간에 도착하기 위해 집을 일찍 나섰다. (get to, I, the class, to, left, early, home, on time)
   _____.

5. 그들은 그 소식을 듣고 충격을 받았다. (shocked, to, They, were, the news, hear)
   _____.

6. John은 실수를 하지 않기 위해 열심히 연습했다. (practiced, John, not to, hard, a mistake, make)
   _____.

7. 나는 너에게 물어볼 것이 있어. (ask, something, have, I, to, you)
   _____.

8. 나는 너희들과 다툴 시간이 없어. (argue, I, have, don't, to, time, with you)
   _____.

9. 그것은 그들을 알아가는 데 좋은 기회였다. (get to, It, know, was, a great chance, to, them)
   _____.

10. 사람들은 그 건물 안으로 들어가기 위해 줄을 서 있었다. (get into, People, waiting in line, were, to, the building)
    _____.

## Step 3 짧은 문장 써 보기

앞에서 배운 내용을 바탕으로, 주어진 우리말에 맞게 영어 문장을 써 보세요.

1. 우리는 문제를 어떻게 해결할지에 대해 이야기를 나눴다.
   _____.

2. 물을 충분히 마시는 것은 너의 건강에 중요하다.
   _____.

3. 나의 목표는 영어를 유창하게 구사하는 것이다.
   _____.

4. 제가 쓸 펜 하나만 빌려 주시겠어요?
   _____?

5. 나는 그 소문에 대한 사실을 말해주기 위해 Kathy를 불렀다.
   _____.

6. Dan은 당신을 다시 볼 수 없게 되는 것에 실망할 거예요.
   _____.

**Hint!** talk about ~에 대해 이야기를 나누다  solve the problem 문제를 해결하다  to drink enough water 물을 충분히 마시는 것  important for health 건강에 중요한  goal 목표  be fluent in English 영어를 유창하게 구사하다  lend ~에게 …을 빌려주다  to write with (글을) 쓸  disappointed 실망한  anymore 이제는, 더 이상은

## Practice Step 4 길게 써 보기

지금까지 배운 내용을 떠올리면서, 주어진 우리말에 맞게 영어로 글을 써 보세요.

1. 나는 오늘 써야 할 리포트가 있다. 나는 주제에 대한 정보를 얻기 위해 인터넷 검색을 할 것이다. 참고 도서들을 읽는 것이 도움이 될 수 있다. 나는 Janet에게 내 리포트에 대한 피드백을 요청할 것이다.

   _____
   _____
   _____

2. Ⓐ 나는 그에게 문 밖에서 엿듣지 말라고 말했어.
   Ⓑ 그가 걸려서 창피했겠다.
   Ⓐ 그는 나에게 다시는 그러지 않겠다고 약속했어.
   Ⓑ (그가) 어떻게 행동해야 하는지를 배우는 좋은 기회였네.

   Ⓐ _____
   Ⓑ _____
   Ⓐ _____
   Ⓑ _____

**Hint!** search the Internet 인터넷 검색을 하다　get information about ~에 대해 정보를 얻다　useful 유용한　reference book 참고 도서　give feedback on ~에 대해 피드백을 주다　eavesdrop 엿듣다　outside the door 문 밖에서　humiliated 창피한, 망신스러운, 굴욕적인　be caught 걸리다, 붙잡히다　chance 기회　how to behave 어떻게 행동해야 하는지

## Voca 단어 및 표현 확인하기

| | | |
|---|---|---|
| anymore | 부사 | 이제는, 더 이상은 |
| be caught | | 걸리다, 붙잡히다 |
| be fluent in English | | 영어를 유창하게 구사하다 |
| chance | 명사 | 기회 |
| disappointed | 형용사 | 실망한 |
| eavesdrop | 동사 | 엿듣다 |
| get information about | | ~에 대해 정보를 얻다 |
| give feedback on | | ~에 대해 피드백을 주다 |
| goal | 명사 | 목표 |
| how to behave | | 어떻게 행동해야 하는지 |
| humiliated | 형용사 | 창피한, 망신스러운, 굴욕적인 |
| important for health | | 건강에 중요한 |
| lend | 동사 | ~에게 …을 빌려주다 |
| outside the door | | 문 밖에서 |
| reference book | | 참고 도서 |
| search the Internet | | 인터넷 검색을 하다 |
| solve the problem | | 문제를 해결하다 |
| talk about | | ~에 대해 이야기를 나누다 |
| to drink enough water | | 물을 충분히 마시는 것 |
| to write with | | (글을) 쓸 |
| useful | 형용사 | 유용한 |

# Speaking English is very difficult.
### 동명사 문장 만들기

**Point 1**  동명사는 '동사+-ing' 형태로 문장에서 명사처럼 쓰입니다.

**Point 2**  동명사를 취하는 기본 동사들

| | | | |
|---|---|---|---|
| enjoy | 즐기다 | keep | 계속하다 |
| mind | 싫어하다, 꺼리다 | consider | 고려하다 |
| quit | 그만두다 | practice | 연습하다 |
| give up | 포기하다 | regret | 후회하다 |
| finish | 끝내다 | deny | 부인하다 |
| stop | 멈추다 | can't help | ~하지 않을 수 없다 |
| avoid | 피하다 | can't stand | ~를 참을 수 없다 |
| postpone | 연기하다 | | |

동명사는 '~하는 것, ~하기'라고 해석되며, 문장에서 다른 명사들처럼 주어, 목적어, 보어 역할을 해요.
- **Speaking** English is very difficult.   영어로 말하는 것은 굉장히 어렵다. (주어 역할)
- My job is **teaching** English.   내 직업은 영어를 가르치는 것이다. (보어 역할)
- She enjoys **doing** yoga.   그녀는 요가 하는 것을 즐긴다. (목적어 역할)
- Are you interested in **playing** golf?   당신은 골프 치는 것에 관심이 있나요? (전치사의 목적어)

## Practice Step 1 기초 다지기

보기를 참고해 빈칸에 알맞은 형태의 단어를 넣어 문장을 완성해보세요.

**보기**: ask  bite  complete  go  lie  see  smoke  stay  tell  write

1. 손톱을 물어뜯는 것은 나쁜 습관이다.
   _____ your nails is a bad habit.

2. 그는 에세이 쓰는 것을 끝냈다.
   He finished _____ an essay.

3. Mason은 담배를 끊었다.
   Mason quit _____.

4. 내가 좋아하는 활동은 내 개와 산책하는 것이다.
   My favorite activity is _____ for a walk with my dog.

5. 나는 그에게 내 비밀을 말한 것을 후회한다.
   I regret _____ him my secret.

6. 나에게 같은 질문 좀 그만해줄래?
   Can you stop _____ me the same question?

7. 나는 더 이상 그들과 함께 지내는 것을 견딜 수 없다.
   I can't stand _____ with them anymore.

8. 대도시에서 별을 보는 것은 거의 불가능하다.
   _____ stars is almost impossible in big cities.

9. 그는 나에게 거짓말한 것을 부인할 것이다.
   He will deny _____ to me.

10. 나의 계획은 오늘 이 리포트를 끝마치는 것이다.
    _____ this report is my plan for today.

**Answers**
1. Biting  2. writing  3. smoking  4. going  5. telling
6. asking  7. staying  8. Seeing  9. lying  10. Completing

## Practice Step 2  어순 훈련하기

주어진 단어들을 어순에 맞게 넣어 문장을 완성해보세요.

1. 갑자기 모두가 말하는 것을 멈췄다. (stopped, Suddenly, everybody, talking)
   _____.

2. Daniel은 체중 감량하는 것을 포기하지 않을 것이다. (lose weight, trying, Daniel, won't, give up, to)
   _____.

3. 나는 더 이상 줄 서서 기다리지 못하겠다. (waiting, I, in line, anymore, can't stand)
   _____.

4. 미래를 위해 돈을 모으는 것은 좋은 생각이다. (a great idea, for the future, is, Saving money)
   _____.

5. 나는 그녀에게 전화하는 것을 고려했지만, 문자를 보내기로 결정했다. (calling, her, I, considered)
   _____, but I decided to text her.

6. Emily의 꿈은 하버드에 합격하는 것이다. (getting accepted into, Emily's dream, is, Harvard)
   _____.

7. 너는 내가 그를 떠난 것을 후회할 거 같아? (regret, I, leaving, will, him)
   Do you think _____?

8. 너는 내가 말하고 있을 때 꼭 끼어들더라. (keep, You, interrupting, always)
   _____ when I'm talking.

9. 아침에 커피 마시는 것이 내가 가장 좋아하는 일이다. (coffee, to do, my favorite, Drinking, is, thing, in the morning)
   _____.

10. 그 프로젝트 작업하는 것을 끝냈어? (you, working on, Have, finished, the project)
    _____?

## Practice Step 3 짧은 문장 써 보기

앞에서 배운 내용을 바탕으로, 주어진 우리말에 맞게 영어 문장을 써 보세요.

1. 다른 사람들을 이해하는 것은 쉽지 않다.
   _____.

2. 저는 혼자 식사해도 괜찮아요.
   _____.

3. Lucas는 그 질문에 대답을 피했다.
   _____.

4. 매일 운동하는 것은 굉장히 중요하다.
   _____.

5. 그가 가장 좋아하는 것은 친구들과 어울리는 것이다.
   _____.

6. 그들은 내일 시험을 치르는 것에 대해 걱정을 하고 있다.
   _____.

**Hint!** understanding others 다른 사람들을 이해하는 것   eating alone 혼자 먹는 것   avoid ~를 피하다   answering the question 질문에 대답하는 것   hanging out with friends 친구들과 어울리는 것   be worried about ~에 대해 걱정하다   taking an exam 시험 치르는 것

# Practice Step 4 길게 써 보기

**지금까지 배운 내용을 떠올리면서, 주어진 우리말에 맞게 영어로 글을 써 보세요.**

1. 그녀는 학교에서 괴롭힘을 당하는 것을 더 이상 참을 수 없었다.
   그녀는 학교 가는 것이 더 이상 즐겁지 않다. 그녀는 부모님께 말씀드리지 않을 수 없었다.
   그녀는 (현재까지) 전학 가는 것을 고려해봤다.

2. 
   Ⓐ 그는 사람들을 함부로 평가하는 것을 즐겨.

   Ⓑ 사람들을 함부로 평가하는 건 나쁜 습관이야.

   Ⓐ 네가 그에게 그런 행동을 그만하라고 말해줄 수 있을까?

   Ⓑ 그에게 말하기 두려워. 그는 아마 기분 나빠 할 거야.

   Ⓐ
   Ⓑ
   Ⓐ
   Ⓑ

**Hint!** being bullied 괴롭힘을 당하는 것  enjoy going to school 학교 가는 것을 즐기다  consider 고려하다, 숙고하다  moving to another school 전학 가는 것  judging people 사람들을 (함부로) 평가하는 것  a bad habit 나쁜 습관  be afraid of+동사-ing ~하는 것을 두려워하다  upset 기분 상한

## 단어 및 표현 확인하기

| | | |
|---|---|---|
| a bad habit | | 나쁜 습관 |
| answering the question | | 질문에 대답하는 것 |
| avoid | 동사 | ~를 피하다 |
| be afraid of+동사-ing | | ~하는 것을 두려워하다 |
| be worried about | | ~에 대해 걱정하다 |
| being bullied | | 괴롭힘을 당하는 것 |
| consider | 동사 | 고려하다, 숙고하다 |
| eating alone | | 혼자 먹는 것 |
| enjoy going to school | | 학교 가는 것을 즐기다 |
| hanging out with friends | | 친구들과 어울리는 것 |
| judging people | | 사람들을 (함부로) 평가하는 것 |
| moving to another school | | 전학 가는 것 |
| taking an exam | | 시험 치르는 것 |
| understanding others | | 다른 사람들을 이해하는 것 |
| upset | 형용사 | 기분 상한 |

# Training 36: I stopped to call/calling him.
## 동명사와 to부정사 둘 다 쓰는 동사

동명사와 to부정사 두 가지 형태를 모두 취하는 동사들이 있습니다.

### Point 1  의미의 차이 없이 동명사와 to부정사 둘 다 쓰는 동사들

| | | | |
|---|---|---|---|
| begin | 시작하다 | bother | 방해하다, 귀찮게 하다 |
| like/love | 좋아하다 | prefer | 더 좋아하다 |
| start | 시작하다 | continue | 계속하다 |
| hate | 싫어하다 | | |

- When we just arrived here, it began snowing/to snow.
  우리가 막 여기에 도착했을 때, 눈이 오기 시작했다.
- My little brother likes playing/to play soccer.
  내 남동생은 축구 하는 것을 좋아한다.

### Point 2  동명사와 to부정사 둘 다 쓰지만 의미의 차이가 있는 동사들

| | 부정사 | 동명사 |
|---|---|---|
| remember | '~할 것을 기억하다' | '~했던 것을 기억하다' |
| forget | '~할 것을 잊다' | '~했던 것을 잊다' |
| regret | '~하게 되어 유감이다' | '~했던 것을 후회하다' |
| stop | '~하기 위해 멈추다' | '~하는 것을 멈추다' |
| try | '~하려고 노력하다'(적극적) | '시험 삼아 해보다'(소극적) |

- I stopped to call him. 나는 그에게 전화하기 위해 멈췄다(멈춰 섰다).
- I stopped calling him. 나는 그에게 전화하는 것을 멈췄다(그만뒀다).

## Step 1 기초 다지기

보기를 참고해 빈칸에 알맞은 형태의 단어를 넣어 문장을 완성해보세요.

> **보기**
> drive  knock  lock  make  play
> rain  say  turn off  work

1. 비가 오기 시작했다.
   It began _____.

2. 나는 일을 시작했다.
   I started _____.

3. 노크 안 해도 돼.
   Don't bother _____.

4. 나는 계획 세우는 것을 좋아해.
   I like _____ plans.

5. 저는 계속해서 일하고 싶어요.
   I would like to continue _____.

6. 너는 나올 때 모든 불을 꺼야 하는 것을 기억해야 해.
   You need to remember _____ all the lights before you leave.

7. 우리가 어릴 때 이 인형 가지고 놀던 거 기억나?
   Do you remember _____ with this doll when we were kids?

8. 그는 문을 잠그는 것을 잊었다.
   He forgot _____ the door.

9. Betty는 너에게 그런 말을 했던 것을 후회한다.
   Betty regrets _____ those things to you.

10. 나는 그 차 사고 이후로 운전을 그만뒀다.
    I stopped _____ after the car accident.

**Answers**  1. to rain/raining  2. to work/working  3. to knock/knocking  4. to make/making  5. to work/working  6. to turn off  7. playing  8. to lock  9. saying  10. driving

# Practice Step 2 어순 훈련하기

**주어진 단어들을 어순에 맞게 넣어 문장을 완성해보세요.**

1. Maria는 바다 수영을 좋아한다. (loves, swimming/to swim, Maria, in the ocean)
   _____.

2. 손톱 물어뜯는 것 그만해. (biting, stop, fingernails, Please, your)
   _____.

3. 그들은 집에 돌아오는 길에 차에 기름을 넣기 위해 잠시 멈췄다. (stopped, gas, some, They, to, get)
   _____ on the way back home.

4. 나는 네가 우는 것을 보기 싫어. (cry, you, to see/seeing, hate, I)
   _____.

5. 나는 그에게 사실을 말한 것을 후회한다. (the truth, I, telling, him, regret)
   _____.

6. Ellen은 그런 말을 했다는 것을 기억하지 못한다. (doesn't, anything like that, Ellen, remember, saying)
   _____.

7. 죄송합니다, 휴대전화를 꺼 놓는 것을 잊었어요. (forgot, I, my cell phone, to, turn off)
   I'm sorry, _____.

8. 그는 그의 아이들에 대해서 걱정하기 시작했다. (started, to worry/worrying, his kids, about, He)
   _____.

9. 네가 어렸을 때 했던 것 중에 어떤 활동이 기억나? (do, What activities, remember, you, doing)
   _____ when you were a child?

10. 내가 회의 참석 전에 해야 하는 것들이 뭐지? (to, What things, need, do, I, do)
    _____ before I attend the meeting?

## Step 3 짧은 문장 써 보기

앞에서 배운 내용을 바탕으로, 주어진 우리말에 맞게 영어 문장을 써 보세요.

1. 나는 그와 그 문제에 대해서 이야기 나누고 싶지 않다.
   _____.

2. 우리는 빗속을 계속 걸었다.
   _____.

3. Bree는 몇 개월 전 그에게 그 책을 빌려줬던 것을 기억한다.
   _____.

4. 나는 Andrew와 저녁을 함께 하기로 한 것을 깜박했다.
   _____.

5. 그녀는 갑자기 나에게 질문하던 것을 멈췄다.
   _____.

6. Sue는 그것을 알아내려 노력했다.
   _____.

**Hint!** talk to someone about something ~와 …에 대해 이야기를 나누다   walk in the rain 빗속을 걷다   lend ~에게 …를 빌려주다   a few months ago 몇 개월 전   suddenly 갑자기   figure out ~을 알아내다

## Practice Step 4 길게 써 보기

지금까지 배운 내용을 떠올리면서, 주어진 우리말에 맞게 영어로 글을 써 보세요.

1. Emily는 할머니와 행복한 추억이 있는 것이 좋다. 그녀는 할머니와 공원에 갔던 것을 기억한다. 그녀는 할머니와 하와이 여행을 갔던 것이 좋았다. 그녀는 할머니와 더 많은 시간을 보내려고 노력할 것이다.

   _____
   _____
   _____
   _____

2. Ⓐ 너 오늘 리포트 제출해야 하는 거 잊었니?
   Ⓑ 나 그거 해야 하는 거 기억했어.
   Ⓐ 그러면 그만 상기시켜줘도 되겠구나.
   Ⓑ 그래도 알려줘서 고마워.

   Ⓐ _____
   Ⓑ _____
   Ⓐ _____
   Ⓑ _____

**Hint!** have happy memories with ~와 행복한 추억이 있다  go to the park 공원에 가다  take a trip to ~로 여행 가다  spend time with someone ~와 시간을 보내다  turn in the paper 리포트를 제출하다  remind ~에게 (…을) 상기시키다[기억하도록 알려주다]  let me know 나에게 알려주다(내가 알도록 해 주다)

## Voca 단어 및 표현 확인하기

| | | |
|---|---|---|
| a few months ago | | 몇 개월 전 |
| figure out | | ~을 알아내다 |
| go to the park | | 공원에 가다 |
| have happy memories with | | ~와 행복한 추억이 있다 |
| lend | 동사 | ~에게 …를 빌려주다 |
| let me know | | 나에게 알려주다(내가 알도록 해 주다) |
| remind | 동사 | ~에게 (…을) 상기시키다[기억하도록 알려주다] |
| spend time with someone | | ~와 시간을 보내다 |
| suddenly | 부사 | 갑자기 |
| take a trip to | | ~로 여행 가다 |
| talk to someone about something | | ~와 …에 대해 이야기를 나누다 |
| turn in the paper | | 리포트를 제출하다 |
| walk in the rain | | 빗속을 걷다 |

# Training 37. It's too cold to swim in the river.
## to부정사와 동명사의 관용적 용법

회화 문장에서 자주 쓰이는 to부정사와 동명사의 관용적 표현들을 정리하고 문장 만들기를 통해서 연습해봅시다.

### Point 1  to부정사의 관용적 표현

❶ **too+형용사[부사]+to부정사**: ~하기에는 너무 …핸[하게]
- It's **too cold to swim** in the river.   강에서 수영하기에는 너무 춥다.

❷ **형용사[부사]+enough+to부정사**: ~할 만큼 충분히 …핸[하게]
- He is **strong enough to move** this box.
  그는 이 상자를 옮길 수 있을 만큼 충분히 힘이 세다.

### Point 2  동명사의 관용적 표현

❶ **go+동사-ing**: ~하러 가다

> go shopping 쇼핑하러 가다 | go fishing 낚시하러 가다 | go jogging 조깅하러 가다
> go swimming 수영하러 가다 | go camping 캠핑하러 가다 | go hiking 하이킹하러 가다

- I would like to **go shopping** with you.   나는 너와 쇼핑을 가고 싶어.

❷ **have fun[a good time]+동사-ing**: ~하면서 즐거운 시간을 보내다
- We **had a good time talking** with them.   우리는 그들과 대화하며 즐거운 시간을 보냈다.

❸ **have trouble[difficulty/a hard time/a difficult time]+동사-ing**: ~하는 데 어려움이 있다, 힘든 시간을 보내다
- She **had a hard time understanding** the speech.
  그녀는 그 연설을 이해하는 데 어려움을 겪었다.

❹ **feel like+동사-ing**: ~하고 싶다
- I **feel like drinking** tonight.   나는 오늘 밤 술 한잔 하고 싶어.

❺ **spend[waste]+time[money]+동사-ing**: ~하는 데 시간[돈]을 쓰다[낭비하다]
- Sam **spends** most of his **time reading**.   Sam은 대부분의 시간을 독서하면서 보낸다.
- Don't **waste** your **time playing** games.   게임하는 데 시간을 낭비하지 마.

❻ **look forward to+동사-ing**: ~하는 것을 기대하다
- I **look forward to hearing** from you.   나는 너의 소식을 듣기를 기대하고 있어.

❼ **can't help+동사-ing**: ~하지 않을 수 없다, ~할 수밖에 없다
- I **couldn't help crying** when I saw you.   나는 너를 봤을 때 울 수밖에 없었어.

❽ **be[get] used to+동사-ing**: ~하는 데 익숙하다[익숙해지다]
- I **am used to working** with them.   나는 그들과 일하는 데 익숙하다.

❾ **be worth+동사-ing**: ~할 만한 가치가 있다
- The museum **is worth visiting**.   그 박물관은 가 볼 만한 가치가 있다.

❿ **be busy+동사-ing**: ~하느라 바쁘다
- She **was busy talking** to him.   그녀는 그와 수다를 떠느라 바빴다.

## Practice Step 1 기초 다지기

보기를 참고해 빈칸에 알맞은 형태의 단어를 넣어 문장을 완성해보세요.

**보기**: wake  visit  go  see  find  feel

1. Mia는 아침 일찍 일어나는 것에 어려움이 있다.
   Mia has trouble _____ up early.

2. 로키 산맥은 가 볼 만한 가치가 있다.
   The Rocky Mountains are worth _____.

3. 그 남자아이는 너무 빨리 달려서 잡을 수가 없다.
   The boy runs _____ fast _____ catch.

4. 나는 그것을 이해하기에 충분히 똑똑하다.
   I am smart _____ _____ understand it.

5. 우리는 산책 나가고 싶었다.
   We felt like _____ out for a walk.

6. 우리는 너를 볼 날을 기대하고 있어.
   We're looking forward to _____ you.

7. Olivia는 직장을 구하는 데 어려움을 겪었다.
   Olivia had a difficult time _____ a job.

8. 그녀에게 안타까운 마음이 들 수밖에 없다.
   I can't help _____ sorry for her.

9. 너는 성공할 만큼 충분히 열심히 일했어.
   You worked hard _____ _____ succeed.

10. 우리는 너무 늦게 도착해서 비행기를 탈 수 없었다.
    We arrived _____ late _____ catch the flight.

**Answers**
1. waking   2. visiting   3. too, to   4. enough to   5. going
6. seeing   7. finding   8. feeling   9. enough to   10. too, to

PART 6 부정사&동명사

## Practice Step 2 어순 훈련하기

**주어진 단어들을 어순에 맞게 넣어 문장을 완성해보세요.**

1. 모든 사람들이 파티에서 춤추면서 즐거운 시간을 보냈다. (a good time, Everybody, at the party, had, dancing)
   _____.

2. 나는 그들을 기다리는 데 시간을 낭비하고 싶지 않다. (waste, for them, time, I, don't want to, waiting)
   _____.

3. 나는 너무 피곤했다. 나는 하품을 할 수밖에 없었다. (couldn't help, I, yawning)
   I was very tired. _____.

4. 그녀는 차 수리를 하는 데 많은 돈을 썼다. (a lot of money, fixing, She, her car, spent)
   _____.

5. 우리는 그것을 파악하는 데 어려움을 겪었다. (difficulty, We, had, figuring that out)
   _____.

6. 그것은 너무 좋아서 믿을 수가 없다. (too, It's, good, be, true, to)
   _____.

7. 너는 곧 이곳에서 일하는 데 적응될 거야. (get used to, You, working, here, will)
   _____.

8. 외출하기에는 너무 더운 날씨였다. (too hot, It, go out, to, was)
   _____.

9. 그녀는 저녁 준비하느라 굉장히 바쁘다. (busy, She, dinner, is, making, very)
   _____.

10. 그 드레스는 나에게는 너무 꽉 껴서 입을 수가 없었다. (too, The dress, to, tight, was, for me, wear)
    _____.

## Step 3 짧은 문장 써 보기

앞에서 배운 내용을 바탕으로, 주어진 우리말에 맞게 영어 문장을 써 보세요.

1. 이 책은 너무 어려워서 이해하기 힘들다.
   _____.

2. 이 장소는 20명의 사람들이 있기에 충분히 넓다.
   _____.

3. 우리는 학교까지 걸어가는 데 익숙하다.
   _____.

4. Jennifer는 그 소설책을 읽는 데 많은 시간을 소비했다.
   _____.

5. 이번 토요일에 나와 하이킹 갈래?
   _____?

6. Eddie는 이제껏 그 파티를 준비하느라 바빴다.
   _____.

**Hint!** difficult 어려운  understand 이해하다  large (공간이) 넓은  walk to school 학교에 걸어가다  go hiking 하이킹 가다  prepare for the party 파티를 준비하다

## Practice Step 4 길게 써 보기

지금까지 배운 내용을 떠올리면서, 주어진 우리말에 맞게 영어로 글을 써 보세요.

**1.** 그녀는 파티에서 그와 춤추고 싶었다. 하지만 그녀는 그에게 춤추자고 말하기에는 너무 수줍음을 탔다. 그녀는 그렇게 할 만큼 충분히 용감한 사람이 아니었다. 그녀는 대부분의 시간을 무엇을 할지 생각만 하는 데 낭비했다.

**2.**

ⓐ 나는 이 수학 숙제를 하는 데 어려움을 겪고 있어. 너는 어때?

ⓑ 이번 숙제는 너무 까다로워서 풀 수가 없어.

ⓐ 우리는 (지금까지) 이 숙제를 하느라 많은 시간을 소비하고 있어.

ⓑ 힘들긴 하지만, 해볼 만한 가치는 있지.

**Hint!** dance with him 그와 춤추다  brave 용감한  most of the time 대부분의 시간  what to do 무엇을 할지  work on homework 숙제를 하다  tricky 까다로운, 힘든

## Voca 단어 및 표현 확인하기

| | | |
|---|---|---|
| brave | 형용사 | 용감한 |
| dance with him | | 그와 춤추다 |
| difficult | 형용사 | 어려운 |
| go hiking | | 하이킹 가다 |
| large | 형용사 | (공간이) 넓은 |
| most of the time | | 대부분의 시간 |
| prepare for the party | | 파티를 준비하다 |
| tricky | 형용사 | 까다로운, 힘든 |
| understand | 동사 | 이해하다 |
| walk to school | | 학교에 걸어가다 |
| what to do | | 무엇을 할지 |
| work on homework | | 숙제를 하다 |

# PART 7

## 감정 표현은 분명하게!
# 분사

분사는 **동사-ing(현재분사)**나 **동사-ed(과거분사)**의 형태를 취하며, 문장에서 **형용사**의 역할을 할 수 있습니다.

Part 7에서는 현재분사, 과거분사를 구분하여 회화 문장을 좀 더 섬세하고 정확하게 표현해낼 수 있도록 연습해봅시다.

❖ **현재분사:** 동사-ing ｜ 진행의 의미('~하고 있는'), 능동의 의미('~하게 하는')
❖ **과거분사:** 동사-ed ｜ 완료의 의미('~한'), 수동의 의미('~하게 된')

## Training 38. Look at the running dog.
### 현재분사 vs. 과거분사

**Point 1**  현재분사(동사-ing): 진행, 능동의 의미('~하고 있는, ~하는')
- Look at the **running** dog.  뛰고 있는 강아지를 봐.
- I saw the dog **running** away.  나는 그 강아지가 도망가는 모습을 봤다.

**Point 2**  과거분사(동사-ed): 수동, 완료의 의미('~해버린, ~되어진, ~당한')
- There are **fallen** leaves here.  여기에 떨어진 잎들이 있다..
- I am very **excited** to see you.  나는 너를 볼 생각에 정말 신났어.

**Point 3**  동명사, 현재분사 구분하기

동명사, 현재분사 둘 다 동사-ing 형태를 하고 있지만 문장에서의 역할이 다릅니다.

| 동명사: 명사 역할 | 현재분사: 형용사 역할 |
|---|---|
| **Sleeping** is very important for your health.<br>자는 것은 건강에 굉장히 중요하다.<br>⋯▶ 명사 역할=동명사 | The **sleeping** baby looks like an angel.<br>자고 있는 아기는 천사 같아 보인다.<br>⋯▶ 명사 수식=현재분사 |

분사는 형용사의 역할을 하기 때문에 **명사를 수식**하거나 **보어**의 역할을 모두 할 수 있어요.
❶ 명사 수식
- the **sleeping** baby 잠자는 아기
- the **wounded** soldiers 부상당한 병사들

❷ 보어 역할
- He looked **surprised**. 그는 놀란 것처럼 보였다. (주격 보어)
- I saw the girl **dancing** in the street. 나는 저 소녀가 거리에서 춤추는 모습을 봤다. (목적격 보어)

# Practice Step 1 기초 다지기

보기를 참고해 빈칸에 알맞은 형태의 단어를 넣어 문장을 완성해보세요.

**보기**: boil  break  cry  fall  follow  grow  jump  make  print  steal

1. 자라고 있는 식물을 봐.
   Look at the _____ plants.

2. 나는 도둑맞은 가방을 찾고 있습니다.
   I'm looking for the _____ bag.

3. 이것은 그녀가 만든 스파게티이다.
   This is the spaghetti _____ by her.

4. 우리는 점프하는 캥거루들을 봤다.
   We saw the _____ kangaroos.

5. 다음 질문을 잘 들어보세요.
   Listen to the _____ question carefully.

6. 식탁 위에 있는 삶은 계란 먹어도 돼.
   You can eat the _____ eggs on the table.

7. 나는 그 아이들이 우는 소리를 들었다.
   I heard the children _____.

8. 저 떨어지고 있는 잎들을 봐.
   Look at those _____ leaves.

9. 내가 가서 그 인쇄된 종이를 가지고 올게.
   I will go and get the _____ paper.

10. 그 집에는 깨진 창문이 있다.
    There is a _____ window in the house.

**Answers**
1. growing  2. stolen  3. made  4. jumping  5. following
6. boiled  7. crying  8. falling  9. printed  10. broken

## Practice Step 2 어순 훈련하기

**주어진 단어들을 어순에 맞게 넣어 문장을 완성해보세요.**

1. 검은 정장을 입은 남자가 나의 남편이다. (my husband, a black suit, wearing, The guy, is)
   _____.

2. 너는 고장 난 문을 고쳐야겠어. (need to, You, fix, the broken door)
   _____.

3. Alice와 이야기 나누고 있는 여자가 내 언니이다. (my sister, Alice, talking to, The girl, is)
   _____.

4. 나는 그녀가 그 결과에 실망한 모습을 보고 싶지 않다. (see, I, disappointed, don't want to, her, at the result)
   _____.

5. 그 축구 시합은 정말 흥미진진했다. (was, The soccer match, exciting, very)
   _____.

6. Martha는 한국 역사에 관한 흥미로운 책을 읽었다. (interesting, Korean history, an, about, book, Martha, read)
   _____.

7. 그들은 그 이야기에 우울해졌다. (depressed, by the story, They, were)
   _____.

8. 그것은 내 삶에서 가장 치욕스러운 순간이었다. (humiliating, It, the most, was, moment, of my life)
   _____.

9. Sophie는 계단을 내려가면서 기침을 했다. (coughing, walked down, Sophie, the stairs)
   _____.

10. 그 파티에 있던 사람들은 식사에 만족했다. (at the party, The people, with the meal, were, satisfied)
    _____.

## Step 3 짧은 문장 써 보기

앞에서 배운 내용을 바탕으로, 주어진 우리말에 맞게 영어 문장을 써 보세요.

1. 나는 지루한 사람들과 같이 있는 것을 좋아하지 않는다.
   _____.

2. 그 테이블에 앉아 있는 여자아이가 내 딸이다.
   _____.

3. 나는 그녀의 눈이 눈물로 가득 찬 것을 봤다.
   _____.

4. 나는 교실에서 내 이름이 불리는 것을 들었다.
   _____.

5. 너는 지금 눈사람을 만들고 있는 아이들을 아니?
   _____?

6. Kelly는 남자친구가 보낸 선물을 열어보지 않았다.
   _____.

**Hint!** boring 지루한, 재미 없는　sitting at the table 테이블에 앉아 있는　filled with ~로 가득 찬　make a snowman 눈사람을 만들다　sent by ~에 의해 보내진

## Practice Step 4 길게 써 보기

**지금까지 배운 내용을 떠올리면서, 주어진 우리말에 맞게 영어로 글을 써 보세요.**

1. 저 깨진 창문을 봐. 나는 Jason이 창문을 향해 돌멩이를 던지는 것을 봤어.
   그것은 굉장히 충격적이었어. 우리 부모님이 깨진 창문을 보시면 굉장히 화를 내실 거야.

   _____
   _____
   _____
   _____

2. Ⓐ 무슨 책을 읽고 있어?

   Ⓑ 로맨스 소설을 읽고 있어. 이것은 정말 감동적이야.

   Ⓐ 로맨스 소설들은 나를 지루하게 만들어.

   Ⓑ 너는 어떤 종류의 책에 관심이 있어?

   Ⓐ _____
   Ⓑ _____
   Ⓐ _____
   Ⓑ _____

   **Hint!** broken 깨진  throw rocks at the window 창문에 돌을 던지다  shocking 충격적인  be freaked out (몹시) 화를 내다, 기겁하다  romantic novel 로맨스 소설  really 진짜로, 정말로  touching 감동적인  bored 지루해 하는, 따분해 하는  interested in ~에 관심이 있는

## 단어 및 표현 확인하기

| | | |
|---|---|---|
| be freaked out | | (몹시) 화를 내다, 기겁하다 |
| bored | 형용사 | 지루해 하는, 따분해 하는 |
| boring | 형용사 | 지루한, 재미 없는 |
| broken | 형용사 | 깨진 |
| filled with | | ~로 가득 찬 |
| interested in | | ~에 관심이 있는 |
| make a snowman | | 눈사람을 만들다 |
| really | 부사 | 진짜로, 정말로 |
| romantic novel | | 로맨스 소설 |
| sent by | | ~에 의해 보내진 |
| shocking | 형용사 | 충격적인 |
| sitting at the table | | 테이블에 앉아 있는 |
| throw rocks at the window | | 창문에 돌을 던지다 |
| touching | 형용사 | 감동적인 |

# Training 39 I'm bored. / He's boring.
## 감정분사

영어 회화에서 문장을 말할 때, 분사를 가장 많이 활용하게 되는 상황이 바로 감정이나 성격 등을 표현할 때입니다.

> I'm bored. 나는 따분하다. | She feels depressed. 그녀는 우울하다. | He's boring. 그는 재미없는 사람이다.

이번 Training 39 '감정분사'에서는 현재분사와 과거분사를 확실하게 구분하고 문장 만들기 연습을 제대로 해봅시다.

**Point 1**  감정을 나타내는 분사는 원래 동사에서 출발합니다.

보통 이런 동사들은 '~하게 하다, ~시키다'의 뜻을 가지고 있습니다. 그래서 **현재분사**가 되면 동사의 뜻을 그대로 살려 '~하게 하는'이 되고, **과거분사**가 되면 당하는 의미가 되어 '~하게 된'의 뜻이 됩니다.

'감정을 느끼게 하는' 능동의 의미: 현재분사 | '감정을 느끼게 되는' 수동의 의미: 과거분사

- surprise 놀라게 하다
  - a **surprising** present 놀라운 선물 (감정을 느끼게 함: 능동)
  - a **surprised** girl 놀란 소녀 (감정을 느낌: 수동)

**Point 2**  많이 쓰이는 감정 분사

| 동사 | | 현재분사 | | 과거분사 | |
|---|---|---|---|---|---|
| interest | 관심을 끌다 | interesting | 흥미로운 | interested | 흥미를 느끼는 |
| excite | 흥분시키다 | exciting | 흥미진진한 | excited | 흥분한, 신나는 |
| surprise | 놀라게 하다 | surprising | 놀라게 하는 | surprised | 놀란 |
| shock | 충격을 주다 | shocking | 충격적인 | shocked | 충격받은 |
| please | 기쁘게 하다 | pleasing | 기쁘게 하는 | pleased | 기쁜 |
| bore | 지루하게 하다 | boring | 지루하게 하는 | bored | 지루해하는 |
| disappoint | 실망시키다 | disappointing | 실망시키는 | disappointed | 실망한 |
| confuse | 혼란시키다 | confusing | 혼란시키는 | confused | 혼란스러운 |
| satisfy | 만족시키다 | satisfying | 만족시키는 | satisfied | 만족한 |
| embarrass | 당황시키다 | embarrassing | 당황시키는 | embarrassed | 당황한 |
| humiliate | 부끄럽게 하다 | humiliating | 부끄럽게 하는 | humiliated | 부끄러운 |
| amaze | 놀라게 하다 | amazing | 놀라게 하는 | amazed | 놀란 |
| tire | 지치게 하다 | tiring | 지치게 하는 | tired | 지친, 피곤한 |
| move | 감동을 주다 | moving | 감동을 주는 | moved | 감동받은 |
| exhaust | 지치게 하다 | exhausting | 지치게 하는 | exhausted | 지친, 기진맥진한 |

## Step 1 기초 다지기

빈칸에 알맞은 형태의 단어(p.258 참고)를 넣어 문장을 완성해보세요.

1. 그 영화는 충격적이었다.
   The movie was _____.

2. 그는 따분한 상태이다.
   He is _____.

3. 우리는 그 소식에 놀랐다.
   We were _____ at the news.

4. 그 TV 프로그램은 매우 흥미롭다.
   The TV program is very _____.

5. 그들은 그 소식에 기뻐할 것이다.
   They will be _____ with the news.

6. 그 아이들은 소풍 갈 생각에 신났다.
   The children are _____ about the picnic.

7. 그녀는 틀림없이 굉장히 피곤할 것이다.
   She must be very _____.

8. 나는 일을 마치고 엄청 지쳤다.
   I was very _____ after work.

9. Emily는 만족스러운 결과를 얻었다.
   Emily got a _____ result.

10. 그녀는 (이제껏) 놀라운 일들을 해냈다.
    She has done _____ things.

**Answers**
1. shocking  2. bored  3. surprised/amazed  4. interesting  5. pleased
6. excited  7. tired/exhausted  8. tired/exhausted  9. satisfying  10. amazing/surprising

## Practice Step 2 어순 훈련하기

**주어진 단어들을 어순에 맞게 넣어 문장을 완성해보세요.**

1. 나는 외국어를 배우는 것에 관심이 있다. (foreign languages, interested, I am, learning, in)
   _____.

2. 그것은 내 인생에서 최고로 신나는 게임이었다. (was, the most, It, in my life, exciting, game)
   _____.

3. 너는 그 소식을 듣고 놀라지 않았어? (hear, to, surprised, you, Weren't, the news)
   _____?

4. 그들이 나에게 했던 말은 정말 충격적이었다. (was, to me, What, said, they, shocking, very)
   _____.

5. 학생들은 그의 강의에 혼란스러워했다. (confused, his lecture, The students, were, about)
   _____.

6. 그녀는 아마 그 순간에 부끄러웠을 것이다. (would have, She, humiliated, felt, at that moment)
   _____.

7. 나는 당신들에게 이 놀라운 이야기를 들려주고 싶습니다. (amazing, share, would like to, I, this, story, with you)
   _____.

8. 그것은 내 삶에서 가장 치욕스러운 순간이었다. (humiliating, It, the most, was, moment, of my life)
   _____.

9. 이것은 가장 지치게 하는 일이다. (tiring, This, work, is, the most)
   _____.

10. 그의 부모님은 그 소식에 기뻐했다. (pleased, to, the news, were, His parents, hear)
    _____.

## Practice Step 3 짧은 문장 써 보기

앞에서 배운 내용을 바탕으로, 주어진 우리말에 맞게 영어 문장을 써 보세요.

1. 그 책은 흥미진진한 이야기로 가득하다.
   _____.

2. 그녀의 공연은 정말 놀라웠다.
   _____.

3. 밤에 일하는 것은 나를 피곤하게 만든다.
   _____.

4. 그 단어들은 정말 헷갈려서 나는 그것들을 기억할 수 없다.
   _____.

5. 그들 모두는 그 영화에 깊이 감동받았다.
   _____.

6. Kyle은 드디어 만족스러운 직업을 얻게 되었다.
   _____.

**Hint!** be full of ~로 가득하다  exciting 흥미로운  amazing 놀라운  tired 피곤한, 지친  confusing 헷갈리는  moved 감동받은  satisfying 만족스러운

## Practice Step 4 길게 써 보기

지금까지 배운 내용을 떠올리면서, 주어진 우리말에 맞게 영어로 글을 써 보세요.

**1.** 오늘은 엄마의 생신이다. 나는 엄마에게 깜짝 파티를 열어드리려고 계획 중이다. 나는 엄마가 내가 만든 이 케이크에 기뻐하시길 바란다. 나는 엄마의 모습을 볼 생각에 신이 난다.

_____
_____
_____

**2.**
Ⓐ 이 시간에 아직도 일하고 있는 거야? 피곤하겠다.

Ⓑ 밤에 일하는 것은 지치게 만들어.

Ⓐ 나는 너의 건강이 염려돼.

Ⓑ 사실 요즘 나는 탈진한 상태야.

Ⓐ _____
Ⓑ _____
Ⓐ _____
Ⓑ _____

**Hint!** plan to+동사원형 ~하려고 계획하다　throw ~에게 (파티 등) …을 열어주다　surprise party 깜짝 파티　be pleased with ~에 기뻐하다　excited 신이 난, 흥분한　at this hour 이 시간에　tired 피곤한, 지친　tiring 피곤하게[지치게] 만드는　worried about ~에 대해 걱정하는　exhausted 탈진한, 진이 다 빠진

## 단어 및 표현 확인하기

| | | |
|---|---|---|
| amazing | 형용사 | 놀라운 |
| at this hour | | 이 시간에 |
| be full of | | ~로 가득하다 |
| be pleased with | | ~에 기뻐하다 |
| confusing | 형용사 | 헷갈리는 |
| excited | 형용사 | 신이 난, 흥분한 |
| exciting | 형용사 | 흥미로운 |
| exhausted | 형용사 | 탈진한, 진이 다 빠진 |
| moved | 형용사 | 감동받은 |
| plan to+동사원형 | | ~하려고 계획하다 |
| satisfying | 형용사 | 만족스러운 |
| surprise party | | 깜짝 파티 |
| throw | 동사 | ~에게 (파티 등) …을 열어주다 |
| tired | 형용사 | 피곤한, 지친 |
| tiring | 형용사 | 피곤하게[지치게] 만드는 |
| worried about | | ~에 대해 걱정하는 |

# PART 8

## 마음껏 상상하며 표현하기!
# 가정법

**가정법**은 말 그대로 어떤 상황을 가정하여 '만약 ~라면, ~하게 될 거야'라고 표현하는 방법을 말합니다.

사실과 다른 상황을 상상, 추측하거나 아쉬움을 표현하고 싶을 때 쓰게 되는 것이 바로 가정법 문장입니다. 가정법 문장들을 제대로 만들 수 있다면 영어 회화에서 훨씬 다양한 상황들을 표현할 수 있는 힘이 생깁니다.

### 가정법 Family

❶ 가정법 현재(조건의 if)
❷ 가정법 과거(현재 사실의 반대, 상상)
❸ 가정법 과거완료(과거 사실의 반대, 상상)
❹ I wish 가정문(아쉬움 표현)
❺ What if 가정문('만약 ~라면')

# If you work out, you will lose weight. 가정법 현재

**Point 1**    가정법에서 가장 많이 쓰이는 if 가정법은 크게 두 가지로 나눌 수 있습니다.

    ❶ **조건의 if**: 실제로 벌어질 가능성이 있는 상황(일어날 수 있는 일)
    ❷ **가정의 if**: 실제로 벌어질 가능성이 적지만 상상, 가정해 보는 상황(일어나기 쉽지 않은 일)

**Point 2**    조건의 if는 if절에 현재동사를 쓰기 때문에 '가정법 현재'라고도 불리며, 현재나 미래 시점에 실제로 일어날 수 있는 상황을 표현할 때 씁니다.

**Point 3**    **가정법 현재 문장 구조**

    **If+주어+현재동사, 주어+현재동사/조동사(will, can, should, …)**
    '만약 ~한다면, …한다/할 것이다/할 수 있다/해야 한다 …'

- **If** I **don't get** enough sleep, I **get** a headache.
  나는 충분한 수면을 취하지 않으면 두통이 생긴다.
- **If** I **am** free tomorrow, I **will** come and see you.
  내가 내일 시간이 생기면 너를 보러 갈게.
- **If** you **work out** every day, you **will** lose some weight.
  네가 매일 운동한다면, 너는 살을 뺄 수 있을 거야.

❶ 조건의 if절에서는 현재시제가 미래시제를 대신해요.
- If you pick me up tomorrow (✗ If you will pick me up tomorrow), I will be very happy.
  네가 내일 나를 데리러 온다면, 나는 정말 기쁠 거야.

❷ 조건의 if절은 과거에 실제로 일어났던 일과 관련된 조건을 나타낼 수도 있어요.
- If she treated you like that, she was very rude.
  그녀가 너를 그런 식으로 대했다면, 그녀는 정말 무례했던 거야.

## Step 1 기초 다지기

빈칸에 알맞은 형태의 동사와 조동사를 넣어 문장을 완성해보세요.

1. 나는 충분한 시간이 생기면, 책을 읽는다. (have, read)
   If I _____ enough time, I _____ a book.

2. 나에게 충분한 돈이 있다면, 유럽으로 여행을 갈 것이다. (have, take)
   If I _____ enough money, I _____ _____ a trip to Europe.

3. 네가 아침을 먹지 않는다면, 너는 수업 중 배가 고플 거야. (have, get)
   If you _____ _____ breakfast, you _____ _____ hungry during class.

4. 만약에 비가 온다면, 우리는 집에 머물러야만 한다. (rain, stay)
   If it _____, we _____ _____ at home.

5. 만약에 내일 춥다면, 우리는 등산을 가지 않기로 결정할지도 모른다. (be, decide)
   If it _____ cold tomorrow, we _____ _____ not to go hiking.

6. 만약 누군가가 전화를 걸어오거든, 메시지를 받아주세요. (call, take)
   If anyone _____, please _____ a message.

7. 내가 그 손목시계를 찾게 되면, 너에게 알려 줄게. (find, let)
   If I _____ the watch, I _____ _____ you know.

8. 네가 이 일을 원한다면, 너는 더 열심히 해 봐야 해. (want, try)
   If you _____ this job, you _____ _____ harder.

9. 네가 그와 데이트하기 싫다면, 그에게 사실대로 말해야 해. (want)
   If you don't _____ to go out with him, you _____ tell him the truth.

10. 그녀가 나의 도움을 필요로 한다면, 나는 그녀를 도와 줄 것이다. (need, give)
    If she _____ my help, I _____ _____ her a hand.

**Answers**
1. have, read  2. have, will take  3. don't have, will get  4. rains, should stay  5. is, may decide
6. calls, take  7. find, will let  8. want, should try  9. want, should  10. needs, will give

PART 8 가정법   267

## Practice Step 2 어순 훈련하기

**주어진 단어들을 어순에 맞게 넣어 문장을 완성해보세요.**

1. 네가 그에게 데이트 신청을 하면, 그는 좋아할 거야. (If, ask, out, you, him / will, he, be, happy)
   _____.

2. 네가 말할 준비가 되면, 나에게 알려 줘. (ready, If, to, talk, are, you / me, let, just, know)
   _____.

3. 만약 그가 또 한 번의 기회를 얻게 된다면, 그는 당연히 그것을 받아들일 것이다. (he, another chance, If, gets / take, will, definitely, he, it)
   _____.

4. 우리가 그 문제를 해결하면, 너희들에게 바로 전화할게. (figure, out, If, it, we / call, right away, you, we, will)
   _____.

5. 네가 다시 한번 시도해 본다면, 그 기회를 얻게 될지도 몰라. (it, give, another shot, If, you / might, the chance, you, be able to, get)
   _____.

6. 그녀가 룸메이트를 원한다면, 그녀는 온라인 광고를 해야 할 거야. (wants, If, roommates, she / advertise, will, online, she, need to)
   _____.

7. 그들이 이혼하면, 아이들이 엄청 충격받을 것이다. (get divorced, If, they / devastated, will, their kids, be)
   _____.

8. Emily가 우리와 함께 있어 준다면, 우리는 더 즐거운 시간을 보낼 수 있어. (Emily, stays, If, us, with / have, more fun, can, we)
   _____.

9. 네가 계속 찾으면, 그 일에 적격인 사람을 찾을 수 있을 거야. (keep looking, you, If / will, you, find, be able to, for the job, a qualified person)
   _____.

10. 내일 비가 오지 않는다면, 공원에 가는 것이 어때? (doesn't, tomorrow, If, it, rain / to the park, we, why don't, go)
    _____?

## Practice Step 3 짧은 문장 써 보기

앞에서 배운 내용을 바탕으로, 주어진 우리말에 맞게 영어 문장을 써 보세요.

1. Emily가 하버드에 합격하게 되면, 그녀는 정말 행복해할 것이다.
   _____.

2. 너희가 숙제를 끝내면, 밖에 나가서 놀 수 있어.
   _____.

3. 우리가 그를 도와주지 않으면, 그는 위험에 처하게 될 거야.
   _____.

4. 당신이 지금 바쁘시면, 제가 내일 올게요.
   _____.

5. 네가 많이 지쳤다면, 집에서 쉬면 돼.
   _____.

6. 내가 내일 그를 만나게 되면, 그에게 "고마워"라고 말할게.
   _____.

**Hint!** get accepted to ~에 합격하다  go out and play 밖에 나가서 놀다  be in danger 위험에 처하다  exhausted (몹시) 지친  stay home and relax 집에 머무르며 쉬다

## Practice Step 4 길게 써 보기

지금까지 배운 내용을 떠올리면서, 주어진 우리말에 맞게 영어로 글을 써 보세요.

1. 오늘은 출근 첫날이다. 나는 직장에 지각하기 싫다. 지금 나가면, 제시간에 출근할 것이다. 일을 시작하면, 나는 최선을 다할 것이다.

2. 
   Ⓐ 나는 곤란한 상황에 처해 있어. 나는 그의 도움이 필요해.
   Ⓑ 네가 그에게 도움을 요청하면, 그는 기꺼이 도와줄 거야.
   Ⓐ 그가 지금 집에 있을까?
   Ⓑ 나도 모르겠어. 그에게 전화하면, 알게 될 거야.

**Hint!** the first day of work 출근 첫날  be late for ~에 지각하다  get to work 출근하다  in time 제시간에  do my best 최선을 다하다  be in trouble 곤란한 상황에 놓이다  ask A for help A에게 도움을 요청하다  be willing to+동사원형 ~을 기꺼이 하다  stay at home 집에 머물다  find out 알아내다, 발견하다

## Voca 단어 및 표현 확인하기

| | |
|---|---|
| ask A for help | A에게 도움을 요청하다 |
| be in danger | 위험에 처하다 |
| be in trouble | 곤란한 상황에 놓이다 |
| be late for | ~에 지각하다 |
| be willing to+동사원형 | ~을 기꺼이 하다 |
| do my best | 최선을 다하다 |
| exhausted  *형용사* | (몹시) 지친 |
| find out | 알아내다, 발견하다 |
| get accepted to | ~에 합격하다 |
| get to work | 출근하다 |
| go out and play | 밖에 나가서 놀다 |
| in time | 제시간에 |
| stay at home | 집에 머물다 |
| stay home and relax | 집에 머무르며 쉬다 |
| the first day of work | 출근 첫날 |

# If I were you, I wouldn't do that.
## 가정법 과거

**Point 1** 가정의 if 문장은 실제로 일어날 가능성이 적지만 일어난다고 상상하거나, 혹은 사실과 반대되는 상황을 가정, 상상할 때 쓰입니다.

가정의 if는 원래 표현하고자 하는 시점보다 한 단계 이전 시제를 쓰기 때문에 '가정법 과거'라고도 불립니다.

**Point 2** **가정법 과거 문장 구조**

**If + 주어 + 과거동사, 주어 + 추측 조동사(would, could, might, …) + 동사원형**
'만약 ~한다면, …할 텐데'

*가정법 과거에서는 if절 be동사로 주어에 관계없이 were를 씁니다.

- **If** I **had** a lot of money, I **would** buy a bigger house.
  만약 내가 돈이 많다면, 더 큰 집을 살 텐데.
- **If** I **were** you, I **would** accept the offer.
  만약 내가 너라면, 나는 그 제안을 받아들일 거야.

가정법 과거에서 if절에 be동사를 쓸 경우 주어에 관계없이 were를 쓰는 것이 원칙이지만, 구어체에서는 1인칭/3인칭 주어일 때 was를 쓰기도 해요.
- If he **were (=was)** here, he could help us. 그가 여기 있다면, 우리를 도와줄 수 있을 텐데.

# Practice Step 1 기초 다지기

**빈칸에 알맞은 형태의 동사와 조동사를 넣어 문장을 완성해보세요.**

1. 내가 오늘 일하지 않아도 된다면, 나는 너와 함께 있을 거야.
   If I _____ have to work today, I _____ be with you.

2. 누군가가 나를 향해서 총을 겨눈다면, 나는 겁을 먹을 것이다. (point)
   If someone _____ a gun at me, I _____ be frightened.

3. 네가 돈이 아주 많다면, 무엇을 할 거야? (have)
   If you _____ a lot of money, what _____ you do?

4. 네가 만약 여권을 잃어버리면, 너는 곤란해질지도 몰라. (lose)
   If you _____ your passport, you _____ be in trouble.

5. 그녀가 내 상황이라면, 그녀도 똑같이 할 것이다. (be)
   If she _____ in my situation, she _____ do the same thing.

6. 내가 일을 그만두게 된다면, 나는 대학원에 진학할 수 있을 것이다. (quit)
   If I _____ my job, I _____ go to graduate school.

7. 만일 그들이 부부가 아니라면, 더 행복해질 수 있을 텐데. (be)
   If they _____ married to each other, they _____ be happier.

8. 만약에 그들이 너를 그 파티에 초대한다면, 너는 파티에 갈 거야? (invite)
   If they _____ you to the party, _____ you go?

9. 그가 알게 된다면, 나는 일자리를 잃을지도 모른다. (find)
   If he _____ out, I _____ lose my job.

10. 네가 그들을 알아가게 된다면, 너는 굉장히 실망하게 될 거야. (get)
    If you _____ to know them, you _____ be very disappointed.

---

**Answers**
1. didn't, would  2. pointed, would  3. had, would  4. lost, might  5. were, would
6. quit, could  7. weren't, could  8. invited, would  9. found, might  10. got, would

## Practice Step 2  어순 훈련하기

**주어진 단어들을 어순에 맞게 넣어 문장을 완성해보세요.**

1. 내가 복권에 당첨되면, 나는 강남에 빌딩을 살 것이다. (won, If, the lottery, I / would, a building, I, buy, in Gangnam)
   _____ .

2. 네가 만약에 내 입장이라면, 이것을 더 낫게 만들 수 있겠어? (in my position, If, were, you / you, could, make it better)
   _____ ?

3. 그가 만약 일한 경력이 있다면, 여기서 일자리를 구할 수 있을 것이다. (job experiences, some, had, If, he / get, he, could, here, a job)
   _____ .

4. 내가 너라면, 그를 그런 식으로 대하지 않을 거야. (were, If, I, you / wouldn't, him, I, treat, like that)
   _____ .

5. 너희 아빠가 살아계신다면, 너에게 뭐라고 말씀하실까? (were, If, alive, your dad / would, what, you, he, say, to)
   _____ ?

6. 우리가 만약 베이비시터를 고용한다면, 우리는 훨씬 더 행복해질 수 있을 것이다. (a babysitter, If, hired, we / could, we, happier, much, be)
   _____ .

7. 당신이 제 선생님이라면, 저는 당신을 존경심을 가지고 대할 거예요. (were, my teacher, If, you / with respect, treat, I, would, you)
   _____ .

8. Aiden이 사실을 알게 된다면, 그는 정말 힘들어 할 거야. (If, found, Aiden, out / would, him, it, kill)
   _____ .

9. 네가 만약 비밀을 지켜준다면, 정말 고마울 거야. (kept, If, you, the secret / appreciate, I, it, would)
   _____ .

10. Alicia가 여기 있다면, 우리는 이것을 그녀에게 보여줄 수 있을 텐데. (Alicia, If, were, here / could, we, to her, show, this)
    _____ .

## Practice Step 3 짧은 문장 써 보기

앞에서 배운 내용을 바탕으로, 주어진 우리말에 맞게 영어 문장을 써 보세요.

1. 날씨가 춥지 않다면, 나는 학교에 걸어갈 수 있을 텐데.
   _____.

2. 그녀가 기분이 좋다면, 나는 그녀와 이것에 대해 이야기 나눠볼 수 있을 텐데.
   _____.

3. 그가 용기가 있다면, 그냥 도망치지는 않을 텐데.
   _____.

4. 내게 충분한 시간이 있다면, 많은 책을 읽을 거야.
   _____.

5. 그녀가 말을 천천히 한다면, 나는 그녀의 말을 더 잘 이해할 수 있을 거야.
   _____.

6. 우리에게 달걀이 더 있다면, 오믈렛을 만들어 먹을 수 있을 텐데.
   _____.

**Hint!** walk to school 학교에 걸어가다  be in a good mood 기분이 좋다  brave 용감한  run away 도망가다  speak slowly 천천히 말하다  understand 이해하다  make an omelet 오믈렛을 만들다

## Practice Step 4 길게 써 보기

지금까지 배운 내용을 떠올리면서, 주어진 우리말에 맞게 영어로 글을 써 보세요.

1. Amy는 얼른 눈이 오길 바라고 있었다. 만약 눈이 온다면, 그녀는 눈사람을 만들 것이다. 그녀의 여동생들이 함께할 수 있다면, Amy는 그들과 눈싸움도 할 것이다.

2. 
   Ⓐ 네게 많은 돈이 있다면 무엇을 할 거야?

   Ⓑ 내게 만약 돈이 많다면, 나는 부모님과 세계 여행을 갈 거야. 너는 어때?

   Ⓐ 내게 만약 돈이 많다면, 내가 원하는 물건들을 다 살 거야.

   Ⓑ 우리는 그것이 실현되도록 노력해볼 수 있어.

   Ⓐ 
   Ⓑ 
   Ⓐ 
   Ⓑ 

**Hint!** snow 눈이 내리다　make a snowman 눈사람을 만들다　join ~와 함께하다　have a snowball fight 눈싸움을 하다　travel around the world 세계 여행을 하다　make it happen (꿈, 목표 등) ~이 실현되게 하다

## 단어 및 표현 확인하기

| | | |
|---|---|---|
| be in a good mood | | 기분이 좋다 |
| brave | 형용사 | 용감한 |
| have a snowball fight | | 눈싸움을 하다 |
| join | 동사 | ~와 함께하다 |
| make a snowman | | 눈사람을 만들다 |
| make an omelet | | 오믈렛을 만들다 |
| make it happen | | (꿈, 목표 등) ~이 실현되게 하다 |
| run away | | 도망가다 |
| snow | 동사 | 눈이 내리다 |
| speak slowly | | 천천히 말하다 |
| travel around the world | | 세계 여행을 하다 |
| understand | 동사 | 이해하다 |
| walk to school | | 학교에 걸어가다 |

# If I had been wise, I would have accepted it. 가정법 과거완료

**Point 1**    가정법 과거완료는 과거 사실과 반대되는 상황을 가정, 상상할 때 쓰입니다.

**Point 2**    가정법 과거완료 문장 구조

**If+주어+had p.p., 주어+조동사+have p.p.**
'만약 ~했다면, …했을 텐데' (과거 사실의 반대, 상상)

**Point 3**    조동사는 보통 must, would, could, might를 추측의 강도에 따라 골라 씁니다.
(p.168 Training 25 참고)

❶ must have p.p.: '틀림없이 ~했을 거야' (강한 추측)
❷ would have p.p.: '아마 ~했을 거야' (일반적 추측)
❸ could have p.p.: '~할 수 있었을 거야' (가능성 추측)
❹ might have p.p.: '~했을지도 몰라' (약한 추측)

- **If** I **had been** wise, I **would have accepted** the offer.
  내가 현명했다면, 그 제안을 받아들였을 것이다.
- **If** you **had tried** harder, you **could have gotten** the chance.
  네가 더 열심히 시도했다면, 너는 그 기회를 잡을 수도 있었을 거야.

가정법 과거완료는 과거시제 직설법으로 바꿀 수 있어요.
- If I had had enough time yesterday, I could have come over to your place.
  어제 내게 충분한 시간이 있었다면, 나는 너희 집에 놀러 갈 수도 있었을 거야.
  = I didn't have enough time yesterday, so I couldn't come over to your place.
  어제 나는 충분한 시간이 없어서 너희 집에 놀러 갈 수 없었어.

## Step 1 기초 다지기

빈칸에 알맞은 형태의 동사와 조동사를 넣어 문장을 완성해보세요.

1. 그들이 더 열심히 시험 공부를 했다면, 그들은 아마 그 시험을 통과했을 것이다. (study, pass)
   If they _____ harder for the exam, they _____ the exam.

2. 그가 충분한 돈이 있었다면, 그 차를 샀을 수도 있다. (have, buy)
   If he _____ enough money, he _____ the car.

3. 네가 나에게 그 문제에 대해서 이야기했더라면, 나는 틀림없이 너를 도왔을 거야. (tell, help)
   If you _____ me about the problem, I _____ you.

4. 내가 계단에서 미끄러지지 않았더라면, 아마 팔이 부러지지 않았을 것이다. (slip, break)
   If I _____ on the stairs, I _____ my arm.

5. 만약에 날씨가 따뜻했더라면, 우리는 실외에서 식사했을 수도 있다. (be, eat)
   If the weather _____ warm, we _____ outdoors.

6. 내가 바쁘지 않았더라면, 나는 그녀를 방문할 수 있었을지도 모른다. (be)
   If I _____ busy, I _____ able to visit her.

7. 만약 어제 Linda가 집에 있었더라면, 우리는 그녀와 대화를 나눌 수 있었을 것이다. (be, talk)
   If Linda _____ at home yesterday, we _____ to her.

8. 그가 스웨터에 붙어있는 라벨을 읽었더라면, 아마 뜨거운 물에 그것을 빨지 않았을 것이다. (read, wash)
   If he _____ the label on the sweater, he _____ it in hot water.

9. 그들이 그 사실을 더 빨리 알았더라면, 틀림없이 다르게 행동했을 것이다. (know, act)
   If they _____ the truth earlier, they _____ differently.

10. 네가 나에게 그것을 알려주지 않았다면, 나는 실망감을 느꼈을 수도 있어. (let, feel)
    If you _____ me know that, I _____ disappointed.

**Answers**
1. had studied, would have passed  2. had had, could have bought  3. had told, must have helped
4. hadn't slipped, wouldn't have broken  5. had been, could have eaten
6. hadn't been, might have been  7. had been, could have talked
8. had read, wouldn't have washed  9. had known, must have acted  10. hadn't let, could have felt

## Practice Step 2 어순 훈련하기

**빈칸에 알맞은 형태의 단어를 넣어 문장을 완성해보세요.**

1. 나는 네가 병원에 있다는 것을 알았다면, 아마 너를 보러 갔을 것이다. (know, visit)
   If I _____ you were in hospital, I _____ you.

2. James가 좀 더 일찍 일어났다면, 그는 그 기차를 놓치지 않았을 것이다. (get, miss)
   If James _____ up earlier, he _____ the train.

3. 그녀가 직장에서 휴가를 냈다면, 그녀는 좀 더 여유를 느낄 수 있었을 것이다. (take, feel)
   If she _____ time off from work, she _____ more relaxed.

4. 그가 그 시간에 공원에 있었다면, 틀림없이 우리를 봤을 것이다. (be, see)
   If he _____ in the park at that time, he _____ us.

5. 네가 같은 실수를 하지 않았다면, 너는 고용되었을지도 몰라. (make, be)
   If you _____ the same mistake, you _____ hired.

6. 네가 좀 더 가까이 살았다면, 나는 너를 더 자주 봤을 거야. (live, see)
   If you _____ a little bit closer, I _____ you more often.

7. 우리가 5년 전에 만났다면, 우리는 결혼할 수 있었을 것이다. (meet, get)
   If we _____ 5 years ago, we _____ married.

8. 만약 우리가 그 프로젝트를 함께 작업했다면, 우리는 틀림없이 더 잘했을 것이다. (work, do)
   If we _____ on the project together, we _____ it better.

9. Alex가 좀 더 인내심이 있었다면, 그녀는 이 일을 다 끝마쳤을 수도 있었다. (be, get)
   If Alex _____ more patient, she _____ this work completed.

10. Sophie가 나에게 못되게 굴지 않았다면, 우리는 친구가 됐을지도 모른다. (be, become)
    If Sophie _____ mean to me, we _____ friends.

## Practice Step 3 짧은 문장 써 보기

앞에서 배운 내용을 바탕으로, 주어진 우리말에 맞게 영어 문장을 써 보세요.

1. 내가 너의 번호를 알았더라면, 나는 틀림없이 너에게 전화를 걸었을 거야.
   _____.

2. 우리가 좀 더 일찍 왔었더라면, 더 좋은 자리를 맡았을 거야.
   _____.

3. 그녀가 실수를 하지 않았더라면, 그녀는 금메달을 땄을 수도 있었을 거야.
   _____.

4. 내가 더 준비가 되어 있었다면, 나는 취업 면접에서 더 잘 해냈을지도 몰라.
   _____.

5. 그들이 너를 그 파티에서 봤었다면, 너에게 인사를 했을 거야.
   _____.

6. 그녀가 여기에 좀 더 오래 있었더라면, 그녀는 그 비행기를 놓쳤을지도 몰라.
   _____.

**Hint!** get a better seat 더 나은 좌석을 맡다   make a mistake 실수를 하다   win a gold medal 금메달을 따다   be prepared 준비가 되다   be better at ~을 더 잘하다   say hello to ~에게 인사를 하다   stay longer 더 오래 머물다   miss the flight 비행기를 놓치다

## Practice Step 4 길게 써 보기

지금까지 배운 내용을 떠올리면서, 주어진 우리말에 맞게 영어로 글을 써 보세요.

1. Bill은 Alice를 데리러 가기로 되어 있었다. 그는 그곳에 제시간에 도착하지 못했다. 그가 사무실을 좀 더 일찍 떠났더라면, 그는 그곳에 제시간에 도착했을 것이다. 차가 막히지 않았더라면, 그는 그녀를 제시간에 데리러 갔을 수도 있었을 것이다.

2. 
Ⓐ 너 너무 피곤해 보인다. 어젯밤에 잠을 충분히 못 잤니?

Ⓑ 나는 어젯밤 네가 추천해준 그 영화를 봤어. 너무 무서워서 잠을 설쳤어.

Ⓐ 네가 그 영화를 밤늦게 보지 않았다면, 잠을 충분히 잘 수 있었을 텐데.

Ⓑ 다 네 탓이야! 네가 나에게 그 영화를 보라고 하지 않았더라면, 내게 이런 일이 일어나지도 않았을 걸.

Ⓐ

Ⓑ

Ⓐ

Ⓑ

**Hint!** be supposed to+동사원형 ~하기로 되어 있다  pick A up A를 데리러 가다  get[arrive] there on time 제시간에 그곳에 도착하다  leave the office 사무실을 떠나다  be stuck in a traffic jam 교통체증에 갇히다  get enough sleep 잠을 충분히 자다  last night 어젯밤(에)  watch[see] the movie 영화를 보다  recommend 추천하다  too+형용사+to+동사원형 너무 ~해서 …하지 못하다  scared 무서운  fall asleep 잠들다  late at night 밤늦게  fault 잘못  happen (일, 사건 등이) 발생하다, 생기다

## Voca 단어 및 표현 확인하기

| | | |
|---|---|---|
| be better at | | ~을 더 잘하다 |
| be prepared | | 준비가 되다 |
| be stuck in a traffic jam | | 교통체증에 갇히다 |
| be supposed to+동사원형 | | ~하기로 되어 있다 |
| fall asleep | | 잠들다 |
| fault | 명사 | 잘못 |
| get a better seat | | 더 나은 좌석을 맡다 |
| get enough sleep | | 잠을 충분히 자다 |
| get[arrive] there on time | | 제시간에 그곳에 도착하다 |
| happen | 동사 | (일, 사건 등이) 발생하다, 생기다 |
| last night | | 어젯밤(에) |
| late at night | | 밤늦게 |
| leave the office | | 사무실을 떠나다 |
| make a mistake | | 실수를 하다 |
| miss the flight | | 비행기를 놓치다 |
| pick A up | | A를 데리러 가다 |
| recommend | 동사 | 추천하다 |
| say hello to | | ~에게 인사를 하다 |
| scared | 형용사 | 무서운 |
| stay longer | | 더 오래 머물다 |
| too+형용사+to+동사원형 | | 너무 ~해서 …하지 못하다 |
| watch[see] the movie | | 영화를 보다 |
| win a gold medal | | 금메달을 따다 |

# Training 43 I wish I were you.
## I wish 가정법

**Point 1**    I wish 가정법은 현실에서 이루어질 가능성이 적은 일에 대한 바람을 표현하는 문장입니다. I wish 다음에 오는 문장은 현재나 미래 사실에 대한 반대, 상상, 가정을 표현할 때는 과거시제로 쓰고, 과거 사실에 대한 반대, 가정, 아쉬움을 표현할 때는 과거완료 시제로 씁니다.

**Point 2**    I wish 가정법 문장 구조

❶ 현재나 미래 사실의 반대, 상상, 가정: '~라면 좋을 텐데'

I wish (that) + 주어 + 과거시제(일반동사 과거/과거 진행형/과거 조동사 would, could)

*if 가정법 과거와 마찬가지로, be동사는 인칭에 관계없이 were를 씁니다.

- **I wish I could** live in Jejudo.     내가 제주도에 살 수 있으면 좋을 텐데.
- **I wish I were** you.     내가 너라면 좋겠어.

❷ 과거 사실의 반대, 가정, 아쉬움: '~했다면 좋았을 텐데'

I wish (that) + 주어 + 과거완료(had p.p./조동사 + have + p.p.)

- **I wish you had been** there with me.     네가 나와 거기에 있었다면 좋았을 거야.

---

 **더 알아보기!**

I wish 가정법은 I am sorry that+문장("~하다니 유감이다[아쉽다]") 형태로 바꾸어 표현할 수 있어요.

- I wish she were here.     그녀가 여기 있다면 좋을 텐데.
  = I am sorry that she is not here.     그녀가 여기 있지 않아서 아쉽다.
- I wish I had met her.     내가 그녀를 만났더라면 좋았을 텐데.
  = I am sorry that I didn't meet her.     나는 그녀를 만나지 못해서 아쉽다.

## Practice Step 1 기초 다지기

보기를 참고해 빈칸에 알맞은 형태의 단어를 넣어 문장을 완성해보세요.

> 보기
> be come eat know wear

1. 내가 지금 다른 곳에 있다면 좋을 텐데.
   I wish I _____ someplace else.

2. 내가 세계를 여행할 수 있다면 좋을 텐데.
   I wish I _____ travel all around the world.

3. 비가 내리고 있지 않다면 좋을 텐데.
   I wish it _____ raining.

4. 내가 너와 쇼핑을 갈 수 있다면 좋을 텐데.
   I wish I _____ go shopping with you.

5. 해가 비치고 있다면 좋을 텐데.
   I wish the sun _____ shining.

6. Luke가 파티에 왔었다면 좋았을 텐데.
   I wish Luke _____ _____ to the party.

7. 내가 좀 더 편한 신발을 신었다면 좋았을 텐데.
   I wish I _____ _____ more comfortable shoes.

8. 내가 그것을 20대에 알았더라면 좋았을 거야.
   I wish I _____ _____ that in my 20s.

9. 너무 많이 먹지 않았다면 좋았을 텐데.
   I wish I _____ _____ too much.

10. Bree가 내 결혼식에 올 수 있었더라면 좋았을 텐데.
    I wish Bree _____ _____ _____ to my wedding.

**Answers**
1. were   2. could   3. weren't   4. could   5. were
6. had come   7. had worn   8. had known   9. hadn't eaten   10. could have come

## Practice Step 2   어순 훈련하기

**주어진 단어들을 어순에 맞게 넣어 문장을 완성해보세요.**

1. 네가 여기 있으면 좋을 텐데. (were, here, you)
   I wish _____.

2. 내가 영어를 유창하게 구사할 수 있다면 좋을 텐데. (speak, could, English, I, well)
   I wish _____.

3. 그가 그것을 싫어하면 좋겠다. (it, he, hated)
   I wish _____.

4. 내가 요리를 잘하면 좋을 텐데. (were, a, I, good, cook)
   I wish _____.

5. 나는 일을 그만두고 남은 여생을 여행이나 다닐 수 있다면 좋겠어. (my job, could, I, quit)
   I wish _____ and travel for the rest of my life.

6. 내가 어렸을 때 영어를 배웠더라면 좋았을 텐데. (had, I, learned, English)
   I wish _____ when I was a kid.

7. Jenny가 시험에 통과할 수 있었다면 좋았을 거야. (the, could, passed, have, exam)
   I wish Jenny _____.

8. 그들이 그 문제를 해결했다면 좋았을 텐데. (they, it, had, worked, out)
   I wish _____.

9. 내가 그 파티에 초대받았다면 좋았을 거야. (to, I, the party, invited, had, been)
   I wish _____.

10. 네가 우리와 시간을 보낼 수 있었다면 좋았을 거야. (spent, with us, have, some, you, could, time)
    I wish _____.

## Step 3 짧은 문장 써 보기

앞에서 배운 내용을 바탕으로, 주어진 우리말에 맞게 영어 문장을 써 보세요.

1. 내가 키가 더 컸으면 좋을 텐데.
   _____.

2. 그가 더 자주 전화해주면 좋을 텐데.
   _____.

3. 내가 운전할 수 있다면 좋으련만.
   _____.

4. Sue가 New York으로 떠나지 않았다면 좋았을 거야.
   _____.

5. 내가 많은 책을 읽었더라면 좋았을 텐데.
   _____.

6. 내가 그 기회를 놓치지 않았더라면 좋았을 텐데.
   _____.

**Hint!** tall 키가 큰(비교급: taller)  more often 더 자주  leave for+장소 ~로 떠나다  miss the chance 기회를 놓치다

## Practice Step 4 길게 써 보기

지금까지 배운 내용을 떠올리면서, 주어진 우리말에 맞게 영어로 글을 써 보세요.

1. 어젯밤 내 남자친구가 나와 헤어지고 싶다고 말했다. 그는 이제껏 외로웠다고 했다. 내가 그와 더 많은 시간을 보냈다면 좋았을 텐데. 그에게 좀 더 집중했다면 좋았을 텐데.

    _____
    _____
    _____

2. 
    Ⓐ 네가 전 여자친구를 그리워하는 것 같아.

    Ⓑ 그녀가 지금 나와 함께 있다면 얼마나 좋을까.

    Ⓐ 그녀에게 전화해 보는 것이 어때?

    Ⓑ 그럴 수 있다면 좋겠어. 우리가 다시 만날 수 있게 된다면 얼마나 좋을까.

    Ⓐ _____
    Ⓑ _____
    Ⓐ _____
    Ⓑ _____

**Hint!** break up with ~와 헤어지다   lonely 외로운   spend more time with ~와 더 많은 시간을 보내다   pay more attention to ~에게 더 집중하다   look like ~처럼 보이다, ~인 것 같다   get back together (헤어진 연인, 부부가) 다시 만나다, 재결합하다

## 단어 및 표현 확인하기

| | |
|---|---|
| break up with | ~와 헤어지다 |
| get back together | (헤어진 연인, 부부가) 다시 만나다, 재결합하다 |
| leave for+장소 | ~로 떠나다 |
| lonely   *형용사* | 외로운 |
| look like | ~처럼 보이다, ~인 것 같다 |
| miss the chance | 기회를 놓치다 |
| more often | 더 자주 |
| pay more attention to | ~에게 더 집중하다 |
| spend more time with | ~와 더 많은 시간을 보내다 |
| tall   *형용사* | 키가 큰(비교급: taller) |

# What if she doesn't like me?
## What if 가정법

**Point 1**  회화체 문장에서 자주 등장하는 가정법 문장 중에 'What if 주어+동사~?' 문장이 있습니다. 미국 드라마, 영화에도 많이 등장하는 이 표현은 어떤 상황을 가정해보고 그 일이 일어나면 어떻게 될지 물어볼 때 쓰는 표현입니다. What if 가정문도 일반 if 가정문과 마찬가지로 what if 현재, what if 과거, what if 과거완료 세 가지로 쓰입니다.

**Point 2**  What if 가정법 문장 구조

❶ What if+주어+현재동사: 현재나 미래에 일어날 수 있는 일을 가정해서 물어볼 때 쓰임
- **What if she doesn't like** me?   그녀가 나를 싫어하면 어쩌지?

❷ What if+주어+과거동사: 현재 사실과 반대로 가정, 일어나기 힘든 일을 상상할 때 쓰임
- **What if it didn't work**?   만약 그 일이 잘 되지 않으면 어쩌지?

❸ What if+주어+had p.p.: 과거 사실과 반대로 가정, 상상할 때 쓰임
- **What if he had known** this?   그가 만약 이 일을 알았다면 어떻게 됐을까?

## Practice Step 1 기초 다지기

보기를 참고해 빈칸에 알맞은 형태의 단어를 넣어 문장을 완성해보세요.

> **보기**
> be break change come
> get happen have know try

1. 만약에 그녀가 오지 않으면 어쩌지?
   What if she _____ _____?

2. 네 말이 틀리면 어떻게 할거야?
   What if you _____ wrong?

3. 만약에 우리에게 뭔가 나쁜 일이 생기면 어쩌지?
   What if something bad _____ to us?

4. 만약에 그가 마음을 바꾸면 어쩌지?
   What if he _____ his mind?

5. 당신에게 딸이 있다면 어떻게 하실 거예요? (딸이 없는 상황)
   What if you _____ a daughter?

6. 만약에 Mason이 돈이 많지 않다면 어떨까? (Mason은 실제로 돈이 많은 상황)
   What if Mason _____ _____ a lot of money?

7. 내가 이 맛을 모른다면 어땠을까? (지금 이 음식의 맛을 잘 알고 있는 상황)
   What if I _____ _____ the taste of it?

8. 만약에 그들이 결혼했다면 어떻게 됐을까? (과거 사실의 반대)
   What if they _____ _____ married?

9. 만약에 우리가 그 일을 해결하기 위해서 좀 더 열심히 했더라면 어땠을까? (과거 사실의 반대)
   What if we _____ _____ harder to work it out?

10. 만약에 우리가 헤어지지 않았다면 어떻게 됐을까? (과거 사실의 반대)
    What if we _____ _____ up?

**Answers**
1. doesn't come   2. are   3. happens   4. changes   5. had
6. didn't have   7. didn't know   8. had gotten   9. had tried   10. hadn't broken

## Practice Step 2 어순 훈련하기

**주어진 단어들을 어순에 맞게 넣어 문장을 완성해보세요.**

1. 만약에 우리가 막차를 놓치면 어쩌지? (miss, we, the last bus, What if)
   _____?

2. 그녀가 날 거절하면 어쩌지? (turns, What if, she, me, down)
   _____?

3. 우리가 만약에 제시간에 도착 못하면 어떻게 되는거지? (on time, arrive, What if, we, don't)
   _____?

4. 내일 비 오면 어쩌지? (What if, rains, it, tomorrow)
   _____?

5. 그녀가 이 일을 다 알고 있으면 어쩌지? (she, What if, knew, about, all, it)
   _____?

6. 만약 Ally가 회의에 참석하지 않으면 어쩌지? (didn't, What if, Ally, the meeting, attend)
   _____?

7. 만약에 그들이 이번 경기에서 지면 어떻게 되는 거지? (lost, they, this game, What if)
   _____?

8. 내가 다시 너를 볼 수 없다면 어쩌지? (couldn't, What if, you, see, I, again)
   _____?

9. 네가 바람 피운 것을 그가 알았다면 어떻게 됐을까? (he, What if, you, had found out, were, on him, cheating)
   _____?

10. 만약 그녀가 나 때문에 당황했으면 어쩌지? (had felt, because of, What if, she, embarrassed, me)
    _____?

## Step 3 짧은 문장 써 보기

앞에서 배운 내용을 바탕으로, 주어진 우리말에 맞게 영어 문장을 써 보세요.

1. 기차가 늦으면 어쩌지?
   _____?

2. 혹시나 비행기가 지연되면 어쩌지? (현재 사실과 반대되는 상상)
   _____?

3. 우리가 그 소파를 여기로 옮기면 어떨까? (현재 실현 가능성이 불확실한 상상)
   _____?

4. 우리가 더 조심했다면 어땠을까?
   _____?

5. 만약 그 차 사고가 그들에게 일어나지 않았더라면 어땠을까?
   _____?

6. 우리가 밤을 새면 어떻게 될까? (현재 실현 가능성이 불확실한 상상)
   _____?

**Hint!** late 늦은　be delayed 지연되다　move over ~을 옮기다　be more careful 더 조심하다　car accident 차 사고　happen to (사건 등이) ~에게 벌어지다　stay up all night 밤을 새다

## Practice Step 4 길게 써 보기

지금까지 배운 내용을 떠올리면서, 주어진 우리말에 맞게 영어로 글을 써 보세요.

1. 나는 대학 입학 시험에 떨어졌다. 내가 공부를 좀 더 열심히 했다면 어땠을까?
   내가 컴퓨터 게임에 많은 시간을 쓰지 않았다면 어땠을까?
   내가 시험에 붙기 위해 조금 더 열심히 한다면 어떻게 될까?

   _____
   _____
   _____
   _____

2. Ⓐ 그들의 결혼생활이 무너지고 있어.

   Ⓑ 정말 안됐다.

   Ⓐ 만약에 그들이 이혼하면 어떻게 될까?

   Ⓑ 그들의 자녀들은 엄청난 충격을 받게 될 거야. 그들이 부부 상담을 받으면 어떨까?

   Ⓐ _____
   Ⓑ _____
   Ⓐ _____
   Ⓑ _____

**Hint!** fail (시험 등) ~에 실패하다[떨어지다]  college entrance exam 대학 입학 시험  spend+시간+동사-ing ~하는 데 시간을 보내다  try harder 더 열심히 하다  fall apart 무너지다  feel bad for ~에게 안타까움을 느끼다, ~가 안됐다고 생각하다  get divorced 이혼하다  devastated 엄청난 충격을 받은, 비탄에 빠진  marriage counseling 부부 상담

## 단어 및 표현 확인하기

| | | |
|---|---|---|
| be delayed | | 지연되다 |
| be more careful | | 더 조심하다 |
| car accident | | 차 사고 |
| college entrance exam | | 대학 입학 시험 |
| devastated | 형용사 | 엄청난 충격을 받은, 비탄에 빠진 |
| fail | 동사 | (시험 등) ~에 실패하다[떨어지다] |
| fall apart | | 무너지다 |
| feel bad for | | ~에게 안타까움을 느끼다, ~가 안됐다고 생각하다 |
| get divorced | | 이혼하다 |
| happen to | | (사건 등이) ~에게 벌어지다 |
| late | 형용사 | 늦은 |
| marriage counseling | | 부부 상담 |
| move over | | ~을 옮기다 |
| spend+시간+동사-ing | | ~하는 데 시간을 보내다 |
| stay up all night | | 밤을 새다 |
| try harder | | 더 열심히 하다 |

# PART 9

## 두 개의 문장을 하나로 연결하는 마법사!
# 관계대명사&관계부사

우리가 '친절한 남자'를 표현할 때는 수식어인 형용사 kind를 명사 man 앞에 붙여서 kind man이라고 간단하게 나타낼 수 있습니다. 그런데, '어제 나를 도와줬던 남자' 혹은 '내가 사는 집'을 표현하려고 할 때는 명사 앞에 간단히 수식어만 붙이는 방법으로는 제대로 표현할 수 없습니다.

- The man 그 남자
- The man helped me yesterday. 그 남자가 어제 나를 도와줬다.
  ⋯▸ The man **who** helped me yesterday 어제 나를 도와줬던 남자

- The house 그 집
- I live in the house. 나는 그 집에 산다.
  ⋯▸ The house **where** I live 내가 사는 집

위의 예문들처럼 꾸며주는 말이 문장으로 연결될 때 **관계대명사** 혹은 **관계부사**를 써서 두 개의 문장을 하나로 연결하여 수식합니다. 관계대명사, 관계부사를 써서 문장을 연결하면 긴 문장도 깔끔하게 표현할 수 있습니다.

이번 Part 9에서는 이들 관계사를 이용한 문장 연결에 대해서 알아보고 연습해봅시다.

# I met a girl who was very sweet.
## 두 개의 문장 하나로 연결하기 [1]: 관계대명사

관계대명사는 공통된 부분이 있는 두 개의 문장을 연결하여 관계를 나타내는 대명사입니다.

### Point 1  두 개의 문장을 하나로 연결하기

- I met **a girl**. And **she** was very sweet.   나는 한 소녀를 만났다. 그리고 그녀는 매우 친절했다.
  ⋯▸ I met a girl **who** was very sweet.   나는 매우 친절한 소녀를 만났다.

이 문장에서 공통된 명사는 a girl=she이고, 이때 두 문장을 연결해 주는 who는 접속사 +대명사의 역할을 하는 관계대명사입니다. 관계대명사는 중복되는 단어를 대신해서 두 문장을 연결하며, 선행사와 관계대명사는 바로 옆에 붙습니다.

*선행사: 관계사절이 꾸며주는 명사로 위 문장에서는 'a girl'에 해당합니다.

### Point 2  관계대명사의 종류

관계대명사는 꾸며주는 문장 안에서 어느 자리에 놓이느냐에 따라 주격, 소유격, 목적격으로 역할이 나뉩니다. 그리고 관계대명사의 역할이 무엇인지에 따라서 who, that, which, whose 등으로 다양하게 쓰입니다.

|  | 주격(주어 역할) | 소유격 | 목적격(목적어 역할) |
| --- | --- | --- | --- |
| 사람 | who, that | whose | who, whom, that |
| 사물, 동물 | which, that | whose | which, that |

- I like **the guy**. + **He** is attractive.
  ⋯▸ I like the guy **who** is attractive.   나는 매력적인 그 남자를 좋아한다.
- I like **the restaurant**. + You recommended **it**.
  ⋯▸ I like the restaurant **that** you recommended.
  나는 네가 추천했던 그 식당이 마음에 든다.
- I know **the man**. + **His** bicycle was stolen.
  ⋯▸ I know the man **whose** bicycle was stolen.   나는 자전거를 도둑맞은 그 남자를 안다.

관계대명사가 주격, 소유격, 목적격 중 어떤 역할을 하고 있는지 헷갈릴 때는 관계대명사가 이끄는 문장에서 무엇이 없는지(=관계사가 무엇의 역할을 하고 있는지) 보면 돼요. 주어 자리에 주어를 대신해서 들어가 있다면 주격, 목적어 자리에 대신 들어가 있다면 목적격, 명사를 수식하는 형용사 자리에 대신 들어가 있다면 소유격 관계대명사예요.

- I met the lady **who** had helped me a lot.   나를 많이 도와줬던 그 여자분을 만났다. (주격 관계대명사)
- The man **who** I met was kind.   내가 만났던 남자는 친절했다. (목적격 관계대명사)
- I am looking for a boy **whose** name is Danny.   Danny라는 이름을 가진 남자 아이를 찾고 있어요. (소유격 관계대명사)

## 기초 다지기

제시된 두 개의 문장을 한 문장으로 연결해서 문장을 완성해보세요.

1. 나는 5개의 서로 다른 나라들에서 살아 본 남자를 안다.
   I know a guy.  He has lived in 5 different countries.
   ⇒ I know a guy _____ has lived in 5 different countries.

2. 우리는 그 일을 잘 해낼 사람 한 명을 안다.
   We know a person.  The person will be great for the job.
   ⇒ We know a person _____ will be great for the job.

3. 우리가 어제 초대했던 사람들은 굉장히 친절했다.
   The people were very nice.  We invited them yesterday.
   ⇒ The people _____ we invited yesterday were very nice.

4. 그녀가 지금 입고 있는 저 드레스는 굉장히 비싸다.
   That dress is very expensive.  She is wearing it now.
   ⇒ That dress _____ she is wearing now is very expensive.

5. 나는 성이 Walker인 한 남자를 만났다.
   I met a guy.  His last name is Walker.
   ⇒ I met a guy _____ last name is Walker.

6. 나는 아빠가 경찰인 여자와 만나고 있다.
   I have been going out with a girl.  Her dad is a police officer.
   ⇒ I have been going out with a girl _____ dad is a police officer.

7. 차를 도둑맞은 사람들이 저기에 있다.
   There are the people.  Their cars were stolen.
   ⇒ There are the people _____ cars were stolen.

**Answers**  1. who/that   2. who/that   3. who/whom/that   4. that/which
5. whose   6. whose   7. whose

# Practice Step 2 어순 훈련하기

**주어진 단어들을 어순에 맞게 넣어 문장을 완성해보세요.**

1. 나는 길에서 흡연하는 사람들을 좋아하지 않는다. (don't, on the street, smoke, who, I, like, people)
   _____.

2. 나는 검은 드레스를 입은 여자를 찾고 있다. (who, is, wearing, I am, a girl, a black dress, looking for)
   _____.

3. 머리가 빨간 저 여자를 봐. (red, whose, Look at, hair, the girl, is)
   _____.

4. 이 이야기는 모든 것을 잃은 한 남자에 관한 것이다. (a guy, about, everything, lost, who, This story, is)
   _____.

5. 나는 그들과 대화하고 있는 여자에게 관심이 있다. (who, the girl, I'm, is talking, interested in, to them)
   _____.

6. 그녀는 여동생이 유명한 가수인 남자와 데이트했다. (dated, whose, She, a guy, is, a famous singer, sister)
   _____.

7. 남편이 축구 선수인 여자가 그 가게에 왔다. (came, The woman, whose, a soccer player, to the store, husband, is)
   _____.

8. 나는 그녀에게서 들은 그 소식을 믿을 수가 없다. (I, the news, believe, which, can't, heard, I, from her)
   _____.

9. 내가 인터넷에서 찾은 그 정보는 우리 연구에 유용했다. (useful, found, was, that, on the Internet, The information, I)
   _____ for our research.

10. 신문에 자신의 사진이 실렸던 그 젊은 여자가 바로 저기에 있다. (was, The young woman, in the newspaper, picture, whose)
    _____ is right over there.

## Practice Step 3 짧은 문장 써 보기

앞에서 배운 내용을 바탕으로, 주어진 우리말에 맞게 영어 문장을 써 보세요.

1. 그들은 내가 작년에 가르쳤던 제자들이다.
   _____.

2. 네가 만나고 싶어했던 그 남자는 서울로 떠났어.
   _____.

3. 저는 표지가 검은색인 책을 빌리고 싶어요.
   _____.

4. 파란 눈을 가진 여자가 우리 언니이다.
   _____.

5. 우리는 바다가 보이는 방에 묵었나.
   _____.

6. 저것이 내가 예전에 타고 다녔던 버스이다.
   _____.

**Hint!** leave for Seoul 서울로 떠나다   cover (책 등의) 표지   ocean view 바다가 보이는 전망   used to+동사원형 ~하곤 했다

# Practice Step 4 길게 써 보기

**지금까지 배운 내용을 떠올리면서, 주어진 우리말에 맞게 영어로 글을 써 보세요.**

1. 내가 어제 봤던 것들을 묘사해줄게. 지붕이 초록색인 집이 있었어.
   정원에는 아기를 안고 있는 여자가 있었지. 아주 큰 소나무 한 그루도 있었어.
   그 소나무 뒤에는 우리가 전에 본 적 있는 자전거 한 대가 놓여 있었어.

2. 🅐 빨간 모자를 쓴 여자아이를 보신 적 있나요?

   🅑 저는 그녀가 이 길을 따라 걸어가는 것을 봤어요.

   🅐 
   🅑 

3. 🅐 어제 사무실에서 만났던 남자 어떤 것 같아?

   🅑 친절해 보인다고 생각해.

   🅐 
   🅑 

**Hint!** describe 묘사하다　hold a baby 아기를 안다　behind the tree 나무 뒤에　walk along the street 길을 따라 걷다　look+형용사 ~하게 보이다

## Voca 단어 및 표현 확인하기

| | | |
|---|---|---|
| behind the tree | | 나무 뒤에 |
| cover | 명사 | (책 등의) 표지 |
| describe | 동사 | 묘사하다 |
| hold a baby | | 아기를 안다 |
| leave for Seoul | | 서울로 떠나다 |
| look+형용사 | | ~하게 보이다 |
| ocean view | | 바다가 보이는 전망 |
| used to+동사원형 | | ~하곤 했다 |
| walk along the street | | 길을 따라 걷다 |

# Training 46 Do you remember where you met him?
## 두 개의 문장 하나로 연결하기 [2]: 관계부사

관계부사는 접속사와 부사 역할을 동시에 합니다. 선행사를 수식하는 절이 전치사+관계대명사일 때, 관계부사로 바꿔 쓸 수 있습니다.

### Point 1  두 개의 문장을 하나로 연결하기

- **The house** is very beautiful. They live **in the house**.
  = The house **which** they live **in** is very beautiful.
  = The house **in which** they live is very beautiful.
  = The house **where** they live is very beautiful.
  
  *전치사+관계대명사(in+which)를 관계부사 where로 바꾸어 쓸 수 있습니다.

### Point 2  관계부사의 종류

관계부사는 선행사의 의미에 따라서 다음과 같이 나뉩니다.

| 선행사 | 관계부사 | 선행사 | 관계부사 |
|---|---|---|---|
| 장소 | where | 시간 | when |
| 이유 | why | 방법 | how |
| 선행사에 관계 없이 | that | *that은 모든 선행사에 다 쓸 수 있고, 생략도 가능합니다. | |

### Point 3

the place where ~, the time when ~, the reason why ~처럼 선행사의 의미가 너무 뻔해서 생략해도 이해하는 데 지장이 없을 때, 선행사나 관계부사 둘 중 하나는 생략할 수 있습니다.

*선행사가 the way일 경우, the way나 관계부사 how 둘 중 하나는 반드시 생략해야 합니다.

- Do you remember **the place where** you met him? 너는 그를 만났던 곳을 기억해?
  = Do you remember **the place** you met him?
  = Do you remember **where** you met him?
- I remember **the time when** I was in high school. 나는 고등학교 시절을 기억해.
  = I remember **the time** I was in high school.
  = I remember **when** I was in high school.
- I don't know **the reason why** she doesn't like me.
  나는 그녀가 나를 싫어하는 이유를 모르겠다.
  = I don't know **the reason** she doesn't like me.
  = I don't know **why** she doesn't like me.
- The smartphone has changed **the way** we communicate.
  스마트폰이 의사소통 방식을 바꿨다.
  = The smartphone has changed **how** we communicate.

## Practice Step 1 기초 다지기

빈칸에 알맞은 관계부사를 넣어 문장을 완성해보세요.

1. 나는 그가 화난 이유가 이해가 안 된다.
   I don't understand the reason _____ he is angry.

2. 이곳이 그가 나에게 청혼했던 곳이다.
   This is the place _____ he proposed to me.

3. 우리가 데이트 시작한 날을 잊지 마.
   Don't forget the day _____ we started dating.

4. 어떻게 너의 영어 실력을 향상시켰는지 알려줘.
   Tell me _____ you improved your English.

5. 이곳이 내가 돈을 숨겼던 장소이다.
   This is the place _____ I hid the money.

6. 나는 그들이 나를 보러 왔던 그날을 여전히 기억한다.
   I still remember the day _____ they came to see me.

7. 우리가 함께 있어야 하는 이유들이 있다.
   There are some reasons _____ we should be together.

8. 일요일은 내가 유일하게 쉴 수 있는 날이다.
   Sunday is the only day _____ I can rest.

9. 나는 왜 네가 거기 가고 싶지 않은지 그 이유를 알고 싶다.
   I want to know the reason _____ you don't like to go there.

10. 그거 어디에서 샀는지 기억 나?
    Do you remember the place _____ you bought it?

**Answers**
1. why   2. where   3. when   4. how   5. where
6. when   7. why   8. when   9. why   10. where

## Practice Step 2 어순 훈련하기

**주어진 단어들을 어순에 맞게 넣어 문장을 완성해보세요.**

1. 너는 그들이 왜 기분이 나쁜지 알고 있어? (upset, you, Do, why, know, they, are)
   _____?

2. 그들은 서로를 어떻게 만났는지 기억하지 못한다. (how, met, remember, each other, They, don't, they)
   _____.

3. 나는 왜 내가 차였는지 이해하지 못하겠다. (don't, I, why, understand, I, got dumped)
   _____.

4. 이곳이 우리가 휴가를 보냈던 곳이다. (our vacation, This is, spent, the place, we, where)
   _____.

5. 7월은 날씨가 가장 더운 달이다. (when, July, the month, the hottest, is, the weather, is)
   _____.

6. 어느 누구에게도 우리가 어떻게 그곳을 빠져나왔는지 말해서는 안 돼. (there, shouldn't tell, You, we, how, got out of, anyone)
   _____.

7. 월요일이 그들이 보통 우리를 보러 오는 날이다. (the day, when, they, Monday, is, to see us, usually, come)
   _____.

8. 이곳이 내가 그녀와 저녁을 먹을 식당이다. (the restaurant, This is, where, with her, I, have dinner, will)
   _____.

9. 이것이 바로 그들이 그 문제를 해결한 방법이다. (how, This is, the problem, they, solved)
   _____.

10. 내가 어떻게 영어를 잘하게 되었는지 알려줄게. (let, I, you, will, know, I, how, in English, became, fluent)
    _____.

## Practice Step 3 짧은 문장 써 보기

앞에서 배운 내용을 바탕으로, 주어진 우리말에 맞게 영어 문장을 써 보세요.

1. 이 시간이 우리 가족이 함께 저녁을 먹는 때이다.
   _____.

2. 나는 네가 태어났던 곳에 가 봤어.
   _____.

3. 그녀는 왜 기분이 상했는지 이유를 나에게 말해주지 않았다.
   _____.

4. 그가 그것을 하지 못하도록 내가 어떻게 설득했는지 말해 줄게.
   _____.

5. 나에게 네가 어떻게 살을 뺐는지 알려줄래?
   _____?

6. 그들이 묵었던 호텔은 비쌌다.
   _____.

**Hint!** have dinner together 함께 저녁을 먹다  be born 태어나다  get upset 기분이 상하다  talk A out of B A를 설득해서 B를 못 하게 하다  lose one's weight 살을 빼다, 체중을 감량하다  expensive 비싼

## Practice Step 4 길게 써 보기

지금까지 배운 내용을 떠올리면서, 주어진 우리말에 맞게 영어로 글을 써 보세요.

1. 나는 아침에 커피 한 잔을 마시는 시간을 즐긴다. 나는 내 반려견을 산책시키곤 했던 그 공원을 좋아한다. 내가 운동하는 이유는 건강을 유지하기 위해서이다. 나는 맛있는 음식을 만드는 방법을 공유하는 것을 즐긴다.

2. Ⓐ 숙제를 끝내지 못해서 죄송해요.
   Ⓑ 숙제를 마치지 못한 이유가 있니?
   Ⓐ
   Ⓑ

3. Ⓐ 그들이 싸운 거 들었어?
   Ⓑ 응, 들었어. 근데 그들이 어떻게 싸우게 됐는지는 몰라.
   Ⓐ
   Ⓑ

**Hint!** enjoy 즐기다　used to+동사원형 ~하곤 했다　work out 운동하다　keep healthy 건강을 유지하다　share 공유하다　delicious dishes 맛있는 음식[요리]　finish homework 숙제를 끝내다　get into a fight 싸우게 되다

## 단어 및 표현 확인하기

| | | |
|---|---|---|
| be born | | 태어나다 |
| delicious dishes | | 맛있는 음식[요리] |
| enjoy | 동사 | 즐기다 |
| expensive | 형용사 | 비싼 |
| finish homework | | 숙제를 끝내다 |
| get into a fight | | 싸우게 되다 |
| get upset | | 기분이 상하다 |
| have dinner together | | 함께 저녁을 먹다 |
| keep healthy | | 건강을 유지하다 |
| lose one's weight | | 살을 빼다, 체중을 감량하다 |
| share | 동사 | 공유하다 |
| talk A out of B | | A를 설득해서 B를 못 하게 하다 |
| used to+동사원형 | | ~하곤 했다 |
| work out | | 운동하다 |

# PART 10

비교표현 정복하기!
## 비교급, 최상급, 비교 구문

앞서 말했듯이 문장에서의 핵심은 동사입니다.

우리는 앞에 나온 Part를 통해 동사를 중심으로 많은 중요 문법들이 표현된다는 것을 배웠습니다. 그러나 문장을 더욱 자세하고 풍부하게 표현하기 위해서는 형용사와 부사의 역할도 중요합니다.

이번 마지막 Part에서는 형용사, 부사들을 이용해서 비교하는 표현들을 배워봅시다.

# She is taller than me.
## 비교급 만들기

**Point 1** 'A가 B보다 더 크다, 더 빨리 달린다, 더 좋다' 등 둘을 비교할 때 '더 ~하다'라고 표현하는 것을 비교급이라고 합니다. 비교급을 표현할 때는 원칙적으로 형용사, 부사 뒤에 -er을 붙이면 됩니다. 긴 단어일 경우(2~3음절 이상)에는 단어 앞에 more를 붙여줍니다.

❶ 형용사일 때

| 단어의 형태 | 원급 – 비교급 |
|---|---|
| 1음절 단어: 원급+-er | tall - taller ǀ long - longer ǀ quiet - quieter |
| 단모음+단자음인 1음절 단어: 자음 중복+-er | hot - hotter ǀ big - bigger |
| 자음+y로 끝나는 2음절 단어: y를 빼고 끝에 -ier | happy - happier ǀ friendly - friendlier |
| 3음절 이상이거나 -y로 끝나지 않는 2음절 단어: more+원급 | pleasant - more pleasant ǀ important - more important |

❷ 부사일 때

| 단어의 형태 | 원급 – 비교급 |
|---|---|
| 형용사와 형태가 같은 부사: 끝에 -(i)er | fast - faster ǀ high - higher ǀ early - earlier |
| -ly로 끝나는 부사: more+원급 | happily - more happily ǀ carefully - more carefully |

❸ 예외들 (꼭 암기해둡시다!)

| 형용사 | good - better ǀ bad - worse ǀ many[much] - more ǀ little - less |
|---|---|
| 부사 | well - better |

**Point 2** 'A는 B보다 더 ~하다'는 A+비교급+than+B로 표현합니다. than은 '~보다'에 해당합니다.

- She is **taller than** me.  그녀는 나보다 키가 더 크다.
- You study **harder than** me.  너는 나보다 더 열심히 공부한다.
- He drives **more carefully than** I do.  그는 나보다 더 조심스럽게 운전한다.

'훨씬 더 ~하다'라고 하면서 비교급을 더욱 강조하고 싶을 때, 비교급 앞에 much, a lot, even, still, far 같은 단어를 붙여주세요. 그러면 의미가 훨씬 더 강조돼요.

- She looks **much happier** than me.  그녀는 나보다 훨씬 더 행복해 보인다.
- He runs **a lot faster** than us.  그는 우리보다 훨씬 더 빨리 달린다.

## Practice Step 1 기초 다지기

보기를 참고해 빈칸에 알맞은 단어를 넣어 문장을 완성해보세요.

> **보기**
> easy  good  high  popular
> short  small  smart  wise

1. Andrew는 나보다 더 현명하다.
   Andrew is _____ _____ me.

2. 날씨가 점점 더 좋아지고 있다.
   The weather is getting _____.

3. 내 남자친구가 그 배우보다 더 매력적이다.
   My boyfriend is _____ attractive _____ the actor.

4. 내 스마트폰이 너의 것보다 훨씬 더 좋아.
   My smartphone is _____ _____ than yours.

5. 풋볼은 미국에서 어떤 스포츠보다도 더 인기 있다.
   Football is _____ _____ than any other sport in the USA.
   *비교급 문장에서 any other 뒤에는 단수명사가 옵니다.

6. 나의 왼쪽 눈은 오른쪽보다 더 작다.
   My left eye is _____ _____ my right eye.

7. 그 아이들은 우리가 생각했던 것보다 훨씬 더 똑똑하다.
   The kids are _____ _____ than we thought.

8. 그는 예상보다 키가 더 작다.
   He is _____ _____ I expected.

9. 너는 이 탁자보다 더 높이 뛸 수 있어?
   Can you jump _____ _____ this table?

10. 그 일은 네가 생각하는 것보다 훨씬 더 쉬워.
    The work is _____ _____ than you think.

**Answers**
1. wiser than  2. better  3. more, than  4. much/a lot better  5. more popular
6. smaller than  7. much/a lot smarter  8. shorter than  9. higher than  10. much/a lot easier

PART 10 비교급, 최상급, 비교 구문

## Practice Step 2 어순 훈련하기

**주어진 단어들을 어순에 맞게 넣어 문장을 완성해보세요.**

1. 그 이야기는 점점 더 흥미로워진다. (interesting, The story, more, is getting)
   _____.

2. 오늘이 어제보다 훨씬 더 춥다. (a lot, Today, colder, yesterday, than, is)
   _____.

3. 너는 평상시보다 더 예의 바르게 행동해야 한다. (than usual, You, behave, need to, politely, more)
   _____.

4. 나는 이 집보다 더 아름다운 집을 살 거야. (buy, more, than, I'm going to, a, beautiful, house, this one)
   _____.

5. 너는 곧 영어를 더 유창하게 할 거야. (fluent, You, be, in English, more, will, soon)
   _____.

6. 더 많은 점수를 얻은 선수가 이긴다. (wins, more, gets, The player, who, points)
   _____.

7. 건강보다 더 중요한 것은 없다. (nothing, health, than, There's, important, more)
   _____.

8. 그녀는 전보다 더 이해심이 넓어졌다. (generous, more, She, became, than, be, she, used to)
   _____.

9. 중국어가 영어보다 더 어렵다고 생각하니? (difficult, Chinese, English, you, Do, more, think, is, than)
   _____?

10. 좀 더 정확하게 말씀해 주시겠어요? (speak, Could, more, you, clearly)
    _____?

## Step 3 짧은 문장 써 보기

앞에서 배운 내용을 바탕으로, 주어진 우리말에 맞게 영어 문장을 써 보세요.

1. 그가 나보다 덜 뚱뚱해.
   _____.

2. 이 침대가 저 침대보다 더 편하다.
   _____.

3. Janet은 나보다 돈을 덜 썼다.
   _____.

4. Kelly는 지난번보다는 더 친절했다.
   _____.

5. 이 연구가 더 유용하다.
   _____.

6. 그는 자신이 생각했던 것보다 훨씬 더 긴장했다.
   _____.

**Hint!** less fat 덜 뚱뚱한  more comfortable 더 편안한  spend less money 돈을 덜 쓰다  kinder 더 친절한(kind의 비교급)  research 연구  more useful 더 유용한  more nervous 더 긴장한  than he thought 그가 생각했던 것보다

## Practice Step 4 길게 써 보기

지금까지 배운 내용을 떠올리면서, 주어진 우리말에 맞게 영어로 글을 써 보세요.

1. 어젯밤 나는 친구들과 파티를 했다. Ella는 내가 예상했던 것보다 파티에 더 늦게 도착했다. Nick은 Jason보다 더 일찍 왔다. 우리는 같이 영화를 봤다.
   그 영화는 내가 생각했던 것보다 훨씬 더 좋았다. 지난번보다 더 신나는 파티였다.

2. 
   Ⓐ 이 셔츠 입어봐도 될까요?
   
   Ⓑ 그럼요. 갈아입는 곳은 저기에 있습니다.
   
   Ⓐ 이 셔츠는 저에게 너무 큰 것 같아요.
   
   Ⓑ 더 작은 사이즈를 입어 보실래요?

   Ⓐ
   Ⓑ
   Ⓐ
   Ⓑ

**Hint!** than I expected 내가 예상했던 것보다  earlier 더 일찍(early의 비교급)  much better 훨씬 더 좋은  than I thought 내가 생각했던 것보다  more exciting 더 신이 나는  than the last time 지난번보다  try on (옷을) 입어보다  fitting room 탈의실  too big for someone ~에게 너무 큰  smaller-sized one 더 작은 사이즈의 옷

## 단어 및 표현 확인하기

| | | |
|---|---|---|
| earlier | | 더 일찍(early의 비교급) |
| fitting room | 명사 | 탈의실 |
| kinder | | 더 친절한(kind의 비교급) |
| less fat | | 덜 뚱뚱한 |
| more comfortable | | 더 편안한 |
| more exciting | | 더 신이 나는 |
| more nervous | | 더 긴장한 |
| more useful | | 더 유용한 |
| much better | | 훨씬 더 좋은 |
| research | 명사 | 연구 |
| smaller-sized one | | 더 작은 사이즈의 옷 |
| spend less money | | 돈을 덜 쓰다 |
| than he thought | | 그가 생각했던 것보다 |
| than I expected | | 내가 예상했던 것보다 |
| than I thought | | 내가 생각했던 것보다 |
| than the last time | | 지난번보다 |
| too big for someone | | ~에게 너무 큰 |
| try on | | (옷을) 입어보다 |

# Training 48. Danny is my best friend.
## 최상급 만들기

**Point 1**  여럿 가운데 최고임을 나타낼 때는 the+최상급의 형태로 표현합니다. 부사나 형용사 뒤에 -est를 붙여주면 '가장 ~한/하게, 최고로 ~한/하게'라는 뜻이 만들어집니다. 단, 비교급과 마찬가지로 긴 단어에는 끝에 -est를 붙이는 대신 앞에 most를 넣어줍니다.

비교급과 마찬가지로, 불규칙하게 변하던 단어들은 최상급에서도 불규칙하게 변합니다. 많이 쓰이는 몇 가지는 꼭 외워둡시다.

| 불규칙 변화 비교급, 최상급 | |
|---|---|
| good[well] - better - best | bad[badly] - worse - worst |
| many[much] - more - most | little - less - least |

**Point 2**  최상급 문장 구조

❶ the+최상급+of+복수명사 / the+최상급+명사+in+장소: ~(중)에서 가장 …한
- She is **the prettiest of all the girls**.   그녀는 그 모든 여자아이들 중에서 가장 예쁘다.
- She is **the prettiest** girl **in the class**.   그녀는 그 반에서 가장 예쁜 여자아이다.

❷ the+최상급+명사+완료문장(have p.p.): 이제껏 ~한 것 중에서 가장 …한
- This is **the worst** thing **I have done**.   이것은 내가 이제껏 해 온 일 중 최악의 일이다.

❸ one of the+최상급+복수명사: 가장 ~한 것들 중 하나
- This is **one of** the most humiliating **moments** in her life.
  이것은 그녀 인생에서 가장 부끄러운 순간 중 하나였다.

**더 알아보기!**

최상급 앞에는 보통 the를 붙이지만, 예외적인 경우가 있어요.

❶ 최상급 앞에 소유격을 쓸 때
- Danny is my **best** friend.                    Danny는 나의 제일 친한 친구다.

❷ 부사의 최상급일 때
- What color do you like **best**?                어떤 색상을 가장 좋아해?

❸ 동일 대상의 최상급 비교
- She is **happiest** with me.                    그녀는 나와 있을 때 가장 행복하다.

## Practice Step 1 기초 다지기

보기를 참고해 빈칸에 알맞은 단어를 넣어 문장을 완성해보세요.

**보기**
big  exciting  generous  good
happy  hard  hot  important
popular  smart

1. 서울은 한국에서 가장 큰 도시이다.
   Seoul is the _____ city in Korea.

2. 오늘이 일년 중 가장 더운 날이다.
   Today is the _____ day of the year.

3. Emily는 내가 만난 사람 중 가장 똑똑한 여자아이다.
   Emily is the _____ girl I have ever met.

4. 그 남자는 그들 모두 가운데에서 가장 열심히 일한다.
   The guy works _____ of all of them.

5. 그는 그 팀에서 가장 수영을 잘한다.
   He is the _____ swimmer in the team.

6. 돈이 인생에서 가장 중요한 것은 아니다.
   Money isn't the _____ _____ thing in life.

7. 그는 인생에서 가장 흥미진진한 게임을 관람했다.
   He watched the _____ _____ game of his life.

8. 넌 살면서 가장 행복했던 순간이 언제였어?
   What was the _____ moment in your life?

9. 십 대들 사이에서 가장 인기 있는 가수가 누구야?
   Who is the _____ _____ singer among teenagers?

10. 그는 내가 만나봤던 사람 중에 가장 마음 넓은 남자다.
    He is the _____ _____ man I've ever met.

**Answers**
1. biggest  2. hottest  3. smartest  4. hardest  5. best
6. most important  7. most exciting  8. happiest  9. most popular  10. most generous

## Practice Step 2 어순 훈련하기

**주어진 단어들을 어순에 맞게 넣어 문장을 완성해보세요.**

1. 네 형은 그 모든 소년들 중에서 가장 빨리 달려. (of all the boys, Your brother, fastest, runs)
   _____.

2. 나는 우리 반 아이들 중에서 영어를 가장 유창하게 말한다. (of my classmates, fluently, English, speak, I, most)
   _____.

3. 이것은 내가 이제껏 봤던 영화 중에 최고의 영화다. (best, This, is, the, I've ever seen, movie)
   _____.

4. 그녀는 우리 모두 중에서 가장 귀를 기울여 듣는다. (of us all, listens, carefully, She, most)
   _____.

5. 그는 그 도시에서 가장 큰 집을 사고 싶어 한다. (buy, wants, He, to, the, house, biggest, in the city)
   _____.

6. 네가 가족 중에서 가장 어리니? (youngest, Are, the, you, one, in your family)
   _____?

7. 그것은 미국에서 가장 좋은 대학들 중 하나이다. (one of, It's, colleges, the best, in the USA)
   _____.

8. 그것은 내 인생에서 최악의 순간들 중 하나였어. (one of, was, the worst, in my life, It, moments)
   _____.

9. 그녀는 내가 일해봤던 사람들 중 가장 똑똑한 여성이다. (intelligent, woman, I've ever worked with, She, is, the most)
   _____.

10. 그는 내가 데이트 해봤던 남자 중에 최고로 재미없는 남자이다. (boring, He, the most, is, I've ever dated, guy)
    _____.

## Step 3 짧은 문장 써 보기

앞에서 배운 내용을 바탕으로, 주어진 우리말에 맞게 영어 문장을 써 보세요.

1. 나는 서울이 모든 도시 중 가장 흥미진진하다고 생각한다.
   _____.

2. Jason은 내가 데이트했던 남자 중에 가장 웃긴 남자이다.
   _____.

3. 이 장면이 영화에서 가장 감동적인 부분이다.
   _____.

4. 너희 문화 중에서 가장 전통적인 것이 무엇이라고 생각해?
   _____?

5. Annie가 사무실에서 가장 부지런한 사람이다.
   _____.

6. 이것은 내가 시도해 본 것 중 가장 매운 음식이다.
   _____.

**Hint!** most exciting 가장 흥미진진한  of all the cities 모든 도시 중에서  funniest 가장 웃긴  touching 감동적인  traditional 전통적인  culture 문화  diligent 부지런한  spiciest 가장 매운

## Practice Step 4 길게 써 보기

지금까지 배운 내용을 떠올리면서, 주어진 우리말에 맞게 영어로 글을 써 보세요.

1. 나는 이제껏 세계의 많은 곳들을 여행해왔다. 내가 방문했던 곳 중에 가장 아름다운 곳은 로키 산맥이다. 시카고가 모든 곳 중에 가장 위험한 곳이다. 내가 먹어본 가장 맛있는 음식 중 하나가 이탈리아에서 먹은 피자이다.

2. 
Ⓐ 아이디어를 좀 공유해 주실 수 있을까요?

Ⓑ 그럼요. 제가 몇 가지 아이디어를 생각해 봤어요.

Ⓐ 이것이 가장 탁월한 아이디어 같아요.

Ⓑ 제 생각도 그래요. 제가 이제껏 낸 아이디어 중 최고 같네요.

Ⓐ

Ⓑ

Ⓐ

Ⓑ

**Hint!** travel 여행하다　around the world 전 세계, 세계 곳곳　visit 방문하다　dangerous 위험한　delicious 맛있는　share ideas 아이디어를 공유하다　come up with ideas 아이디어를 생각해 내다　brilliant 탁월한, 뛰어난

## 단어 및 표현 확인하기

| | | |
|---|---|---|
| around the world | | 전 세계, 세계 곳곳 |
| brilliant | 형용사 | 탁월한, 뛰어난 |
| come up with ideas | | 아이디어를 생각해 내다 |
| culture | 명사 | 문화 |
| dangerous | 형용사 | 위험한 |
| delicious | 형용사 | 맛있는 |
| diligent | 형용사 | 부지런한 |
| funniest | | 가장 웃긴(funny의 최상급) |
| most exciting | | 가장 흥미진진한 |
| of all the cities | | 모든 도시 중에서 |
| share ideas | | 아이디어를 공유하다 |
| spiciest | | 가장 매운(spicy의 최상급) |
| touching | 형용사 | 감동적인 |
| traditional | 형용사 | 전통적인 |
| travel | 동사 | 여행하다 |
| visit | 동사 | 방문하다 |

# The sooner, the better.
## 비교급 관용표현

비교급을 이용한 관용표현을 알아보고, 그 표현들을 이용해서 문장 만들기를 연습해봅시다.

### Point 1   핵심 비교구문 정리

❶ the+비교급, the+비교급: ~하면 할수록 더 …하다
- The less you spend, the more you save.   네가 덜 쓸수록, 더 아낄 수 있다.
- The sooner, the better.   더 빠르면 빠를수록, 더 좋다.

❷ 비교급+and+비교급: 점점 더 ~한[하게]
- K-pop is becoming more and more popular.
  K-pop은 점점 더 인기가 많아진다.

❸ no more[longer] (=not anymore[any longer]): 더 이상 ~가 아니다
- I don't want to see him anymore.
  나는 더 이상 그를 보고 싶지 않다.

❹ know better than to+동사 (=be wise enough not to+동사): ~할 만큼 어리석지 않다
- I know better than to believe what he said.
  나는 그가 한 말을 믿을 만큼 어리석지 않다.

❺ Which[Who] ~ 비교급, A or B?: A와 B 중 어느 쪽이 더 ~한가?
- Which one is better, this dress or that dress?
  이 드레스와 저 드레스 중 어느 것이 더 나아?

## Practice Step 1 기초 다지기

보기를 참고해 빈칸에 알맞은 단어를 넣어 문장을 완성해보세요.

> **보기**
> cold  good  hard
> interesting  old  weak

1. 우리는 더 이상 행복하지 않다.
   We are _____ happy _____.

2. 나는 여기서 더 이상 있을 수 없다.
   I can't stay here _____ _____.

3. 날씨가 점점 더 추워지고 있다.
   The weather is getting _____ and _____.

4. 우리가 더 나이 들수록, 기억력은 더 약해진다.
   The _____ we get, the _____ our memory becomes.

5. 그의 영어 실력이 점점 좋아지고 있다.
   His English is getting _____ and _____.

6. Andrew는 요즘 더 열심히 일하고 있다.
   Andrew is working _____ and _____ these days.

7. Susan은 더 이상 이곳에서 일하지 않는다.
   Susan _____ _____ works here.

8. 나는 그녀에게 도움을 요청할 정도로 어리석지 않다.
   I know _____ _____ to ask her for help.

9. 어떤 것이 더 흥미롭니, 게임하는 것 아니면 독서?
   Which one is _____ _____, playing games or reading?

10. 이 컴퓨터는 더 이상 작동하지 않는다.
    This computer _____ _____ works.

**Answers**
1. not, anymore  2. any longer  3. colder, colder  4. older, weaker  5. better, better
6. harder, harder  7. no longer  8. better than  9. more interesting  10. no longer

PART 10 비교급, 최상급, 비교 구문

# Practice Step 2 어순 훈련하기

**주어진 단어들을 어순에 맞게 넣어 문장을 완성해보세요.**

1. 그들은 점점 더 지쳐간다. (more and more, They, getting, are, tired)
   _____.

2. 네가 더 열심히 공부할수록, 더 많은 지식을 얻게 될 거야. (study, The, you, harder / knowledge, the, more, get, will, you)
   _____.

3. 당신이 일을 빨리 끝낼수록, 집에 더 빨리 갈 수 있어요. (faster, you, work, your, finish, The / you, go, the, can, home, sooner)
   _____.

4. 경제 상황은 더욱 악화되어 간다. (worse and worse, is, getting, The, situation, economic)
   _____.

5. Catherine은 같은 실수를 반복할 정도로 어리석지 않다. (make, the same, knows better than, Catherine, to, mistake, again)
   _____.

6. Billy와 Jason 중에서 누가 더 이 일에 자질이 있는 사람일까? (the more, Who, is, qualified, for, person, this, job)
   _____, Billy or Jason?

7. 너무 많은 거짓을 들으면, 우리는 더 이상 진실을 알아내지 못한다. (no longer, recognize, we, the truth)
   **If we hear a lot of lies,** _____.

8. 그 청중들은 점점 더 신이 났다. (excited, more and more, The audience, became)
   _____.

9. 나는 너에게 사과를 기대할 만큼 어리석지 않아. (apologize, expect, I, to, you, know better than, to)
   _____.

10. 네가 운동을 더 많이 할수록, 너는 더 건강해질 수 있어. (work out, you, The more / the healthier, can, be, you)
    _____.

## Practice Step 3 짧은 문장 써 보기

앞에서 배운 내용을 바탕으로, 주어진 우리말에 맞게 영어 문장을 써 보세요.

1. 더 많은 경험을 얻을 수록, 너는 더 현명해질 수 있다.
   _____.

2. 그 이야기가 점점 더 흥미진진해질 것이다.
   _____.

3. 그는 그녀에게 더 이상 상처를 주길 원치 않는다.
   _____.

4. Susan은 그에게 기회를 주는 어리석은 짓을 하지 말아야 할 텐데.
   _____.

5. Sally와 Kate 중 누가 이 사무실에서 더 관대한 사람일까?
   _____?

6. 그들은 더 이상 여기 살지 않는다.
   _____.

**Hint!** experience 경험 wise 현명한 exciting 흥미진진한 hurt ~에게 상처를 주다 give A a chance A에게 기회를 주다 generous 관대한 no longer live 더 이상 살지 않는다

## Step 4 길게 써 보기

지금까지 배운 내용을 떠올리면서, 주어진 우리말에 맞게 영어로 글을 써 보세요.

1. 나는 내 수학 숙제를 하고 있다. 문제들이 점점 더 어려워진다. 나는 숙제를 더 이상 하고 싶지 않다. 그러나, 나는 오늘 그것을 끝내야 한다. 내가 그것에 더 집중하려고 노력할수록, 더 빨리 끝낼 수 있을 것이다.

2. 
   **A** 그녀는 나에게 (이제껏) 거짓말을 해 왔어.
   **B** 네가 그녀와 더 많은 시간을 보낼수록, 그녀를 떠나기 더 힘들어질 수 있어.
   **A** 나는 그녀를 떠날 거야. 그녀를 더 이상 믿지 않아.
   **B** 네가 그녀를 다시 믿을 만큼 어리석지는 않겠지.

**Hint!** work on homework 숙제를 하다  difficult 어려운  finish 끝내다, 마치다  focus on ~에 집중하다  complete 마치다, 완료하다  lie to ~에게 거짓말을 하다  trust 신뢰하다, 믿다

## Voca 단어 및 표현 확인하기

| | | |
|---|---|---|
| complete | 동사 | 마치다, 완료하다 |
| difficult | 형용사 | 어려운 |
| exciting | 형용사 | 흥미진진한 |
| experience | 명사 | 경험 |
| finish | 동사 | 끝내다, 마치다 |
| focus on | | ~에 집중하다 |
| generous | 형용사 | 관대한 |
| give A a chance | | A에게 기회를 주다 |
| hurt | 동사 | ~에게 상처를 주다 |
| lie to | | ~에게 거짓말을 하다 |
| no longer live | | 더 이상 살지 않는다 |
| trust | 동사 | 신뢰하다, 믿다 |
| wise | 형용사 | 현명한 |
| work on homework | | 숙제를 하다 |

# Training 50. She is as tall as you are.
## 원급 비교, 다양한 최상급 표현

**Point 1** — 원급 비교

❶ as+형용사/부사 원급+as: ~만큼 …한[하게]
- She is **as tall as** you are.   그녀는 너만큼 키가 커.

❷ not as[so]+원급+as: ~만큼 …하지 않은
- I am **not as lazy as** you are.   나는 너만큼 게으르지 않아.

**Point 2** — 배수 비교

A 동사+배수 표현(twice, three times, …)+as+원급+as B: A는 B보다 ~배 더 …하다
- The house is **twice as large as** our house.   그 집은 우리 집보다 2배 더 크다.

**Point 3** — 원급&비교급으로 최상급 나타내기

❶ No (other)+단수명사+비교급+than A: A보다 더 ~한 것은 없다
- **No (other) country** in the world has **more people than** China.
  세계에서 중국보다 더 인구가 많은 국가는 없다.

❷ No (other)+단수명사+as+원급+as A: A만큼 ~한 것은 없다
- **No (other) city** in Korea is **as large as** Seoul.
  한국에서 서울만큼 큰 도시는 없다.

❸ 비교급+than any other+단수명사: 다른 어떤 ~보다 더 …한
- China has **more people than any other country** in the world.
  중국은 세계 어느 나라보다 인구가 더 많다.

❹ 비교급+than all the other+복수명사: 다른 모든 ~들보다 더 …한
- China has **more people than all the other countries** in the world.
  중국은 세계 다른 모든 나라들보다 인구가 더 많다.

*비교구문에서는 (any) other 다음에 단수명사를 씁니다.

## Practice Step 1 기초 다지기

빈칸에 알맞은 단어를 넣어 문장을 완성해보세요.

1. 그녀는 그 여배우만큼 아름답다.
   She is _____ beautiful _____ the actress.

2. 나는 너만큼 영어를 유창하게 한다.
   I speak English _____ fluently _____ you (do).

3. 그들은 우리만큼 똑똑하지 않아.
   They are not _____ brilliant _____ we are.

4. 새로운 컴퓨터가 예전 것에 비해서 2배는 더 빠르다.
   The new computer is _____ _____ fast _____ the old one.

5. 어느 스포츠도 축구만큼 인기가 있지는 않다.
   _____ sport is _____ popular _____ soccer.

6. 세상에서 어느 누구도 나만큼 그녀를 사랑하지 않는다.
   _____ other person in the world loves her _____ much _____ I do.

7. 시간이 그 어떤 것보다 더 소중하다.
   Time is _____ precious _____ anything else.

8. 이것이 이 가게의 다른 어떤 물건들보다 더 저렴하다. (cheap)
   This one is _____ than _____ _____ _____ things in this shop.

9. 그녀는 가능한 한 빨리 달렸다.
   She ran _____ fast _____ possible.

10. 당신이 원하는 만큼 오래 우리와 함께 있어도 됩니다.
    You can stay with us _____ long _____ you want.

**Answers**
1. as, as   2. as, as   3. as, as   4. twice as, as   5. No, as, as
6. No, as, as   7. more, than   8. cheaper, all the other   9. as, as   10. as, as

PART 10 비교급, 최상급, 비교 구문

## Practice Step 2 어순 훈련하기

**주어진 단어들을 어순에 맞게 넣어 문장을 완성해보세요.**

1. 나는 너보다 3배 더 빠르게 책을 읽을 수 있다. (three times, as, as, I, you, can, read, fast, can)
   
   _____.

2. Emily는 우리 반에서 다른 어떤 학생보다도 더 똑똑하다. (smarter, other, than, Emily, is, in our class, any, student)
   
   _____.

3. 이 반에서 Sophie만큼 못된 여자아이는 없다. (girl, No, as, as, mean, is, in this class, Sophie)
   
   _____.

4. 내가 거기 도착하자마자 너에게 전화할게. (get, As, I, as, there, soon / call, I, you, will)
   
   _____.

5. 뉴욕이 세계에서 다른 어느 도시보다 더 크다. (larger, in the world, New York, is, than, all, other, the, cities)
   
   _____.

6. 나의 차는 그녀의 차만큼 비싸지는 않다. (expensive, My car, hers, is, not, as, as)
   
   _____.

7. 내 월급이 그의 월급보다 5배 더 높다. (five times, as, as, My salary, is, high, his)
   
   _____.

8. 에베레스트산이 세계 다른 어느 산보다 더 높다. (Mt. Everest, higher, in the world, any other, than, is, mountain)
   
   _____.

9. 그녀는 한국의 다른 어느 여배우들보다 더 매력적이다. (all, other, She, more, is, the, attractive, than, in Korea, actresses)
   
   _____.

10. Annie는 중국어뿐 아니라 영어도 구사할 수 있다. (speak, well, Annie, can, Chinese, English, as, as)
    
    _____.

## Step 3 짧은 문장 써 보기

앞에서 배운 내용을 바탕으로, 주어진 우리말에 맞게 영어 문장을 써 보세요.

1. 오늘은 어제만큼 춥다.
   _____.

2. Aram은 너만큼 자주 쇼핑을 간다.
   _____.

3. 그녀는 나보다 2배는 더 높이 뛸 수 있다.
   _____.

4. 어떠한 농구 선수도 Michael Jordan보다 더 잘하지는 못했다.
   _____.

5. 세상에 Albert Einstein만큼 훌륭한 과학자는 없다.
   _____.

6. 나는 너를 그 어떤 사람보다 더 사랑한다.
   _____.

**Hint!** go shopping 쇼핑 가다　twice as high as 두 배 만큼 더 높이　great 위대한, 훌륭한　more than any other person 그 어떤 사람보다 더

## Practice Step 4 길게 써 보기

지금까지 배운 내용을 떠올리면서, 주어진 우리말에 맞게 영어로 글을 써 보세요.

1. 나의 아버지는 몇 년 전에 돌아가셨다. 나는 아버지가 많이 그립다.
   그분은 그 어떤 남자보다도 너그러우셨다. 그 어떤 사람도 아버지만큼 나를 사랑해주지 않았다.

2. 
   Ⓐ 너 오늘 지각했니?

   Ⓑ 아니, 안 했어. 나는 너만큼 일찍 사무실에 도착했어.

   Ⓐ 근데 왜 내가 너를 회의 때 보지 못했지?

   Ⓑ 나는 프로젝트 작업을 해야 했어. 나는 이 사무실에 있는 다른 어떤 사람보다도 더 부지런해.

   Ⓐ
   Ⓑ
   Ⓐ
   Ⓑ

**Hint!** pass away 사망하다, 돌아가시다  generous 너그러운, 관대한  late 늦은, 지각한  get to the office 사무실에 오다[가다]  work on the project 프로젝트 작업을 하다  diligent 부지런한

## 단어 및 표현 확인하기

| | | |
|---|---|---|
| diligent | 형용사 | 부지런한 |
| generous | 형용사 | 너그러운, 관대한 |
| get to the office | | 사무실에 오다[가다] |
| go shopping | | 쇼핑 가다 |
| great | 형용사 | 위대한, 훌륭한 |
| late | 형용사 | 늦은, 지각한 |
| more than any other person | | 그 어떤 사람보다 더 |
| pass away | | 사망하다, 돌아가시다 |
| twice as high as | | 두 배 만큼 더 높이 |
| work on the project | | 프로젝트 작업을 하다 |

# 불규칙 동사 변화표

| 뜻 | 현재 | 과거 | 과거분사(p.p.) |
|---|---|---|---|
| 일어나다 | arise | arose | arisen |
| ~이다, ~되다, ~있다 | be동사 am, is | was | been |
| ~이다, ~되다, ~있다 | be동사 are | were | been |
| (아이를) 낳다, 참다 | bear | bore | born/borne |
| ~되다 | become | became | become |
| 시작하다 | begin | began | begun |
| 묶다 | bind | bound | bound |
| 물다 | bite | bit | bitten |
| 불다 | blow | blew | blown |
| 부수다, 깨뜨리다 | break | broke | broken |
| 가져오다 | bring | brought | brought |
| (건물을) 짓다, 건설하다 | build | built | built |
| 사다 | buy | bought | bought |
| 던지다 | cast | cast | cast |
| 잡다 | catch | caught | caught |
| 선택하다 | choose | chose | chosen |
| 오다 | come | came | come |
| (비용이) 들다 | cost | cost | cost |
| 베다, 자르다 | cut | cut | cut |
| (땅을) 파다 | dig | dug | dug |
| ~을 하다 | do (3인칭: does) | did | done |
| 끌다, 그리다 | draw | drew | drawn |
| 마시다 | drink | drank | drunk |
| 운전하다 | drive | drove | driven |
| 먹다 | eat | ate | eaten |
| 떨어지다 | fall | fell | fallen |
| 느끼다 | feel | felt | felt |
| 싸우다 | fight | fought | fought |
| 발견하다 | find | found | found |
| 날다 | fly | flew | flown |

| 뜻 | 현재 | 과거 | 과거분사(p.p.) |
|---|---|---|---|
| 잊어버리다 | forget | forgot | forgotten |
| 용서하다 | forgive | forgave | forgiven |
| 얼다 | freeze | froze | frozen |
| 얻다, 사다 | get | got | gotten/got |
| 주다 | give | gave | given |
| 가다 | go | went | gone |
| 자라다 | grow | grew | grown |
| 매달다, 걸다 | hang | hung | hung |
| 가지다 | have (3인칭: has) | had | had |
| 듣다 | hear | heard | heard |
| 숨다 | hide | hid | hid/hidden |
| 때리다, 치다 | hit | hit | hit |
| 붙잡다 | hold | held | held |
| 다치다 | hurt | hurt | hurt |
| 지키다, 간직하다 | keep | kept | kept |
| 알다 | know | knew | known |
| 놓다, 두다, (알 등을) 낳다 | lay | laid | laid |
| 이끌다, 지도하다 | lead | led | led |
| 떠나다, 남겨두다 | leave | left | left |
| 빌리다 | lend | lent | lent |
| 시키다 | let | let | let |
| 눕다 | lie | lay | lain |
| (경기에) 지다, 잃다 | lose | lost | lost |
| 만들다 | make | made | made |
| ~을 의미하다 | mean | meant | meant |
| 만나다 | meet | met | met |
| 실수하다 | mistake | mistook | mistaken |
| (돈을) 지불하다 | pay | paid | paid |
| 두다, 놓다, 넣다 | put | put | put |
| 읽다 | read[리드] | read[레드] | read[레드] |
| (말, 자전거 등을) 타다 | ride | rode | ridden |
| (벨이) 울리다 | ring | rang | rung |
| 오르다 | rise | rose | risen |

| 뜻 | 현재 | 과거 | 과거분사(p.p.) |
|---|---|---|---|
| 달리다 | run | ran | run |
| 말하다 | say | said | said |
| 보다 | see | saw | seen |
| 찾다, 추구하다 | seek | sought | sought |
| 팔다 | sell | sold | sold |
| 보내다 | send | sent | sent |
| 놓아두다, 차리다 | set | set | set |
| 흔들다 | shake | shook | shaken |
| 빛나다 | shine | shone | shone |
| 쏘다 | shoot | shot | shot |
| 보여주다 | show | showed | showed/shown |
| 닫다 | shut | shut | shut |
| 노래하다 | sing | sang | sung |
| 가라앉다, 침몰하다 | sink | sank | sunk |
| 앉다 | sit | sat | sat |
| 잠자다 | sleep | slept | slept |
| 냄새가 나다 | smell | smelled/smelt | smelled/smelt |
| 말하다 | speak | spoke | spoken |
| (돈, 시간 등을) 소비하다 | spend | spent | spent |
| 일어서다 | stand | stood | stood |
| 훔치다 | steal | stole | stolen |
| 치다 | strike | struck | struck |
| 헤엄치다 | swim | swam | swum |
| 가지다 | take | took | taken |
| 가르치다 | teach | taught | taught |
| 찢다, 눈물 흘리다 | tear | tore | torn |
| 말하다 | tell | told | told |
| 생각하다 | think | thought | thought |
| 던지다 | throw | threw | thrown |
| 이해하다 | understand | understood | understood |
| 입다 | wear | wore | worn |
| 이기다 | win | won | won |
| 쓰다 | write | wrote | written |

5분톡 PAGODA

영작문에 꼭 필요한 핵심 문법만 쏙쏙!

# 영문법 문장훈련

조성혜 지음

50일 완성

## ANSWERS

PAGODA Books

영작문에 꼭 필요한 **핵심 문법**만 쏙쏙!

# 영문법 문장훈련

조성혜 지음

**50일 완성**

## ANSWERS

PAGODA Books

# ANSWERS

# Training 01 I am a student. be동사의 쓰임

## Step 2 어순 훈련하기

1. Emily is 10 years old this year.
2. They are very close friends.
3. It is very nice today.
4. We were in the swimming pool this morning.
5. Julie's boyfriend was good for her.
6. She is good at writing.
7. They are always busy during the day.
8. Many people were at the airport last night.
9. The price is reasonable for me.
10. I want to be a lawyer just like you.

## Step 3 짧은 문장 써 보기

1. They were at the airport this morning.
2. It is under the table.
3. Many people are at his office today.
4. The weather is nice today.
5. The lawyer was busy last night.
6. They are at the park during the day.

## Step 4 길게 써 보기

1. My grandma is 60 years old. She is kind to everyone. She is a writer. Her books are popular with kids. I want to be a writer like her.
2. **A:** It is beautiful today. I want to go to the park.
   **B:** I am in my office. I am busy right now. I want to go home.
   **A:** That's too bad. I am home now.
   **B:** You are so mean.

# Training 02  Are they kind? be동사로 다양한 문장 만들기

## Step 2 어순 훈련하기

1. Alicia is a generous girl.
2. Justin and I are very different.
3. Are they in the 3rd grade this year?
4. We are not on the same team.
5. Is the street dangerous at night?
6. The game was not exciting at all.
7. Are many people in the stadium?
8. Was the restaurant open yesterday?
9. Wasn't Amy embarrassed at the party last night?
10. The museum is not far from the bus station.

## Step 3 짧은 문장 써 보기

1. Are you angry with me?
2. She was not in the office yesterday.
3. Were they in the same class last year?
4. The books aren't on the desk.
5. Are Abby and Jess under the tree?
6. I am not interested in sports.

## Step 4 길게 써 보기

1. Kevin was at the party yesterday. He was in the library. Is he at home now? He is upset about something. So he is in the bathtub now.
2. A: I am excited about this movie. How about you?
   B: I'm not interested in scary movies.
   A: That is disappointing.
   B: How about this movie? This movie is very funny.

# 03 I speak English. 일반동사로 긍정문&부정문 만들기

## Step 2 어순 훈련하기

1. Sue always goes to work early.
2. I take a bus to school.
3. We don't have enough money to buy the house.
4. My mom teaches English in high school.
5. Eric walked his dog last night.
6. We didn't get together for your birthday.
7. I took good care of her baby last weekend.
8. I invited my friends over for dinner.
9. I didn't want to join them for lunch.
10. Carrie doesn't want to leave her boyfriend.

## Step 3 짧은 문장 써 보기

1. Many people get[go] to work by bus.
2. Jenny always listens to me carefully.
3. My son doesn't have breakfast.
4. She didn't take her dog for a walk today.
5. They like camping in the mountains.
6. I don't eat chocolate anymore.

## Step 4 길게 써 보기

1. I don't live in Seoul now. I would like to go to Seoul. I want to visit famous places in Seoul. But, I don't have enough money and time.
2. A: I go to the gym three times a week.
   B: I don't like to work out.
   A: You take a walk after lunch. That is a good exercise.
   B: You're right. I try to go for a walk every day.

# Training 04 Do you speak English? 일반동사로 의문문 만들기

### Step 2 어순 훈련하기

1. Do you have any brothers and sisters?
2. Do you need some time to think about it?
3. Did they get to the airport on time?
4. Did I take the medicine this morning?
5. Did the kids make trouble at your place?
6. Did you make a wish before you blew out the candles?
7. Does she usually make a plan for vacation?
8. Does your husband make breakfast every morning?
9. Do they sometimes get together for dinner after work?
10. Did Judy try to make it right?

### Step 3 짧은 문장 써 보기

1. Do you work at night?
2. Did Jess come home last Wednesday?
3. Did the car accident happen last night?
4. Did they stay in Switzerland five years ago?
5. Does the shuttle bus run every thirty minutes?
6. Do you play tennis at the park every day?

### Step 4 길게 써 보기

1. Did they play soccer yesterday? Did Mark get hurt? Did the people over there worry about him? Did you take him to the hospital?
2. **A:** Didn't you go jogging in the morning?
   **B:** No, I didn't.
   **A:** Did you oversleep?
   **B:** Yes, I did. I was very tired.

# Training 05 Who is she? 의문사가 있는 의문문 만들기

## Step 2 어순 훈련하기

1. Who is that guy over there?
2. When did he finish the project?
3. What are the good things in this plan?
4. Why do they always yell at each other?
5. Where were you at the party last night?
6. How did you make him believe you?
7. Why does Nora look so happy?
8. Where did you see them in the first place?
9. What did he buy you for your birthday?
10. Why are you so nice to us?

## Step 3 짧은 문장 써 보기

1. Why did you come so late?
2. When did Amy come to see you?
3. Where did they get this dog?
4. What does he usually eat for breakfast?
5. How did she get rid of this?
6. Who do you like most in the class?

## Step 4 길게 써 보기

1. Who is she? What is her job? Where did you meet her? When did you meet her? Who introduced her to you? How did you become a couple?
2. **A:** How did you work this machine?
   **B:** He told me how to do it.
   **A:** Who is he?
   **B:** He is my close friend.

# Training 06 I go to school. 1형식: 주어(S)+동사(V)

### Step 2 어순 훈련하기

1. Daniel comes here on Fridays.
2. Do they go to work by subway?
3. Did she run to the bus station?
4. There is some water on the floor.
5. There are many people on the third floor in the mall.
6. They went to Canada in May last year.
7. Nobody cooked this time.
8. I hung out with my friends downtown yesterday.
9. Two horses are running in the field.
10. Who will sing next time?

### Step 3 짧은 문장 써 보기

1. This computer works great.
2. We arrived at the hotel this afternoon.
3. He got home from work.
4. Susan didn't go upstairs last night.
5. I woke up at midnight.
6. My parents lived in this house for a long time.

### Step 4 길게 써 보기

1. She wakes up early in the morning. She goes to school by bus.
   She stays at school from 9 to 3. She comes back home with her friends.
2. A: I will go to the zoo with my kids.
   B: There will be a lot of people at the zoo today.
   A: Then, I'd rather stay at home.
   B: You can relax with them at home.

# Training 07  You are tired. 2형식: 주어(S)+동사(V)+보어(C)

### Step 2 어순 훈련하기

1. The elevator is out of order.
2. This pond has run dry.
3. Good medicine tastes bitter.
4. She was friendly to strangers.
5. The professor seems very strict.
6. The trees are getting taller gradually.
7. Things will go wrong.
8. We felt disappointed with the result.
9. David looked great in the suit yesterday.
10. It doesn't sound fair to me.

### Step 3 짧은 문장 써 보기

1. My shoes are old.
2. It turned cold.
3. The dog looks aggressive.
4. She sounds sweet.
5. Lily was late for school.
6. Are you free now?

### Step 4 길게 써 보기

1. My wife is a college professor. She is passionate about teaching. She seems strict. She sometimes feels lonely. She gets angry easily.
2. **A:** This spaghetti smells good!
   **B:** It looks delicious.
   **C:** It is yummy. I already ate it.
   **A:** My mouth is watering.

# Training 08 He made a mistake. 3형식: 주어(S)+동사(V)+목적어(O)

### Step 2 어순 훈련하기

1. I didn't remember his name at first.
2. She passed the exam at last.
3. He broke my glasses on purpose.
4. Gina decided to keep the promise.
5. Jeremy finished making dinner in time.
6. I haven't decided what to wear for the party.
7. I don't remember who ordered this.
8. We didn't realize that the class was over.
9. The doctor said that she burned herself.
10. You don't know how happy I am.

### Step 3 짧은 문장 써 보기

1. I left my cellphone in the taxi.
2. We want to see the movie tonight.
3. I enjoy staying at home with my family.
4. She is planning to visit her parents this weekend.
5. You can't tell me what to do.
6. They know that I don't like them.

### Step 4 길게 써 보기

1. Emily loves her dog. She walks her dog every day. She enjoys playing with her dog. She hopes to travel around the world with her dog.
2. **A:** Do you want to see the soccer match on TV?
   **B:** I'd love to.
   **A:** I've got some beer.
   **B:** Then we can enjoy watching the game with beer.

# Training 09 I gave her the book.

**4형식: 주어(S)+동사(V)+간접목적어(I.O.)+직접목적어(D.O.)**

### Step 2 어순 훈련하기

1. You don't have to give him a chance. / You don't have to give a chance to him.
2. Why did Lisa tell them the useful information? /
   Why did Lisa tell the useful information to them?
3. Will bought her the beautiful dress last weekend. /
   Will bought the beautiful dress for her last weekend.
4. I'm going to buy them lunch tomorrow. / I'm going to buy lunch for them tomorrow.
5. Ethan asked me the name of the movie. / Ethan asked the name of the movie of me.
6. Did he leave you a message? / Did he leave a message for you?
7. My grandfather used to read me a lot of books. /
   My grandfather used to read a lot of books to me.
8. She didn't show us the picture. / She didn't show the picture to us.
9. She won't lend them any money easily. / She won't lend any money to them easily.
10. Didn't Alice get you a nice present at the party? /
    Didn't Alice get a nice present for you at the party?

### Step 3 짧은 문장 써 보기

1. My grandma told us an interesting story.
2. I bought my dog a toy.
3. Can you bring me something to read?
4. Can you pass me the salt?
5. Jason will give you a call.
6. Ann found me a bag.

### Step 4 길게 써 보기

1. My grandma sent me a present. I was very happy. I wanted to give her a hug.
   I gave her a call. I will write her a thank-you card.
2. A: Can I ask you a favor?
   B: Of course.
   A: Can you give me some useful information about this?
   B: I will tell you everything.

# I will make you happy.

**5형식: 주어(S)+동사(V)+목적어(O)+목적보어(O.C.) [1]**

### Step 2 어순 훈련하기

1. He found the house empty.
2. Hot weather makes people tired.
3. This music makes me relaxed.
4. I am going to keep them safe.
5. The man with a suitcase advised us to buy the books.
6. This weather makes people depressed.
7. We considered him generous.
8. The actor on TV considers himself a top star.
9. His voice on the phone makes me nervous.
10. I found her marriage unhappy.

### Step 3 짧은 문장 써 보기

1. We always have to keep our teeth clean.
2. He left me alone.
3. He made my birthday special.
4. Abby asked him to boil the water.
5. My sister helped me (to) correct the mistakes.
6. My parents allowed me to go out at night.

### Step 4 길게 써 보기

1. Jeremy considered the exam difficult. It made him stressed out.
   He thinks stress makes him depressed. Taking a bath will make him relaxed.
2. **A:** The movie made him a star.
   **B:** I want you to be a star like him.
   **A:** I found it impossible.
   **B:** The fortune teller said you would be famous!

ANSWERS 013

# I will make him help you.
## 5형식: 주어(S)+동사(V)+목적어(O)+목적보어(O.C.) [2]

### Step ❷ 어순 훈련하기

1. My dad won't let me go to the party.
2. My mom always makes me finish my homework before we have dinner.
3. I will get Peter to come and have a look at this.
4. He got his cousin to look after his dog.
5. My ex-boss made me work overtime every day.
6. I saw them sitting on the bench this afternoon.
7. I think I just heard someone come in.
8. Jennifer felt herself shaking with fear.
9. Have you felt someone following you late at night?
10. I was watching them work on the project together.

### Step ❸ 짧은 문장 써 보기

1. The rain made us catch a cold.
2. My parents let me sleep late.
3. Jenny got him to deliver the food.
4. Jenny got the food delivered.
5. He saw me fall down.
6. I heard them arguing last night.

### Step ❹ 길게 써 보기

1. Look at the sky. What do you see? I see stars shining in the sky.
2. Did you hear something? I just heard a dog barking.
3. **A:** He let me read this book.
   **B:** Did you find this book interesting?
   **A:** This book made me fall asleep.
   **B:** I will get him to lend you another book.

# 12 I work out every day. 단순현재시제

## Step 2 어순 훈련하기

1. The Olympic Games take place every four years.
2. Tina seldom drinks coffee.
3. Alex usually watches TV every night.
4. Tony is not interested in helping the poor.
5. Justin never lies to me.
6. They always wear school uniforms on weekdays.
7. I rarely drive to work.
8. What do you usually do in your spare time?
9. She often buys things online.
10. We usually go to the movies every weekend.

## Step 3 짧은 문장 써 보기

1. Danny and I are in the same class.
2. Andy brushes his teeth after meals.
3. He passes by here at 10 a.m. every day.
4. The train stops at every station.
5. She washes her hair every other day.
6. Are you ready for the test?

## Step 4 길게 써 보기

1. I want to tell you about my parents. My parents love me very much. They go for a walk every morning. They enjoy playing golf together. They are generous and warm-hearted.
2. A: What is your favorite subject?
   B: I like math and art.
   A: What kind of sports do you like best?
   B: I enjoy playing tennis.

# 13 They were tired. 단순과거시제

### Step 2 어순 훈련하기

1. I worked in a travel agency before.
2. The police stopped me on my way home this afternoon.
3. Sophie didn't pass the important test last week.
4. Was the weather good when you were on vacation?
5. They saw Tim at the mall a few days ago.
6. Why didn't you invite them to the party?
7. We used to hang out together very often.
8. When Sera was a child, she wanted to be a designer.
9. They changed the schedule without telling us.
10. We didn't realize she felt disappointed.

### Step 3 짧은 문장 써 보기

1. It was cold this morning.
2. The bird flew high in the sky.
3. My brother dropped my laptop yesterday.
4. She didn't have a fever last night.
5. Did the train for Seoul already leave?
6. Were you late for school today?

### Step 4 길게 써 보기

1. We wanted to go to the movies last night. However, suddenly it started snowing. We had to stay at home. We watched TV with popcorn.
2. **A:** Did you buy a present for Kate's birthday?
   **B:** I bought a beautiful dress.
   **C:** I made a chocolate cake for her.
   **A:** I decorated the room with balloons.

# 14 I will do my best. 단순미래시제

## Step 2 어순 훈련하기

1. I don't think my boss will be happy about it.
2. Life will be very different in 10 years.
3. David is going to ask his girlfriend to marry him.
4. I am going to return to Korea by the end of the month.
5. I won't tell anyone what happened.
6. I will see you at the library soon.
7. Emily is going to work on the paper tonight.
8. Sophie will be punished for this severely.
9. We are going to drop by her office this Friday.
10. They will have so much fun this Christmas.

## Step 3 짧은 문장 써 보기

1. I will post my pictures on my blog.
2. The teacher will be back in ten minutes.
3. She won't drink soda.
4. We are going to have pizza for lunch.
5. Is he going to go fishing with his dad?
6. We won't move back to Seoul.

## Step 4 길게 써 보기

1. The bakery will be open soon. My sister likes bread. I think she will go there often. I hope she will like the bakery.
2. **A:** We are going to go on a picnic tomorrow.
   **B:** It is going to rain tomorrow.
   **A:** It can't be true. Everyone will be disappointed.
   **B:** I hope it will be sunny.

# Training 15 I am thinking about you. 현재진행시제

### Step 2 어순 훈련하기

1. The man is talking to a girl about something.
2. I am taking 5 classes this semester.
3. Clark is trying to improve his English.
4. The world is changing very fast.
5. Jennifer is talking to her mother on the phone.
6. My dad is considering taking early retirement.
7. I don't understand why he is being selfish.
8. What are they complaining about now?
9. Why are you being so rude to us?
10. The airline is currently selling half-price tickets to New York.

### Step 3 짧은 문장 써 보기

1. I am having a hard time with English.
2. We are taking the class online.
3. Who is he talking to?
4. Allison is going out with David.
5. We are coming over to his place next week.
6. What is she looking at?

### Step 4 길게 써 보기

1. I am babysitting my sister's baby. The baby is crying. I am trying to feed her. She is still crying. I am singing her a song. She is falling asleep.
2. A: What are you thinking?
   B: I am thinking about moving out.
   A: Are you having a problem with your roommate?
   B: Actually, his friends are coming over.

# 16 I was/will be thinking about you.
### 과거진행&미래진행시제

## Step 2 어순 훈련하기

1. The balloon was getting bigger.
2. Two kids were making a noise at the next table.
3. How were they getting out of there?
4. When I met Dave, I was walking home.
5. What were you doing at 10 last night?
6. Sam will be working out at the gym at this time tomorrow.
7. My roommate will be packing tomorrow morning.
8. We will be having a meeting to discuss it.
9. The government will be making a statement about the crisis this afternoon.
10. Our best player is injured, so he won't be playing in the game this Saturday.

## Step 3 짧은 문장 써 보기

1. It was snowing heavily last night.
2. They were sitting on the sofa then.
3. They will be staying in my place.
4. I will be giving a speech in public.
5. Jessy will be having a coffee with her co-workers.
6. What were you thinking?

## Step 4 길게 써 보기

1. Sue was taking a nap under the tree. Someone was coming to her. He was trying to wake her up. He was asking her about his bag around the tree.
2. **A:** What were you working on?
   **B:** I was working on the science project.
   **A:** Were you working with your partner?
   **B:** I was working alone.

ANSWERS 019

#  Have you ever been to Korea?
### 현재완료시제

### Step ❷ 어순 훈련하기

1. My mom has been angry at me.
2. We haven't eaten anything since 9.
3. My English has improved since I started taking this English class.
4. The boy has lost his bike three times.
5. It is the best smartphone I have ever used.
6. This is the worst movie we have ever seen.
7. She hasn't taken a shower yet.
8. Has the class already started?
9. Your daughter has grown up a lot.
10. Have you spent all the money?

### Step ❸ 짧은 문장 써 보기

1. The plane has already taken off.
2. Have you seen any celebrities in person?
3. Alicia has lost her appetite lately.
4. Mark has used the watch for 10 years.
5. Nothing like this has ever happened to us before.
6. I have just finished talking to them.

### Step ❹ 길게 써 보기

1. My girlfriend and I have argued often these days. So she has been upset lately. I have tried to talk to her about our problems. Nothing has been solved yet.
2. **A:** Hi, Aidan. How are you? Long time no see.
   **B:** We haven't seen each other for a while.
   **A:** How long has it been since we met at the party?
   **B:** It has been almost 2 months.

# 18 He had already fallen asleep.
## 과거완료&미래완료시제

### Step 2 어순 훈련하기

1. I had felt a lot of pain before I took the medicine.
2. I had known him a long time before you met him.
3. He had been unemployed for 2 years until he got a job last year.
4. How long had you lived there before you moved out of the house?
5. I suddenly remembered I had left my phone in the car.
6. The professor will have retired by 2030.
7. By the time we get back, they will have taken care of everything.
8. The meeting will have ended by then.
9. They will have known each other for 5 years next year.
10. He will have left for work at around 9.

### Step 3 짧은 문장 써 보기

1. I had never learned how to swim then.
2. Annie was exhausted because she had already worked out for 3 hours.
3. He told me that he had already graduated from the college.
4. I had already finished my coffee before you called me.
5. We will have arrived there before the class starts.
6. The project will have been completed by then.

### Step 4 길게 써 보기

1. I thought about what had happened last night. I had argued with him.
   I had never understood him. I had broken his heart. I realized I had hurt him a lot.
2. A: Do you have a plan for your future?
   B: I am enjoying my job.
   A: You have taught kids for 5 years.
   B: By the time I'm 40, I will have taught kids for 10 years.

ANSWERS 021

# 19. I have been learning English for 10 years. 완료진행시제

## Step 2 어순 훈련하기

1. Susan has been working at the bank for 15 years.
2. All the students have been studying for the exam.
3. Alex has been sitting there after dinner.
4. Nick has been looking for his glasses.
5. Her hair was still wet because she had been swimming.
6. Julie had been crying so her eyes turned red.
7. He couldn't answer the question because he had been daydreaming for 10 minutes.
8. The police had been looking for the criminal until they caught him.
9. When Eddie gets home, she will have been sleeping for 3 hours.
10. When Professor Jones retires next year, he will have been teaching for 30 years.

## Step 3 짧은 문장 써 보기

1. It had been raining for 3 days.
2. It has been raining for 4 days.
3. It will have been raining for 5 days.
4. He had been handling the problems.
5. He has been handling the problems.
6. He will have been handling the problems for 5 days tomorrow.

## Step 4 길게 써 보기

1. I have been thinking about quitting my job. I have found it frustrating. I have been trying to start my own business. By this time next year, I will have been working hard in my own shop.

2. **A:** How long has James been making movies?
   **B:** He has been working on it since 2000.
   **A:** How long have you been working with him?
   **B:** I will have been working with him for 6 years next year.

# Training 20  It must be true. 조언, 의무의 조동사

## Step 2 어순 훈련하기

1. We need to work on the project together.
2. You shouldn't believe everything you read in the article.
3. You don't need to buy this for me.
4. Where should I go to find that?
5. We have to get to know each other.
6. He must wear a helmet when he rides a bike.
7. You had better not be late for the meeting.
8. He must be a generous guy.
9. She doesn't have to care about what people say.
10. You didn't need to read all the books here.

## Step 3 짧은 문장 써 보기

1. You must wear a seat belt.
2. They have to be responsible for this.
3. Emily must be happy about the news.
4. You should wash your hands often.
5. She doesn't need to pick up the trash.
6. You'd better not talk to me like that.

## Step 4 길게 써 보기

1. Jessi must be disappointed about the result. You should listen to her.
   I have to take care of her. We don't have to talk about the result.
2. A: This computer must be out of order.
   B: We need to call someone to fix this.
   A: I should call Joe.
   B: You'd better do it now. I have to take an online class today.

# Training 21 I will improve my English.
**미래, 의지의 조동사 will, would**

### Step ② 어순 훈련하기

1. I will wait for you outside.
2. I think the store will be closed on Sunday.
3. It will take a few days to finish this project.
4. He would do anything to make you happy.
5. It would be really nice to talk to you.
6. Liz told everybody that she would do her best.
7. Where will you be this time next year?
8. What time will we be able to use this room again?
9. I will find out how you did on the test.
10. I knew you would make it.

### Step ③ 짧은 문장 써 보기

1. Steve will not go back to the college.
2. They will go camping this weekend.
3. Would you do me a favor?
4. Will you join the soccer team?
5. He wouldn't do that.
6. Would you like to go on a picnic with us?

### Step ④ 길게 써 보기

1. My roommate will go back to China soon. We will have a farewell party this weekend. I would like to buy her a present. I would rather not cry in front of her.
2. **A:** I will ask Edie out.
   **B:** What would you like to do with her?
   **A:** I will take her to the restaurant.
   **B:** I hope she will like it.

# 22 I can speak English. 가능성 조동사 can, could

## Step 2 어순 훈련하기

1. You can come over to my place.
2. I can buy her a dress.
3. He couldn't finish the task last night.
4. Luna can't be at home now.
5. Can you complete the project today?
6. Could you tell me your phone number?
7. It could rain this weekend.
8. You can see the river through the window.
9. I won't be able to talk to them.
10. How were they able to work it out?

## Step 3 짧은 문장 써 보기

1. Glen can speak two foreign languages.
2. You can come here whenever you want.
3. He could be right.
4. This smartphone could be Benny's.
5. Can you make me some tea?
6. I will be able to take care of the baby.

## Step 4 길게 써 보기

1. You can visit my office today. We will be able to talk about it. After that, we can have lunch together. Kate could join us for lunch.
2. A: Can you stay up late tonight?
   B: I can do anything for you.
   A: Can you help me work on the project?
   B: I will be able to help you finish it.

# 23 You may leave now. 약한 추측의 조동사 may, might

## Step 2 어순 훈련하기

1. Matt may not be in the classroom.
2. You may leave at any time.
3. We may not be able to get together tonight.
4. Sam might not like the present you bought for him.
5. Ben may not want to wait here.
6. Jay might not work here anymore.
7. There might not be enough time to talk about it.
8. She may be taking a bath at home.
9. He might be late because of the traffic jam.
10. Your children might be watching TV because you're not home.

## Step 3 짧은 문장 써 보기

1. You may wear my new coat.
2. David may not be at home now.
3. They might get lost in the park.
4. May I take a look at this?
5. May I leave work early?
6. You may borrow some books from the library.

## Step 4 길게 써 보기

1. He may join us for dinner tonight. He may ask his boss to leave early.
   If the boss says no, he may not catch the bus. He may not be able to make it on time.
2. **A:** May I ask you a personal question?
   **B:** Go ahead.
   **A:** You might not like the question.
   **B:** Then, don't ask. I might not be able to answer it.

# 24 It must be hot. 추측의 조동사 총정리

**Step 2** 어순 훈련하기

1. It would be great to have you back.
2. They must be having a party.
3. Aidan could have enough money.
4. It may sound weird.
5. Something must be bothering you.
6. He would never leave me.
7. It can't be your idea.
8. It must be a humiliating moment.
9. She could join us for dinner.
10. Marth can be having so much fun with them at the party.

**Step 3** 짧은 문장 써 보기

1. He must be upset.
2. Dylan could be embarrassed.
3. They would be happy for you.
4. Haley might be having an affair.
5. He must be there for you.
6. He may be devastated.

**Step 4** 길게 써 보기

1. Nick must have a crush on you. He could ask you out soon.
   You may go out on a date this weekend. It would be great to see you together.
2. **A:** What he said can be true.
   **B:** If it is true, she must be shocked.
   **A:** He may be responsible for it.
   **B:** If it really happens, she would be deeply disappointed.

# Training 25　I should have learned English hard.

**조동사+have p.p.**

### Step ② 어순 훈련하기

1. She must have recognized the boy.
2. We should have saved some food for him.
3. I wouldn't have done it without your help.
4. Lynette could have had a better life.
5. Sophie must have tried to work it out.
6. I might have lost the chance.
7. Haley cannot have borrowed that much money from you.
8. You should have listened to me.
9. She could have found him cheating on her.
10. Paul shouldn't have gotten married to her.

### Step ③ 짧은 문장 써 보기

1. She must have been humiliated.
2. He would have been frustrated.
3. You could have been in danger.
4. They might have been hurt.
5. We shouldn't have been late for school.
6. Susie cannot have figured it out.

### Step ④ 길게 써 보기

1. You shouldn't have cheated on Amy. Amy must have been devastated. She would have tried to move on. She could have dated some other guys.
2. A: He could have gotten involved in that.
   B: He cannot have committed a crime.
   A: You shouldn't have trusted him in the first place.
   B: He must have been framed.

# 26 It is used by many people.
### 수동태 기본 문장 만들기

**Step 2** 어순 훈련하기

1. The newspaper is delivered every day.
2. My bike was stolen yesterday.
3. This picture was taken by Denny.
4. One hundred people are employed in the company.
5. The flowers were sent to him yesterday.
6. Many people were injured in the car accident.
7. The book is read by many people.
8. The window was broken this morning.
9. Pets are not allowed to come in this store.
10. This film was made last year.

**Step 3** 짧은 문장 써 보기

1. The Internet is used by many people.
2. The coupons were sent to them.
3. The article was written by Eleanor.
4. Jay was introduced to everyone.
5. The meeting was cancelled this morning.
6. Credit cards are used by many people.

**Step 4** 길게 써 보기

1. Their house was built in 2000. The apple tree in the garden was planted by Julie. The roof was painted blue by John. The fence was made by their parents.
2. **A:** I am invited to the party.
   **B:** You must be excited.
   **A:** The food at the party will be cooked by the famous chef.
   **B:** People at the party will be surprised.

# It is delivered every day.
### 시제와 결합한 수동태 [1]: 단순시제

## Step 2 어순 훈련하기

1. He is considered a genius by many people.
2. The drug was given to 100 patients.
3. The grammar was well explained by Annie.
4. Each year, thousands of people are killed or injured on the roads.
5. Final decisions are always made by me.
6. The classroom is too big, so it is divided into 2 sections.
7. The new idea will be suggested by Shirley.
8. The children are always taken care of by the teacher.
9. They were separated into different classes.
10. We will be punished for this.

## Step 3 짧은 문장 써 보기

1. Dinner is usually cooked by Dad.
2. The work was finished at 6.
3. The plane will be delayed.
4. The concert was postponed.
5. Jack will be allowed to play the game.
6. The paper will be checked by Sam.

## Step 4 길게 써 보기

1. All the housework will be taken care of by them. The kitchen will be cleaned by Eric. The dirty dishes will be washed by Jennifer. Some of the furniture will be moved by Ted.
2. A: I don't think I can make it to the meeting.
   B: The meeting will be put off.
   A: That's good. I have more time to work on the presentation.
   B: I hope the presentation will be done perfectly.

# Training 28 She is being helped.
### 시제와 결합한 수동태 [2]: 진행시제

**Step 2** 어순 훈련하기

1. New products are being sold.
2. The music is being loved all over the world.
3. The plants are being watered by Martha.
4. A few changes were being made to the law.
5. They are being criticized.
6. The movie is being watched by many people.
7. The project was being completed.
8. The dinner is being made by Bree now.
9. The building was being painted by them.
10. The suspect was being chased by the police.

**Step 3** 짧은 문장 써 보기

1. The Olympic Games are being held in Korea.
2. The tower is being built.
3. Is the house being repaired?
4. She was being asked so many questions.
5. The cars were being moved to another place.
6. The famous building is being designed by him.

**Step 4** 길게 써 보기

1. Some problems are being mentioned in the meeting room. The CEO is being informed by his staff. Some possible solutions are being discussed by them. A few of them are being solved.
2. A: The singer was being loved by many people.
   B: But he did a terrible thing.
   A: He ended up in jail.
   B: He is being punished. He deserves it.

# 29 Many trees have been planted by me.

시제와 결합한 수동태 [3]: 완료시제

### Step 2 어순 훈련하기

1. Jerry has been bored with his job.
2. We will have been separated for 3 months next month.
3. The window had been broken by someone else before Steve broke it.
4. The children will have been taken care of by her tomorrow.
5. They have been punished for this before.
6. The house had been cleaned by the time we got there.
7. When I asked Emily, she had been accepted into Harvard.
8. Billy has been asked the same question before.
9. The mail had been delivered by the time I left for school.
10. Sophie has never been loved by anyone.

### Step 3 짧은 문장 써 보기

1. They have been helped by me.
2. Her car hasn't been washed yet.
3. When I arrived at the store, the door had already been closed.
4. The medicine had already been developed by Paul.
5. Some mistakes will have been corrected by tomorrow.
6. The suspect has been watched by the police officers.

### Step 4 길게 써 보기

1. Many people have been infected by the virus. Kids have been exposed to the danger. People have been frightened since the pandemic started. The pandemic will have been ended next year.
2. **A:** The building has been rebuilt recently.
   **B:** Rebuilt? What happened?
   **A:** You didn't know that? The building had been destroyed by fire.
   **B:** I see. A lot of shops will be found in the building.

#  Tom will be invited to the party.
### 조동사와 결합한 수동태

**Step 2** 어순 훈련하기

1. Something must be done right now.
2. Be careful! Your fingers could be cut.
3. The project had better be completed.
4. Lily will be told the news soon.
5. These books should be returned to the library by tomorrow.
6. This package should have been delivered to him last week.
7. This bridge must have been built over 100 years ago.
8. My computer would have been used by someone.
9. Sarah could have been fired.
10. Carrie might have been promoted.

**Step 3** 짧은 문장 써 보기

1. The reasons should be explained to them.
2. The music can be played by the orchestra.
3. The classroom will be cleaned every day.
4. This accident will be forgotten someday.
5. Wild animals must be protected.
6. This dress should be dry-cleaned.

**Step 4** 길게 써 보기

1. She must have been laughed at by many people. She would have been frustrated.
   She could have been understood by some people. She might have been protected by them.
2. A: The movie will be released this Friday.
   B: Are you sure? We have to see the movie together.
   A: The movie theater must be filled with a lot of people this weekend.
   B: I think so. The movie will be loved by many people.

# 31 I am disappointed in you. 수동태의 관용적 표현

## Step 2 어순 훈련하기

1. The room is filled with flowers.
2. Monica has never been satisfied with her life.
3. I am tired of doing the same thing every day.
4. You must be excited about watching the game.
5. He has been known as a famous movie star in Korea.
6. She could be interested in paintings.
7. The National Museum is located in the center of the city.
8. Obesity could be connected to stress.
9. Have you ever been worried about me?
10. Porter would be disappointed with her attitude.

## Step 3 짧은 문장 써 보기

1. This bottle is filled with fresh milk.
2. He is involved in the case.
3. The hotel will be crowded with a lot of guests this weekend.
4. A lot of people are interested in vaccine development.
5. Jessica is well prepared for the presentation.
6. We are excited about moving into the new house.

## Step 4 길게 써 보기

1. The famous singer has been involved in the drug case.
   His fans are surprised at the unbelievable news.
   They are disappointed in him. Some of his fans are concerned about him.
2. **A:** Did you find the shop?
   **B:** Yes, I did. The shop is located in the middle of the building.
   **A:** Then, is the shop close to the restaurant?
   **B:** The shop and the restaurant are connected to each other.

# 32 You promised to keep the secret.
### to부정사 기본 패턴

## Step 2 어순 훈련하기

1. Kelly failed to make a good impression at the interview.
2. Haley pretended not to see me yesterday.
3. She deserves to win the prize.
4. He wanted to change the schedule.
5. I didn't mean to hurt your feelings.
6. We have been trying to lose some weight.
7. We're planning to visit Switzerland next year.
8. I never expected to run into you here.
9. Peter decided not to go hiking because of the weather.
10. We didn't need to stand in line.

## Step 3 짧은 문장 써 보기

1. It's not easy to use chopsticks.
2. Our plan was to stay here for another day.
3. It is interesting to visit a historic place.
4. She loves to see the stars in the sky.
5. He asked for something to drink.
6. Karl spent all the money to help her.

## Step 4 길게 써 보기

1. My New Year's resolution is to improve my English. My hope is to travel all over the world. So I decided to learn English. It will be interesting to communicate with foreigners.
2. **A:** I decided to lose some weight. My goal is to lose 5kg.
   **B:** You look fine to me.
   **A:** The doctor advised me to lose some weight.
   **B:** It can be good to keep healthy.

# Training 33. I want you to do this. to부정사 응용 패턴

### Step 2 어순 훈련하기

1. Julie doesn't want anybody to know about it.
2. They don't allow people to park in front of the building.
3. James warned me not to touch it.
4. She encouraged me to try it again.
5. I told her not to call back later.
6. The judge ordered him not to drive.
7. I didn't expect you to come to my wedding.
8. Who persuaded you not to go to church?
9. What did you advise them to do?
10. She didn't want me to go out with him.

### Step 3 짧은 문장 써 보기

1. My parents wanted me to take care of my little brother.
2. I would like you to meet my husband, Ryan.
3. Judy told me to see a doctor.
4. Sharon expects me to attend the staff meeting.
5. I persuaded them to stay for another drink.
6. The professor encouraged her to go to college in the USA.

### Step 4 길게 써 보기

1. My friends want me to come out at night. They asked me to go to the movies at night. They would like me to go for a drink after the movie. My parents won't allow me to go out late at night.
2. A: My daughter is expecting me to be with her on the first day of school.
   B: I understand. But I need you to attend the meeting.
   A: Can I ask you to move the meeting back an hour?
   B: I think I can do that.

# Training 34  I came here to see you. to부정사의 다양한 역할

## Step 2 어순 훈련하기

1. They were planning to provide the information.
2. It may be dangerous to swim in the river.
3. Jeff has the ability to complete the task.
4. I left home early to get to the class on time.
5. They were shocked to hear the news.
6. John practiced hard not to make a mistake.
7. I have something to ask you.
8. I don't have time to argue with you.
9. It was a great chance to get to know them.
10. People were waiting in line to get into the building.

## Step 3 짧은 문장 써 보기

1. We talked about how to solve the problem.
2. It is important for your health to drink enough water.
3. My goal is to be fluent in English.
4. Can you lend me a pen to write with?
5. I called Kathy to tell the truth about the rumor.
6. Dan would be disappointed not to see you anymore.

## Step 4 길게 써 보기

1. I have a paper to write today. I will search the Internet to get information about the subject. It can be useful to read the reference books. I will ask Janet to give me feedback on my paper.
2. **A:** I told him not to eavesdrop outside the door.
   **B:** He would be humiliated to be caught.
   **A:** He promised me not to do that again.
   **B:** It was a great chance to learn how to behave.

# Training 35 Speaking English is very difficult.

동명사 문장 만들기

### Step 2 어순 훈련하기

1. Suddenly everybody stopped talking.
2. Daniel won't give up trying to lose weight.
3. I can't stand waiting in line anymore.
4. Saving money for the future is a great idea.
5. I considered calling her, but I decided to text her.
6. Emily's dream is getting accepted into Harvard.
7. Do you think I will regret leaving him?
8. You always keep interrupting when I'm talking.
9. Drinking coffee is my favorite thing to do in the morning.
10. Have you finished working on the project?

### Step 3 짧은 문장 써 보기

1. Understanding others is not easy.
2. I don't mind eating alone.
3. Lucas avoided answering the question.
4. Exercising every day is very important.
5. His favorite thing is hanging out with his friends.
6. They are worried about taking an exam tomorrow.

### Step 4 길게 써 보기

1. She couldn't stand being bullied at school. She doesn't enjoy going to school anymore. She couldn't help telling her parents. She has considered moving to another school.
2. **A:** He enjoys judging people.
   **B:** Judging people is a bad habit.
   **A:** Do you mind telling him to stop doing that?
   **B:** I'm afraid of telling him. He will be upset.

# Training 36 I stopped to call/calling him.

동명사와 to부정사 둘 다 쓰는 동사

### Step 2 어순 훈련하기

1. Maria loves to swim/swimming in the ocean.
2. Please stop biting your fingernails.
3. They stopped to get some gas on the way back home.
4. I hate to see/seeing you cry.
5. I regret telling him the truth.
6. Ellen doesn't remember saying anything like that.
7. I'm sorry, I forgot to turn off my cell phone.
8. He started to worry/worrying about his kids.
9. What activities do you remember doing when you were a child?
10. What things do I need to do before I attend the meeting?

### Step 3 짧은 문장 써 보기

1. I don't like talking to him about it. (= I don't like to talk to him about it.)
2. We continued to walk in the rain. (= We continued walking in the rain.)
3. Bree remembers lending him the book a few months ago.
4. I forgot to have dinner with Andrew.
5. She suddenly stopped asking me questions.
6. Sue tried to figure it out.

### Step 4 길게 써 보기

1. Emily likes having happy memories with her grandma. She remembers going to the park with her grandma. She loved taking a trip to Hawaii with her. She will try to spend more time with her grandma.
2. **A:** Have you forgotten to turn in the paper today?
   **B:** I remembered to do that.
   **A:** Then I can stop reminding you.
   **B:** Thank you for letting me know anyway.

#  It's too cold to swim in the river.
**to부정사와 동명사의 관용적 용법**

## Step ❷ 어순 훈련하기

1. Everybody had a good time dancing at the party.
2. I don't want to waste time waiting for them.
3. I was very tired. I couldn't help yawning.
4. She spent a lot of money fixing her car.
5. We had difficulty figuring that out.
6. It's too good to be true.
7. You will get used to working here.
8. It was too hot to go out.
9. She is very busy making dinner.
10. The dress was too tight for me to wear.

## Step ❸ 짧은 문장 써 보기

1. This book is too difficult to understand.
2. This place is large enough to have 20 people in it.
3. We are used to walking to school.
4. Jennifer spent a lot of time reading the novel.
5. Do you want to go hiking with me this Saturday?
6. Eddie has been busy preparing for the party.

## Step ❹ 길게 써 보기

1. She felt like dancing with him at the party. However, she was too shy to ask him to dance with her. She was not brave enough to do that. She wasted most of the time thinking about what to do.
2. **A:** I have a hard time working on this math homework. How about you?
   **B:** This homework is too tricky to do.
   **A:** We have been spending a lot of time doing this homework.
   **B:** It is hard, but it's worth trying.

# 38 Look at the running dog.
**현재분사 vs. 과거분사**

## Step 2 어순 훈련하기

1. The guy wearing a black suit is my husband.
2. You need to fix the broken door.
3. The girl talking to Alice is my sister.
4. I don't want to see her disappointed at the result.
5. The soccer match was very exciting.
6. Martha read an interesting book about Korean history.
7. They were depressed by the story.
8. It was the most humiliating moment of my life.
9. Sophie walked down the stairs coughing.
10. The people at the party were satisfied with the meal.

## Step 3 짧은 문장 써 보기

1. I don't like to stay with boring people.
2. The girl sitting at the table is my daughter.
3. I saw her eyes filled with tears.
4. I heard my name called in the classroom.
5. Do you know the kids making a snowman over there?
6. Kelly didn't open the present sent by her boyfriend.

## Step 4 길게 써 보기

1. Look at the broken window. I saw Jason throwing rocks at the window. It was very shocking. My parents would be freaked out to see the broken window.
2. A: What are you reading?
   B: I am reading a romantic novel. It is really touching.
   A: Romantic novels make me bored.
   B: What kind of books are you interested in?

# Training 39. I'm bored. / He's boring. 감정분사

### Step 2 어순 훈련하기

1. I am interested in learning foreign languages.
2. It was the most exciting game in my life.
3. Weren't you surprised to hear the news?
4. What they said to me was very shocking.
5. The students were confused about his lecture.
6. She would have felt humiliated at that moment.
7. I would like to share this amazing story with you.
8. It was the most humiliating moment of my life.
9. This is the most tiring work.
10. His parents were pleased to hear the news.

### Step 3 짧은 문장 써 보기

1. The book is full of exciting stories.
2. Her performance was amazing.
3. Working at night makes me tired.
4. The words are so confusing that I can't remember them.
5. All of them were moved by the movie.
6. Kyle finally got a satisfying job.

### Step 4 길게 써 보기

1. Today is my mom's birthday. I'm planning to throw her a surprise party. I hope she will be pleased with this cake that I made. I'm excited to see her.
2. **A:** Are you still working at this hour? You must be tired.
   **B:** Working at night is tiring.
   **A:** I'm worried about your health.
   **B:** Actually, I have been exhausted.

#  If you work out, you will lose weight.
### 가정법 현재

**Step ②** 어순 훈련하기

1. If you ask him out, he will be happy.
2. If you are ready to talk, just let me know.
3. If he gets another chance, he will definitely take it.
4. If we figure it out, we will call you right away.
5. If you give it another shot, you might be able to get the chance.
6. If she wants roommates, she will need to advertise online.
7. If they get divorced, their kids will be devastated.
8. If Emily stays with us, we can have more fun.
9. If you keep looking, you will be able to find a qualified person for the job.
10. If it doesn't rain tomorrow, why don't we go to the park?

**Step ③** 짧은 문장 써 보기

1. If Emily gets accepted to Harvard, she will be happy.
2. If you finish your homework, you can go out and play.
3. If we don't help him, he will be in danger.
4. If you are busy now, I will visit you tomorrow.
5. If you are exhausted, you can stay home and relax.
6. If I meet him tomorrow, I will say "thank you" to him.

**Step ④** 길게 써 보기

1. Today is the first day of work. I don't want to be late for work.
   If I leave right now, I will get to work in time. If I start working, I will try to do my best.
2. **A:** I'm in trouble. I need his help.
   **B:** If you ask him for help, he will be willing to help you.
   **A:** Do you think he is staying at home?
   **B:** I'm not sure. If you call him, you will find out.

# 41 If I were you, I wouldn't do that.
## 가정법 과거

**Step 2** 어순 훈련하기

1. If I won the lottery, I would buy a building in Gangnam.
2. If you were in my position, could you make it better?
3. If he had some job experiences, he could get a job here.
4. If I were you, I wouldn't treat him like that.
5. If your dad were alive, what would he say to you?
6. If we hired a babysitter, we could be much happier.
7. If you were my teacher, I would treat you with respect.
8. If Aiden found out, it would kill him.
9. If you kept the secret, I would appreciate it.
10. If Alicia were here, we could show this to her.

**Step 3** 짧은 문장 써 보기

1. If it were not cold, I could walk to school.
2. If she were in a good mood, I could talk to her about this.
3. If he were brave, he wouldn't just run away.
4. If I had enough time, I would read many books.
5. If she spoke slowly, I could understand her better.
6. If we had more eggs, we could make an omelet.

**Step 4** 길게 써 보기

1. Amy was hoping it would snow soon. If it snowed, she would make a snowman. If her sisters could join her, Amy would have a snowball fight with them.
2. A: What would you do if you had a lot of money?
   B: If I had a lot of money, I would travel around the world with my parents. What about you?
   A: If I had a lot of money, I would buy all the things that I want.
   B: We can try to make it happen.

# Training 42 If I had been wise, I would have accepted it. 가정법 과거완료

## Step 2 어순 훈련하기

1. If I had known you were in hospital, I would have visited you.
2. If James had gotten up earlier, he wouldn't have missed the train.
3. If she had taken time off from work, she could have felt more relaxed.
4. If he had been in the park at that time, he must have seen us.
5. If you hadn't made the same mistake, you might have been hired.
6. If you had lived a little bit closer, I would have seen you more often.
7. If we had met 5 years ago, we could have gotten married.
8. If we had worked on the project together, we must have done it better.
9. If Alex had been more patient, she could have gotten this work completed.
10. If Sophie hadn't been mean to me, we might have become friends.

## Step 3 짧은 문장 써 보기

1. If I had known your number, I must have called you.
2. If we had come here earlier, we would have gotten a better seat.
3. If she hadn't made a mistake, she could have won a gold medal.
4. If I had been more prepared, I might have been better at the job interview.
5. If they had seen you at the party, they would have said hello to you.
6. If she had stayed here longer, she might have missed the flight.

## Step 4 길게 써 보기

1. Bill was supposed to pick Alice up. He couldn't get there on time.
   If he had left the office earlier, he would have arrived there on time.
   If he hadn't been stuck in a traffic jam, he could have picked her up on time.
2. A: You look very tired. Didn't you get enough sleep last night?
   B: I watched the movie that you recommended. I was too scared to fall asleep.
   A: If you hadn't watched the movie late at night, you could have gotten enough sleep.
   B: It is all your fault! If you hadn't told me to see the movie, it wouldn't have happened to me.

# Training 43 I wish I were you. I wish 가정법

## Step 2 어순 훈련하기

1. I wish you were here.
2. I wish I could speak English well.
3. I wish he hated it.
4. I wish I were a good cook.
5. I wish I could quit my job and travel for the rest of my life.
6. I wish I had learned English when I was a kid.
7. I wish Jenny could have passed the exam.
8. I wish they had worked it out.
9. I wish I had been invited to the party.
10. I wish you could have spent some time with us.

## Step 3 짧은 문장 써 보기

1. I wish I were taller.
2. I wish he would call me more often.
3. I wish I could drive.
4. I wish Sue hadn't left for New York.
5. I wish I had read many[a lot of] books.
6. I wish I hadn't missed the chance.

## Step 4 길게 써 보기

1. Last night my boyfriend told me that he wanted to break up with me. He said that he had felt lonely. I wish I had spent more time with him. I wish I had paid more attention to him.
2. **A:** It looks like you miss your ex-girlfriend.
   **B:** I wish she were with me.
   **A:** Why don't you call her?
   **B:** I wish I could. I wish we could get back together.

#  What if she doesn't like me?
## What if 가정법

**Step 2** 어순 훈련하기

1. What if we miss the last bus?
2. What if she turns me down?
3. What if we don't arrive on time?
4. What if it rains tomorrow?
5. What if she knew all about it?
6. What if Ally didn't attend the meeting?
7. What if they lost this game?
8. What if I couldn't see you again?
9. What if he had found out you were cheating on him?
10. What if she had felt embarrassed because of me?

**Step 3** 짧은 문장 써 보기

1. What if the train is late?
2. What if the plane were delayed?
3. What if we moved the sofa over here?
4. What if we had been more careful?
5. What if the car accident hadn't happened to them?
6. What if we stayed up all night?

**Step 4** 길게 써 보기

1. I failed the college entrance exam. What if I had studied harder? What if I hadn't spent a lot of time playing computer games? What if I try harder to pass the exam?
2. A: Their marriage is falling apart.
   B: I feel bad for them.
   A: What if they got divorced?
   B: Their children would be devastated. What if they get marriage counseling?

# Training 45 I met a girl who was very sweet.
**두 개의 문장 하나로 연결하기 [1]: 관계대명사**

## Step 2 어순 훈련하기

1. I don't like people who smoke on the street.
2. I'm looking for a girl who is wearing a black dress.
3. Look at the girl whose hair is red.
4. This story is about a guy who lost everything.
5. I'm interested in the girl who is talking to them.
6. She dated a guy whose sister is a famous singer.
7. The woman whose husband is a soccer player came to the store.
8. I can't believe the news which I heard from her.
9. The information that I found on the Internet was useful for our research.
10. The young woman whose picture was in the newspaper is right over there.

## Step 3 짧은 문장 써 보기

1. They are my students who I taught last year.
2. The guy who you wanted to meet left for Seoul.
3. I want to borrow the book whose cover is black.
4. The girl whose eyes are blue is my sister.
5. We stayed in the room which had an ocean view.
6. That is the bus I used to take.

## Step 4 길게 써 보기

1. Let me describe the things that I saw yesterday. There was a house whose roof was green. There was a woman who was holding a baby in the garden. There was a pine tree which was very big. Behind the tree, there was a bicycle that we had seen before.
2. **A:** Have you seen the girl who was wearing a red hat?
   **B:** I saw her walk along this street.
3. **A:** What do you think about the guy who you met in the office yesterday?
   **B:** I think he looks kind.

# Training 46 Do you remember where you met him?
## 두 개의 문장 하나로 연결하기 [2]: 관계부사

### Step 2 어순 훈련하기

1. Do you know why they are upset?
2. They don't remember how they met each other.
3. I don't understand why I got dumped.
4. This is the place where we spent our vacation.
5. July is the month when the weather is the hottest.
6. You shouldn't tell anyone how we got out of there.
7. Monday is the day when they usually come to see us.
8. This is the restaurant where I will have dinner with her.
9. This is how they solved the problem.
10. I will let you know how I became fluent in English.

### Step 3 짧은 문장 써 보기

1. This is the time when my family has dinner together.
2. I visited the place where you were born.
3. She didn't tell me the reason why she got upset.
4. I will tell you how I talked him out of it.
5. Can you tell me how you lost your weight?
6. The hotel where they stayed was expensive.

### Step 4 길게 써 보기

1. I enjoy the time when I drink a cup of coffee in the morning. I like the park where I used to walk my dog. The reason why I work out is to keep healthy. I enjoy sharing how I make delicious dishes.
2. A: I'm sorry I didn't finish my homework.
   B: Is there any reason why you couldn't finish your homework?
3. A: Did you hear they got into a fight?
   B: Yes, I did. But I don't know how they got into a fight.

# Training 47 She is taller than me. 비교급 만들기

### Step 2 어순 훈련하기

1. The story is getting more interesting.
2. Today is a lot colder than yesterday.
3. You need to behave more politely than usual.
4. I'm going to buy a more beautiful house than this one.
5. You will be more fluent in English soon.
6. The player who gets more points wins.
7. There's nothing more important than health.
8. She became more generous than she used to be.
9. Do you think Chinese is more difficult than English?
10. Could you speak more clearly?

### Step 3 짧은 문장 써 보기

1. He is less fat than me.
2. This bed is more comfortable than that one.
3. Janet spent less money than me.
4. Kelly was kinder than the last time.
5. This research is more useful.
6. He got more nervous than he thought.

### Step 4 길게 써 보기

1. Last night I had a party with my friends. Ella arrived at the party later than I expected. Nick came earlier than Jason. We watched the movie together. The movie was much better than I thought. The party was more exciting than the last time.
2. **A:** Can I try on this shirt?
   **B:** Of course. There is a fitting room over there.
   **A:** This shirt is too big for me.
   **B:** Do you want to try a smaller-sized one?

# Training 48 Danny is my best friend. 최상급 만들기

## Step 2 어순 훈련하기

1. Your brother runs fastest of all the boys.
2. I speak English most fluently of my classmates.
3. This is the best movie I've ever seen.
4. She listens most carefully of us all.
5. He wants to buy the biggest house in the city.
6. Are you the youngest one in your family?
7. It's one of the best colleges in the USA.
8. It was one of the worst moments in my life.
9. She is the most intelligent woman I've ever worked with.
10. He is the most boring guy I've ever dated.

## Step 3 짧은 문장 써 보기

1. I think Seoul is the most exciting of all the cities.
2. Jason is the funniest man I have ever dated.
3. This scene is the most touching in the movie.
4. What do you think is the most traditional thing in your culture?
5. Annie is the most diligent person in the office.
6. This is the spiciest food I've ever tried.

## Step 4 길게 써 보기

1. I have travelled many places around the world. The most beautiful place I have visited is the Rocky Mountains. Chicago is the most dangerous of all the places. One of the most delicious foods I've tried is pizza in Italy.

2. **A:** Do you want to share some ideas?
   **B:** Sure. I've come up with some ideas.
   **A:** I think this one is the most brilliant idea.
   **B:** I agree. This is the best idea I've ever had.

# 49 The sooner, the better. 비교급 관용표현

## Step 2 어순 훈련하기

1. They are getting more and more tired.
2. The harder you study, the more knowledge you will get.
3. The faster you finish your work, the sooner you can go home.
4. The economic situation is getting worse and worse.
5. Catherine knows better than to make the same mistake again.
6. Who is the more qualified person for this job, Billy or Jason?
7. If we hear a lot of lies, we no longer recognize the truth.
8. The audience became more and more excited.
9. I know better than to expect you to apologize.
10. The more you work out, the healthier you can be.

## Step 3 짧은 문장 써 보기

1. The more experience you get, the wiser you can be.
2. The story will get more and more exciting.
3. He doesn't want to hurt her anymore.
4. Susan should know better than to give him a chance.
5. Who is the more generous person in this office, Sally or Kate?
6. They no longer live here.

## Step 4 길게 써 보기

1. I'm working on my math homework. The questions are getting more and more difficult. I don't want to do my homework anymore. But, I have to finish it today. The more I try to focus on it, the faster I will complete it.

2. **A:** She has lied to me.
   **B:** The more time you spend with her, the harder it will be to leave her.
   **A:** I will leave her. I no longer trust her.
   **B:** You know better than to trust her again.

# Training 50 She is as tall as you are.
### 원급 비교, 다양한 최상급 표현

## Step 2 어순 훈련하기

1. I can read three times as fast as you can.
2. Emily is smarter than any other student in our class.
3. No girl in this class is as mean as Sophie.
4. As soon as I get there, I will call you.
5. New York is larger than all the other cities in the world.
6. My car is not as expensive as hers.
7. My salary is five times as high as his.
8. Mt. Everest is higher than any other mountain in the world.
9. She is more attractive than all the other actresses in Korea.
10. Annie can speak English as well as Chinese.

## Step 3 짧은 문장 써 보기

1. Today is as cold as yesterday.
2. Aram goes shopping as often as you do.
3. She can jump twice as high as I can.
4. No other basketball player played better than Michael Jordan.
5. No scientist in the world is as great as Albert Einstein.
6. I love you more than any other person.

## Step 4 길게 써 보기

1. My father passed away a few years ago. I miss him very much. He was more generous than any other guy. No other person loved me as much as he did.
2. **A:** Were you late today?
   **B:** No, I wasn't. I got to the office as early as you did.
   **A:** Then why didn't I see you at the meeting?
   **B:** I had to work on the project. I'm more diligent than any other person in this office.

**MEMO**

**MEMO**

**MEMO**

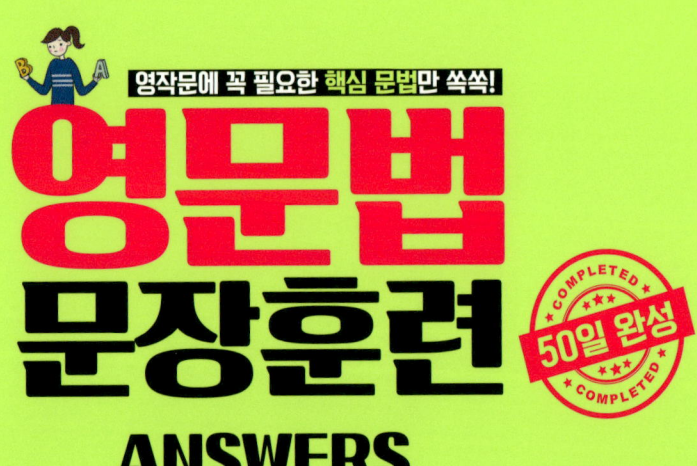